뇌는 레저를 할 때
어떻게 변할까?

레저-골프의 신경심리학 　실무편

뇌는 레저를 할 때 어떻게 변할까?

레저-골프의 신경심리학 　실무편

재단법인 레저골프진흥원(준) 지음

21세기북스

추천의 글
기술 문명 속에서 인간을 되찾다

김상근(목사, 전 KBS한국방송 이사회 이사장)

나는 왜 살아가고 있는가. 방황하던 소년기에 흔히 갖는 자문이다. 그러나 한참을 살고 보면 허망하다. 평생 재물을 획득하기 위해, 먹고살기 위해 온 삶을 바쳤다는 것을 시인하지 않을 수 없기 때문이다.

생산의 주체는 기술인가 자본인가. 좀 더 나가면 기술 개발, 자본 축적 등이다. 그 모든 것을 생산이라 한다. 지금은 어느새 AI 시대를 달리고 있다. 기대도 있고, 위험한 종국을 예견하기도 한다. 인간은 생산하는 동물이다. 이 책은 모두가 인간 자신이라는 사실을 밝힌다. 밝히는 수단이 별나다. 신경심리학이라는 영역의 언어로 설명한다.

우리 인류의 역사는 경쟁과 효율이 주체로서의 인간을 대체할 수 있다는 진리를 세웠다. 그래서 경쟁과 효율이 다른 모든 가치보다 윗자리에 있어야 한다는 믿음을 가지게 되었다. 이 책은 그 믿음을 정면으로 반박한다.

뇌의 보상 체계, 감정 조절 회로, 신뢰의 신경 기제를 통해 "인간답게 대우받을 때 인간은 더불어 사는 삶과 높은 생산을 결과한다"는 사실을 입증한다. 이것은 단순한 도덕적 선언이 아니라 신경과학적 사실에 기반한 과학적 혁신이다.

이 책이 말하는 인간 중심의 생산성 향상은 기업의 경영뿐 아니라 국가 정책에도 적용되어야 할 원리이다. 기술 중심의 정책에서 인간 중심의 정책으로, 자본 효율성에서 신뢰와 효율로, 경제적 성장에서 감정적 회복력으로 시선을 옮길 때 비로소 인간과 자연 모두가 지속 가능하다는 메시지를 던진다.

저자들은 레저가 단순한 '시간 때우기'가 아니라 협력, 공정, 감정 조절, 사회적 신뢰 같은 인간의 본능적 능력을 강화하는 필수 활동임을 강조한다. 레저는 사치가 아니다. 지능을 회복시키는 하늘이 준 시간이라는 것이다.

이 책은 또한 골프 산업 현장에서 만난 종사자들의 슬픈 현실을 담담하게 기록한다. 이야기 속의 그들은 단지 골프장 직원이 아니라 한국의 수많은 중소기업 근로자와 공공 서비스 종사자들의 축소판이다. 그들의 피로, 상처, 불신, 그리고 회복을 향한 열망은 한국 사회 전체의 단면을 비춘다.

이 책은 놀랍게도, 이런 현실 속에서 신뢰와 공정을 중심으로 하는 경영으로 복원할 것을 제안한다. 골프장 현실을 예로 삼았지만, 모든 중소기업, 나아가 공공 정책 담당자들이 주목해야 할 새로운 인간적 경영 방식을 제안한다.

그렇기에 단순히 산업의 개선을 논하지 않는다. 인간의 존엄을 회복시키는 생산성 혁명을 소리쳐 울린다. 기술이 아니라 신뢰가, 효율이 아니라 감정이, 그리고 자본이 아니라 인간의 마음이 진정한 성장을 만든다는 사실을, 이 책은 조용하지만 단단하게 증명한다.

추천의 글

AI 시대, 레저가 만드는 새로운 경제의 뇌과학

최문순(전 강원특별자치도지사)

AI 혁명은 생산 구조를 근본적으로 바꾼다. 사회적으로 필요한 노동 인구가 급감하고, 특히 재래식 숙련 노동의 가치가 빠르게 줄어든다. 그 결과 수도권 외의 지역은 고용 감소와 고령화로 심각한 사회·경제적 위기에 직면하고 있다.

그러나 저자들은 이 위기 속에서 새로운 성장의 가능성을 본다. AI는 인간의 인지 능력은 탁월하게 대체하지만, 감정과 공감, 사회적 교감 능력은 대체하기 어렵다. 따라서 앞으로의 고용 증대는 감성 노동(emotional labor)이 주도할 것이다.

레저산업은 바로 그 감성적·사회적 교감 능력, 그리고 인지 능력을 통합적으로 강화할 수 있는 산업이다. 레저는 단순한 소비가 아니라 인간의 협력·공정성·정체성을 자극하는 사회적 두뇌 훈련이다.

이 책은 레저산업이 21세기 첨단산업의 우수 인재를 양성하고 감성 노동 종사자의 역량을 강화하는 데 핵심 역할을 할 수 있음을 신경심리학의 언어로 설명한다.

이러한 관점에서 레저산업은 쇠퇴하는 재래식 산업을 대체하여 지방 경제와 고용을 다시 일으킬 수 있는 신흥 부흥 산업이다. AI시대의 지역 발전 전략은 더 이상 제조업 중심이 아니라, 감정·관계·창의성 기반의 레저경제 모델로 옮겨가야 한다.

저자들은 신경심리학에 기초해 인간의 지능과 능력 개발에 도움이 되는 레저 유형을 제안한다. 그들은 '사행성 레저'에서 '생산성 레저'로의 전환을 주장하며, 그 타당성을 과학적으로 증명한다. 레저의 본질은 도박이 아니라 인지적·정서적 성장이며, 이 책은 그 변화를 이끌 마케팅 방법까지 제시한다.

특히 신경심리학 기반의 마케팅 전략은 지방자치단체가 주민의 만족도를 높이는 방식으로 레저산업 정책을 설계할 수 있는 실용적 지침이 된다. 감정의 뇌과학을 이해하면, 정책 캠페인조차 신뢰와 기대의 신경 메커니즘을 활용하여 더 인간적인 설득과 참여를 이끌어낼 수 있다.

저자들은 분명히 말한다. 생산성 향상은 기술이나 자본보다 인간의 정체성과 의지에서 비롯된다. 그것이 신경심리학이 제시하는 핵심 진리이다.

역사를 돌이켜보면, 노예제보다 봉건제가, 봉건제보다 민주제가 더 높은 생산성을 보였던 이유도 여기에 있다. 공정성과 신뢰, 인간다운 대우가 곧 생산성의 원천이기 때문이다.

따라서 이 책의 통찰은 레저산업 종사자뿐 아니라 경제·고용 정책을 설계하는 지방자치단체와 정부 관계자들에게도 필독서가 된다.

AI가 기술을 담당한다면, 인간은 감정과 신뢰, 그리고 사회적 관계를 담당해야 한다. 이 책은 바로 그 "인간의 영역을 확장하는 과학적 해설서"이다.

추천의 글
AI 시대, 인간을 다시 중심에 세우는 경영

주 영 (재단법인 레저골프진흥원 준비위원장)

이 책은 한국 기업들의 경영 방식에 대해 근본적인 성찰을 던집니다. 우리는 기술과 효율, 성과와 전문성에 지나치게 편향되어 있지 않은지 되돌아보아야 합니다. 이 책은 이러한 질문에 신경심리학의 언어로 답하고 있습니다.

저자들은 기업의 생산성을 결정짓는 핵심 요인이 기술이나 자본이 아니라, '신뢰, 안전감, 감정적 동기'임을 보여주고 있습니다. 조직의 뇌가 피로할수록 혁신은 멈추고, 신뢰의 회로가 작동할수록 창의성과 협력이 살아납니다.

AI가 기술을 혁신하는 시대, 이제 인간은 신뢰를 혁신해야 합니다. 기계는 계산할 수 있지만, 신뢰할 수는 없습니다. 이러한 차이를 이해할 때 비로소 인간 중심의 경영이 가능해집니다.

특히 이 책에서 제시하는 '마이크로 레저(micro-leisure)' 개념은 매우 신선합니다. 업무 중 짧지만 의미 있는 회복의 시간을 설계함으로써 주의력과 감정 에너지를 재충전하고, 이를 통해 업무 효율과 창의성을 동시에 높일 수 있는 경영 방식을 제안하고 있습니다.

이 책은 AI 시대의 경영자와 리더에게 새로운 방향을 제시합니다. "기계가 기술을 담당한다면, 인간은 신뢰를 담당해야 한다." 이 명제 하나가 이 책의 모든 메시지를 관통하고 있습니다.

추천의 글

퍼팅 그린 위의 공감 동반자, 캐디

조연희(골프캐디 플랫폼 제이캐디 대표)

골프에서 캐디는 흔히 '도와주는 사람'으로 불립니다. 하지만 저는 지난 14년 동안 현장에서 캐디로 근무하며 깨달았습니다. 캐디는 단순한 보조자가 아니라 골프라는 경험의 완성도를 높이는 최종 조율자입니다.

이 책은 캐디를 다시 바라보게 합니다. 스코어를 넘어서 감정·인지·사회적 리듬을 다루는 존재, 골퍼의 마음과 플레이의 흐름을 설계하는 외부형 메타인지 파트너로서 캐디를 다룹니다. 지난 14년 동안, 비 오는 새벽 첫 티업에서 마지막 퍼팅까지 함께하며 느꼈던 수많은 순간들이 이 책 속에서 너무 정확하게 설명되어 놀랐습니다.

양재원 대표님께서는 이러한 캐디의 가치를 단지 이론으로만 머무르게 하지 않으셨습니다. 대표님은 캐디를 단순 인력이 아닌, 고객 체험을 총괄하는 '감정 디자이너'의 역할로 대우하고 교육하셨습니다. 이 책은 그런 대표님의 철학이 고스란히 담긴 결과물이라 생각합니다.

기술이 발전할수록 '인간다움의 가치'는 더 선명해집니다. AI는 거리를 계산할 수 있지만, 동행의 의미와 감정의 타이밍은 사람이 만듭니다. 이 책은 그 본질을 가장 명확하게 말해 주는, 골프 산업의 새로운 기준점이 될 것입니다.

골프를 사랑하는 모두에게, 그리고 골프의 미래를 고민하는 이들에게 강력히 추천드립니다.

추천의 글
'골프장 경영의 바이블'이라 불러도 손색없는 책

김기준(대영힐스베이스CC 동원홈푸드 식음 지점장)

양재원 님의 글을 접하고 간략하게나마 소감을 전하게 되어 기쁩니다. 30년을 골프장에 종사하는 사람으로서 왜 이제서야 이런 글을 보게 되었을까? 다들 뭘 하고 있었지? 지난 30년을 되돌아보게 된 계기가 되었습니다. 집필하기까지 고뇌의 흔적과 깊은 통찰력에 박수를 보냅니다.

지난 30년 동안 본 적도 들은 적도 없는 골프장 경영의 지침서를 만났다는 생각에 기쁩니다. 가히 "골프장 경영의 매뉴얼 북"이라 불러도 손색이 없다고 생각됩니다. 골프장 마케팅에 관한 전문적 지식과 더불어 골프장의 마케팅, 코스관리, 경기, 식음, 위탁업체 관리에 이르기까지 모든 분야를 아우르는 통찰력에 머리가 숙여집니다. 한 명 한 명 모든 종사자를 생각하는 따뜻한 시선과, 그들의 성장과 미래까지 걱정하는 배려에 가슴 뭉클합니다.

"존경받는 회사는 백년 간다"는 믿음의 소유자로서 회사(오너)와의 갈등에 고뇌하는 이야기가 너무도 안타깝습니다. 회사(오너)가 믿고 신뢰하기에 영입한 최고경영자가 아니겠습니까? 그렇다면 전폭적 지지와 함께 권한과 책임을 주어야 하지 않을까요? 사내 정치에 휘둘리는 회사(오너)를 위해 스스로를 소모하는 일은 없었으면 합니다.

더불어 사람 사는 세상을 위하여 애쓰시는 저자에게 뜨거운 응원의 박수를 보냅니다. 다시 한번 정독하며 골프장 경영의 노하우와 지식을 습득해야겠습니다.

책을 쓰면서

골프장 사람들을 행복하게 하는 '뇌과학-AI 문명화'를 꿈꾸며

21세기는 뇌과학과 인공지능(AI)이 인간의 삶과 산업 전반을 결정짓는 시대입니다.

하지만 이 두 기술은 단순한 기능적 도구를 넘어 인간의 감정·기억·정체성·언어와 직접 연결되는 '인간 중심 기술'이라는 점에서 특별합니다.

그렇기에 뇌과학과 AI를 제대로 이해하고 활용하기 위해서는 인문학적 성찰과 삶의 문화적 맥락을 이해하는 과정이 반드시 병행되어야 합니다.

이러한 문제의식을 품고, 저는 '레저-골프의 신경심리학'이라는 시도를 통해 기술 중심 시대에 "사람과 삶을 중심에 두는 문명화의 길"을 제안하고자 합니다.

뇌과학-AI는 기술이 아니라 '인간 학습의 도구'이다

오늘날 뇌과학은 '기억', '정체성', '행복'과 같은 인간의 내면을 직접 연구하는 과학이고, AI는 인간의 언어·사고·판단 과정을 모방하거나 돕는 학문 기술입니다. 따라서 이 두 영역은 인문학적 질문이 결여될 경우, 인간의 존엄을 강화하기보다 약화시킬 위험이 있습니다.

기술을 이해하려면 인간을 먼저 이해해야 합니다. 인간을 도외시한 채 발전하는 과학기술은 결국 인간을 소외시키게 될 것입니다.

엘리아스의 문명화 과정: 지식은 생활 문화로 확산될 때 완성된다

사회학자 노르베르트 엘리아스(Norbert Elias)는 "문명은 지식이 생활 양식으로 자리 잡을 때 비로소 완성된다"고 말했습니다.

그의 분석에 따르면, 수저와 포크를 사용하는 식사 예절, 감정 억제 규범, 위생 개념 등이 모두 바로 그렇게 자리 잡아왔습니다. 즉, 지식이 '일상의 습관'으로 전환될 때 문명이 성립됩니다.

뇌과학-AI 시대의 문명화는 어떻게 추진되어야 하는가?

한국이 앞으로 만들어갈 뇌과학-AI 시대의 문명화는 단순히 "기술을 많이 쓰는 사회"를 만드는 것이 아니라 "기술이 인간의 존엄과 행복을 돕는 생활 문화를 확립"하는 일이 되어야 합니다.

이를 위해서는 무엇보다도 "기술은 인간을 대신하는 것이 아니라 인간을 돕는 것"이라는 인식이 사회에 뿌리내려야 합니다. 그런 인식 위에서라면 한국은 '뇌과학-AI 문명화'를 가장 품위 있게 실현한 나라가 될 수 있습니다.

이 책이 하고자 하는 시도

이 책 『뇌는 레저를 할 때 어떻게 변할까?』는 뇌과학과 AI의 지식을 '레저'와 '골프'라는 생활 문화의 한 영역에 실제로 접목해 보는 실험적 작업입니다.

이는 곧 "기술로 문명을 만들고, 문화로 기술을 완성하는 과정"의 작은 출발점입니다.

골프장 사람들을 위한 뇌과학-AI 문명화를 바라며

기술이 빠르게 진보하는 시대일수록 우리가 더 집중해야 할 것은 사람이 살아가는 방식과 감정의 연결입니다. 기술이 인간의 가치를 훼손하지 않고, 오히려 더 풍부하게 만들도록 뇌과학과 AI는 이제 생활 속에서 '문명화'되어야 합니다.

저는 이 책이 그러한 문명화의 가능성을 골프장이라는 공간에서 먼저 실험해 보는 길잡이가 되기를 바랍니다. 그리고 이 실험이 사람과 사람을 더 가깝게 만들고, 삶을 더 건강하고 풍요롭게 만들어주기를 진심으로 바랍니다.

이 작은 책이 그런 문명화를 꿈꾸는 독자에게 작지만 분명한 지적 자극과 실천의 단초가 되기를 희망합니다.

감사합니다.

대표 저자 양재원 올림

■ 추신: 이 책은 본래 한 권으로, 제1부 '골프장 체험담', 제2부 '신경심리학 이론과 사례', 제3부 '뉴로마케팅으로 본 골프장 마케팅', 제4부 '레저·골프의 사회적 효용과 산업' 등 총 4부로 구성하였습니다.

하지만 책의 분량이 너무 많아 제1부와 제3부, 제4부를 합쳐 '실무편'으로, 제2부만을 분리하여 '이론편'으로 편집하여 2권의 책으로 출간했습니다. 따라서 원활한 이해를 위해서는 1권 실무편의 제1부 '골프장 체험담'을 읽고, 그 다음에 '이론편'인 2권을 읽고, 다시 1권 실무편의 제2부 '뉴로마케팅으로 본 골프장 마케팅'과 제3부 '레저·골프의 사회적 효용과 산업'을 읽으시길 권합니다.

공동 저자 (가나다순)

김기철 | 주식회사 에스유앤컴퍼니 대표

이번 도서 집필에 참여한 것은 개인적으로 매우 뜻깊은 경험이었다. 나는 레저와 골프 마케팅 분야에서 활동해 왔지만, 이번 작업은 그동안 익숙하다고 여겼던 산업을 전혀 다른 시각에서 바라보게 한 계기였다.

신경심리학을 마케팅에 접목해 보자는 취지에 공감하였고 이를 통해 단순한 시장 논리를 넘어 인간의 마음과 행동을 이해하려는 새로운 시도에 동참할 수 있었다는 점에서 큰 의미가 있었다.

업계 종사자로서 강조하고 싶은 부분은 클럽하우스의 뉴로마케팅에서 공간 전략이 가장 강력한 가격 전략임을 이야기한 부분이다. 이용자에게 감정의 중요성을 일깨우고 클럽하우스를 기품, 여유, 지성의 공간으로 재창출하여 가격의 뇌를 바꾸는 정교한 마케팅 도구로 현장에서 충분히 활용할 수 있을 것이다.

레저와 골프 산업을 인간의 뇌와 감정의 작용이라는 관점에서 이용자의 입장에서만 골프장을 바라보던 기존 시선을 벗어나 종사자와 경영자의 관점에서도 골프산업을 다시 생각하게 되었다. 골프장은 단순히 소비가 이루어지는 공간이 아니라 수많은 사람들이 감정과 노력을 주고받는 하나의 '심리적 생태계'라는 점을 깨달은 점은 업계 종사자로서 큰 수확이었다.

신지웅 | 골프락 대표

골프는 상대방과의 관계, 관계에서 나오는 태도(manner)에 따라 승패가 갈린다. 친구들과 함께 할 때 압도적인 승리를 거둔 이가 지인들과 플레이를 하였을 때 말도 안 되는 스코어가 나오는 이유가 여기서 비롯된다. 이 책에서는 바로 그 무대 한가운데에서 오랜 시간 골프장 경영자로서 사람을 이해하고 조직을 변화시키며 자신을 뒤돌아본 한 리더의 진솔한 기록에서 이유를 찾을 수 있다.

책에서 골프장은 단순히 골프를 치는 곳이라 치부하지 않는다. '사람이 성장하는' 장소로 바라본다. 그곳에서 만난 수많은 캐디, 직원, 고객, 동료, 그리고 오너와의 관계를 통해 경영의 본질이 시스템이 아닌 '사람의 마음'에 있음을 깨닫는다. 그러한 깨달음이 생생히 담겨 있는 게 바로 이 책이다.

책은 굉장히 차갑게 경영의 세계로 안내하지만 속은 누구보다도 따뜻하다. 현실적이면서도 인간에 대한 믿음을 잃지 않는다. 사람다워야 골프장이 돌아간다고 믿었고, 그래서 성공의 결실을 맛봤다. 그 속에서 오너는 인간을 이해하려는 고독한 성찰을 내뱉는다.

골프는 단순한 운동이 아닌 시대에 이 책은 더욱 인간적으로 다가간다. 단순한 경험담을 넘어 모든 리더와 경영자에게 '사람 중심의 길'. 사람다움을 요구한다.

사람다움이 지속 가능하기에 골프도 마찬가지이다. 가장 차갑게, 비즈니스적일 것 같지만 사람다움이 있을 때, 우리가 가장 인간적일 때 골프장은 단순히 경쟁의 장(場)이 아니라 힐링의 명소가 된다. 그리고 그렇게 10년 뒤, 100년 뒤를 바라보는 우리 모두의 레저의 장(場)이 된다.

골프장 경영자에게는 철학을, 종사자에게는 용기를, 독자에게는 울림을 주는 이 책을 진심으로 추천한다. 우리가 우리다울 때 가장 아름답다는 게 증명돼서이다.

이창래 | 사람과세상 대표

　1980년 대학에서 학생운동을 시작으로 기득권을 버리고 소외된 이웃과 함께 살겠다고 다짐했다. 나는 여전히 그 꿈을 안고 춘천에서 지역사회의 문화 콘텐츠 활성화를 위한 출판 일을 하고 있다.

　이 책의 집필에 참여하여 나를 성찰하는 소중한 기회를 주신 점에 감사드린다. 1980년대 대학을 다녔던 나는 합리적 이성과 효용을 중심 가치로 살아왔지만, 그 믿음이 커다란 착각이었음을 깨달았기 때문이다.

　신경심리학을 다루는 이 책을 함께하며, 그간 나만이 옳다는 아집에 빠져 살아왔음을 처절하게 반성했다. 무엇보다 이 책에 등장하는 '편향된 공정성'에 경도되어 있던 나를 발견한 것이다. 나는 스스로 약자가 공정하게 대우받아야 한다는 도덕적 책무를 다하며 살아왔다고 자부했다. 하지만 이 책은 그런 나를 돌아보게 했다. 누구보다 아내가 먼저 생각났다. 가장으로서 내 편의대로 아내를 '동지'로만 규정하고 '아내', '엄마'로서는 생각지 않은 채, 나의 정당성만을 강요하며 많이 다투기도 했다. 이 책에 참여하면서 아내에게 사죄의 전화를 했다. "고맙습니다, 미안합니다." 아내는 이제라도 그런 말을 해주니 고맙다고 했다.

　이 책의 첫 독자로서 나는 다짐한다. "나는 바뀌어야 한다. 바뀌기 위해 노력해야 한다. 그게 인간이다. 인간답게 살기 위해 노력할 것이다." 이 책을 만드는 데 참여할 수 있는 인연을 만들어주신 모든 분들께 감사드린다.

최유식 | 한국골프연맹 8지역 지부장, 전 포웰CC 안성 총지배인, 전 아리스타CC 본부장

　28년 전 처음 골프가 재미있어 골프를 직업으로 선택했으며, 프로에 입

문하여 고객을 가르쳐보고 골프 연습장 및 컨트리클럽에서 현장 실무 경험을 바탕으로 일을 했다.

『뇌는 레저를 할 때 어떻게 변할까?』라는 책을 집필하면서 "레저는 인간에게 꼭 필요한 4차 산업혁명이다"라는 것을 새롭게 배웠다. AI가 세상을 빠르게 변화시키고 있지만, AI는 감정을 느끼지 못한다. 반면에 레저는 인간만이 현실 속에서 온몸으로 느끼고 경험하며 누릴 수 있는 놀이이자 경험이다. 대표적으로 자연에서 즐기는 골프는 스트레스 회복력을 키워주고 집중력을 길러주는 대표적인 레저 활동이다.

회사 경영도 인간 중심으로 경영해야 하며, 충분한 레저 활동 시간을 보장해야 업무에 대한 능률도 올라간다는 사실을 이번 책을 집필하면서 확실히 깨우쳤다. 레저는 단순한 운동이 아닌 인간의 에너지를 재충전하고 사회적 활동 효율을 향상시켜 준다는 것도 알게 되었다.

레저 사업 종사자 및 경영 관계자가 꼭 읽어야 할 책이다. 인간 뇌의 신경심리학을 잘 알아야 레저 사업에 성공한다.

집필에 참여할 기회를 주신 양재원 대표님께 감사드린다.

차례

추천의 글　　　　　　　　　　　　　　　　　　　　　　　4
책을 쓰면서　　　　　　　　　　　　　　　　　　　　　　11

제1부 사랑하는 골프장 사람들

프롤로그 돈도 안 되는 책을 왜 쓰나?　　　　　　　　　　23
제1장 "골프장 사람들": 그 인간미와 아픔　　　　　　　　26
　　1. 초보 사장, 사람을 만나다　　　　　　　　　　　　26
　　2. 혁신의 아이러니: 상처와 치유의 경영학　　　　　　34
제2장 전통의 권위와 공포　　　　　　　　　　　　　　　45
　　1. 권력의 그림자: 기업이라는 정치의 장　　　　　　　45
　　2. 편향된 공정성: 그 갈등과 해결　　　　　　　　　　53
　　3. 성과 중심 이데올로기의 허구와 골프장 거버넌스 혁신　59
　　4. 화난 원숭이 실험: 전통적 경영의 덫　　　　　　　65
　　5. 공포가 일으키는 불신과 판단 착오　　　　　　　　72
　　6. 혁신의 전제조건, 사람을 움직이는 힘　　　　　　　80
　　7. 사람 중심으로: 미래 경영을 위한 제언　　　　　　92
제3장 골프장 사람들이 살아온 길　　　　　　　　　　　107
　　―좌절이 만든 의사결정 시스템과 그 치유
　　1. 골프장 종사자, 그들은 누구인가: 상처받은 이들이 모이는 곳　107
　　2. 골프장의 역설: 치유의 공간에서 소외된 사람들　　115
　　3. 지능개발의 사회적 토대: 공정성과 유대감 문화　　123
　　4. 목적지향적 시스템: 능력 개발과 리더십 전략　　　136

제4장 기업 내 정치의 신경심리학　　143
　　—골프장 사내 환경이 마케팅 실행에 미치는 영향 시나리오 사례
　　1. 골프장 인수의 심리학: 뇌가 조직을 배우는 순간　　146
　　2. 불안 속의 리더십: 마케팅 지도력은 어디서 태어나는가　　151
　　3. 위기에서의 선택: 사장의 세 가지 길과 뇌의 균형　　155
　　4. 성과 이후의 위기: 조직은 왜 다시 분열되는가　　160

제2부　뉴로마케팅으로 본 골프장 마케팅

제1장 신경심리학이 만드는 골프장 마케팅 혁명　　167
　　1. 골프 고객 세그먼트: 효용 기준·정체성 기준·통합 메트릭스　　168
　　2. 골프장 선택의 4대 결정 요인의 뉴로마케팅　　171
　　3. 골프 경험의 뉴로마케팅　　177
　　4. 골프 마케팅을 위한 신경심리학적 실행 전략 제언　　190

제2장 뉴로마케팅 실행 전략　　193
　　—골프장 운영 실무에 적용하는 신경심리학
　　1. 부킹(예약) 뉴로마케팅　　194
　　2. 골프장 마케팅의 핵심 수단, 홈 페이지의 뉴로마케팅　　202
　　3. 골프장 초입 마케팅의 신경심리학적 이해와 서비스 개선　　218
　　4. 클럽하우스의 뉴로마케팅　　221
　　5. 코스 관리의 뉴로마케팅　　228
　　6. 뉴로마케팅으로 본 캐디의 역할　　233
　　7. 골프장 식당의 뉴로마케팅　　247
　　8. 골프장 종결 뉴로마케팅: 마지막 15분의 신경심리학　　279

제3장 뉴로마케팅을 가능하게 하는 조직 혁신: 신경심리학적 접근　　284
　　1. 서론: 단순한 변화가 아닌, 뇌의 재구성에서 출발하라　　285
　　2. 혁신 저항의 신경심리적 근원: '새로운 것'에 대한 방어 본능　　285
　　3. 혁신을 가로막는 보이지 않는 벽: 조직적 맥락의 지배　　286
　　4. 신경심리학 기반의 혁신 전략　　287
　　5. 구조적 장벽과 종사자의 현실적 타개책　　288

6. 다층적 협력 전략: 종사자 주도의 연대 구조	289
7. 결론: 뇌를 설득하는 혁신으로 나아가라	290

제3부 레저·골프의 사회적 효용과 산업

제1장 레저산업 생태계와 비즈니스 모델	**295**
1. 레저란 무엇인가	295
2. 레저산업의 구성 요소와 생태계 구조	297
3. 레저 비즈니스 모델의 유형과 수익 구조	300
4. 레저산업의 사회적 가치와 미래 방향	303
5. 레저와 사회적 생산성	307
6. 기업의 레저 문화 촉진	311
7. 국가 경쟁력과 레저: 경제·문화·기술 통합 및 AI 기반 실행	315
8. 레저산업의 미래 전망과 글로벌 전략	323
9. 정치·사회·문화의 혁신과 레저	329
10. 결론: 레저의 철학	333
제2장 골프레저산업 생태계와 혁신 비즈니스 모델	**338**
1. 골프레저의 효용	338
2. 골프레저의 행동 모델	342
3. 골프산업 생태계의 구조	346
4. 골프산업 혁신 비즈니스 모델	353
5. 골프산업의 지속 가능성 전략	357
6. 초동 동력의 구축: (가칭)골프레저산업진흥원의 창립 구상	361
7. 국가 전략으로서의 골프레저: 3대 비전과 실행 로드맵	366

참고문헌	371

제1부

사랑하는
골프장 사람들

프롤로그 돈도 안 되는 책을 왜 쓰나?

사업에 성공한 친구의 배려로 골프장 사장이 되는 행운을 얻었다. 편한 친구로 지내면서 도움을 받을 때는 잘 몰랐는데, 가까이서 보니 불확실한 조건에서도 대담하게 투자하고, 인간적 평판보다는 사업상의 이익을 우선하여 과감한 결정을 하는 등 참으로 사업가로서의 기질이 뛰어났다. 그래서 인간적으로 존경했던 오너였다. 완벽한 인간이 있겠는가. 이런저런 평판이 돌았고, 나 자신도 이런저런 장단점을 많이 보았지만, 사업가로서는 매우 뛰어난 자질의 소유자였다.

친구가 만들어준 행운으로 '골프장 사람들'(종사자들과 이용자들을 이렇게 부르기로 하자)을 많이 만났는데, 인생의 묘미를 보여주는 '신기한 분들'이 많았다. 인생의 산전수전을 넘어 공중전까지 겪으며 살았다고 자부하던 나에게, 인생과 삶의 오묘함과 깨우침을 주는 파란만장한 삶이랄까, 그런 인상을 준 사람들이다.

나는 학생운동으로 수배 및 수형, 강제 징집을 당하는 등 탄압받는 고난의 삶을 겪었고, 사회적 약자를 위한 혁명을 한답시고 어렵고 힘든 사람들과 어울리다가 '험악한 꼴'도 많이 겪었다. 아이 유치원비도 없는 빈곤한 결혼 생활을 했고, 최고의 권력기관에서 근무도 해봤다. 물론 권력을 추구하다가 야망의 좌절도 겪었고, 평범한 생활의 행복도 맛보았다. 최상위의 특권층부터 최하위의 취약자까지 온갖 다양한 사람을 만나고 사귀고, 또 경험하며, 누구 못지않게 다양한 인생과 삶을 안다고 자부했는데, 나는 골프장에서 소설의 테마가 될 수 있는 "또 다른 삶과 경험을 가진 사람들"을 만났고, 그간 살아온 사회운동과 정치-공직 생활, 평범한 직장 생활에서 체험하지 못했던 '이상한 인생 체험'도 많이 했다. 그것이 진짜 인생 체험 같았다.

인생이 항상 그렇듯, 골프장 생활에서도 고마움과 용기를 준 사람들이 있고, 상처와 원한을 준 사람도 있다. 또 나에게 고마움과 용기를 받은 사람도 있을 것이고, 상처와 원한을 가진 사람도 있을 것이다. 이 책은 나에게 고마움과 용기를 준 사람들에게 감사를 전하기 위해, 나로부터 상처를 받은 사람들에게 용서와 아량을 빌기 위해, 나와 갈등했던 사람들에게 화해와 희망을 전달하기 위해 쓰게 되었다.[1]

'골프장 사람들'에게 따뜻한 '마음의 정'뿐만 아니라 뭔가 '실생활에 도움이 되는 선물'을 하고 싶은데, 내가 돈이 많은 사람이 아니어서 물질적 선물은 할 수 없는 처지이다. 그래서 실생활에 도움이 되는 지혜와 방법을 주는 것도 좋은 방안이라고 생각하여, 골프장 사람들이 유능한

---

1 제1부 3장까지는 골프장 사장으로서 10여 년간의 경영 현장에서 직접 겪은 연대기이자 체험담이다. 따라서 주제별로 체계화하기보다는 시간의 흐름에 따라 이야기를 풀어 나갔다. 그 과정에서 '마케팅 전쟁'이나 '본사와의 갈등'과 같은 주제가 반복되어 등장하기도 한다. 이는 '골프장'이라는 독특한 공간에서 '사람'을 대하며 마주치는 근본적인 물음이 여러 모습으로 되풀이졌기 때문이다. 독자 여러분은 이 여정을 따라오며, 같은 물음이 어떻게 다양한 표정으로 펼쳐지고, 또 그것이 어떤 통찰과 지혜로 이어지는지 그 속의 사람 냄새와 살아 있는 지혜를 음미하기 바란다.

사람이 되고, 또 골프 레저 산업을 발전시키는 데 필요한 지식과 지혜를 선물하기로 했다. 이것이 바로 이 책의 목적이다.

제1장 "골프장 사람들": 그 인간미와 아픔

1. 초보 사장, 사람을 만나다

눈치 없는 천재: 아스퍼거 증후군을 의심된 그 직원

최초로 골프장을 인수하여 '초보 사장'으로 직원들을 재편성할 때의 사연이다. 카이스트 출신인데 기숙사에서 은둔하며 사는 '불량 직원'이 있었다. 전산과 총무 업무를 담당하는데, '업무 불량'이 너무 심하다는 평가였다. 신임 사장인 내가 보기에도 처세가 무례하고 업무에 성의가 없는 듯했다. 그런데 내가 요구한 사항을 보고서로 정리해 왔는데, 그 내용과 체계가 너무 우수해 깜짝 놀랐다. 나는 최고 권력기관에서 최고 권력자에게 올리는 보고서를 작성한 경험이 있어서 보고서에 대한 평가가 매우 까다로운 편이었다. 그런 내 눈에 너무나 우수한 보고서였다.

그 후 그 '기숙사 은둔자'와 면담도 하고 관찰하기도 했는데, 심성은 좋은 듯했다. 다만 타인과 대화할 때 눈치 없이 엉뚱한 말을 하거나 처세를 하는 경향이 뚜렷했다. 회사에서는 완전히 '눈치 없는 왕따'였다. 아스퍼거 증후군이 있는 듯했다. 나는 그에게 "다른 직장을 알아봤는가", "그냥 여기서 근무해 보라" 등으로 상담했으나, 그는 쿨하게 "아직 새로운 직장을 잡지 못했으나 당연히 떠나야 한다"고 했다. 상대의 의중을 잘 헤아리지 못하는 자폐성 장애, 아스퍼거 증후군이 아닌가 추측해 보았다. 내게 아스퍼거 증후군 가족이 있어서 민감하게 반응하는 것은 아닌가 생각했지만, 눈치가 없는 것은 분명했다. "좀 더 상담과 배려가 필요한 직원인데…" 고민만 하고 있다가, 그가 인사도 없이 떠났다는 보고를 받았다. 그는 자신이 회사 내 평판이 좋지 않아 정리 대상 직원이 되었다고 알고 있었고, 규칙에 따라 아무 대책 없이 떠난 것이다. 냉정한 회사 인수 과정이지만, 이렇게 무정해도 되는가? 그가 만약 아스퍼거 증후군이라면 배려가 필요한데! 이렇게 인간성 없는 사장이 되어야 하는가! 상당 기간 죄의식이 계속되었다.

나의 골프장 스승들: '천사' 같은 동료와 스승들

인사 이동이 계속되었다. 인수 과정에서 본사에 적극적으로 협조하여 회장 측근이 된 직원을 마케팅팀장으로 배치하고, 캐디 마스터를 경기운영팀장으로 승진 발령했다. 어느 날 경기팀장이 우울한 표정으로 찾아와, 마케팅팀장이 자신과 '특수한 관계'에 있는 캐디에게 규칙을 무시하고 좋은 시간대만 배정하라고 압력을 준다고 푸념했다. 내가 바로 시정하겠다고 하자, 그는 오히려 말렸다. 사장님도 본사와 관계가 좋지 않은데, 마케팅팀장이 회장 측근이라는 이유로 사장의 말도 무시하면서 횡포를 부리는 것을 대다수 직원이 알고 있다며, 곤혹을 치르지 말라고 조언했다. 그리고 자기가 알아서 해결하겠다고 했다.

이 불쌍한 초보 사장의 처지를 이해해 주니 고맙다고 전했고, 그 후로 경기팀장과는 아주 친숙해졌다. 재미있는 것은 안개가 자주 끼던 때였는데도, 그 경기팀장이 오면 안개가 신기하게 걷히곤 했다. 이후로 나는 그에게 하늘마저 그 착한 마음을 알아본다며 '천사'라는 별명을 지어주었다. 그 '천사'는 '초보 월급쟁이 사장'이 실수하거나 낙담할 때마다 항상 현실적인 대책을 알려주고 따뜻하게 위로해 준, 내게 최초로 다가온 직원이었다. 골프장 생활에서 처음으로 나에게 진정한 은혜를 베푼 사람이다. 지금도 생각하면, 월급쟁이 사장의 서글픔을 너무나 잘 이해하고, 초보 사장의 어려움을 감동적으로 채워주었던, 너무나 고마운 잊을 수 없는 동료였다.

내가 처음 초보 사장으로 운영했던 그 골프장에는 여러 우여곡절도 있었고, '오너 백'을 믿고 분란을 일으키는 직원도 더러 있었다. 하지만 코스관리본부장을 비롯한 대부분의 직원들은 초보 사장인 내게 자신들의 경험과 노하우를 아낌없이 가르쳐주었다. 나는 그들에게 겸손하게, 그리고 솔직하게 자주 감사함을 표현했다. 그분들은 진정한 나의 '골프장 스승'이었다. 그 동료들에게 배운 골프장 운영 방법을 바탕으로 전문 자료(주로 연구 논문)를 찾아 공부하고, 현장에 적용해 보며 더 효과적인 골프장 운영 방법을 찾으려 노력했다.

사장이라는 '계급장'을 떼고 부킹 대행사 직원들을 직접 만나는 '낮은 자세'로—당시에는 상상조차 할 수 없는 파격적인 행동이었다—혼자 전문 서적을 독학하며 골프장 경영을 터득해 나갔다. 그 결과 경영 성과는 대단했다. 오너도 매우 흡족해하며 풍성한 연말 인센티브를 선물했다. 모두가 만족할 만한 수준의 현금 포상이 전 직원에게 지급되었고, 호텔 연회장에서 성대한 송년회를 연 뒤, 직원과 캐디 모두 함께 3박 4일의 베트남 관광까지 다녀왔다. 초보 사장을 불안해하면서도 인간적으로 지원해 준 오너와 본사 덕분에 큰 성과를 낼 수 있었다고 생각한다. 오히려 나보다는, 오너의 탁월한 능력과 과감한 지원, 특히 직원 사기를 중시하며 물심양면으로 진심을 다한 오너의 배려가 경영 성과의 '1등 공신'이라고 믿는다.

캐디, 그들은 누구인가: 골프장의 얼굴이자 심장

골프장 운영 초보를 벗어나 나만의 경영 방식을 정립해 가면서, 좋은 성과로 평판도 쌓여가던 시절의 사연이다. 본사도 믿어주고 직원들도 잘 따라줘서 남들이 보기에는 편안해 보였을 테지만, 매출과 영업이익을 더욱 높여야 한다는 심적 부담이 컸던 시기였다.

사람이 새로운 과업을 시작하고 실행해 나가면서 느끼는 불안과 걱정의 변화를 보면 재미있는 현상을 발견할 수 있다. 처리 방법(know-how)을 어렴풋이 알게 되었을 때 오히려 불안과 걱정이 가장 커진다.[2] 하지만, 아무것도 모르는 초보 시절의 '무지의 낙관주의'와는 달리, 일을 '적당히' 알게 되면 잘될 방법뿐 아니라 잘못될 가능성도 보이기 때문에 오히려 걱정이 커져간다.

걱정과 불안이 커지면, 상황에 따라 유연하게 대처하는 데 필요한 자신감이 줄어들고, 자신이 최선이라고 생각하는 방식에만 집착하는 경직된 태도가 강해진다.[3]

당시의 내가 바로 그런 심리 상태에 빠져 있었다. 성공을 향한 노력은 지식이 완전히 익숙해지기 전에는 '절망의 골짜기' 단계를 겪기 마련인데, 그 때문인지 불안과 걱정이 컸다. 결국 나는 직원들에게 필요 이상

---

2 롭 다이얼 저, 박영준 역, 2025, 『행동은 불안을 이긴다』, 서삼독, 64쪽.
3 이 책의 73쪽 공포 관리 이론(TMT) 참조.

으로 엄격하게 지시하고 간섭했던 것 같다. 지금 돌아보면 큰 깨달음을 준 경험이지만, 그때 함께 고생한 동료들을 생각하면 미안함에 가슴이 아릴 정도이다.

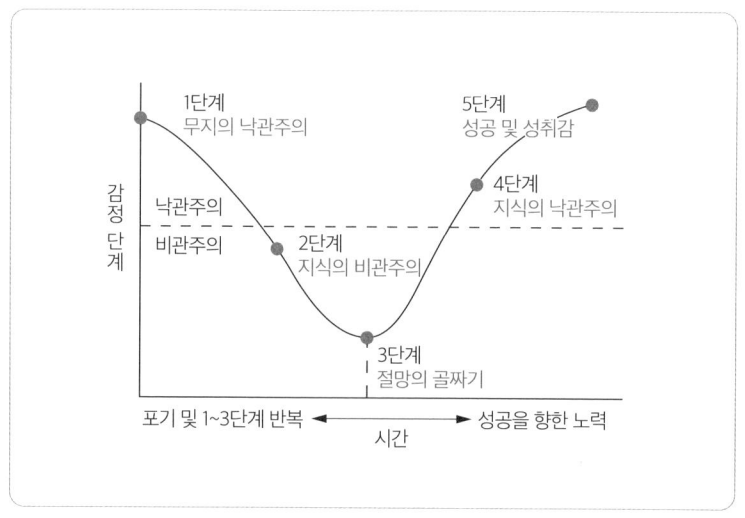

변화의 감정 주기: '절망의 골짜기'를 지나 성장으로
무지의 낙관(쉬울 것 같다는 막연한 기대) → 지식의 비관(어려움이 보이며 찾아오는 낙담) → 절망의 골짜기(가장 힘든 위기와 포기 유혹의 시기) → 지식의 낙관(터널 끝 빛이 보이며 실력이 자라나는 단계) → 성공의 안정(새로운 안정권과 성취감을 얻는 단계).
출처: 롭 다이얼, 2025, 64쪽.

사연 하나를 말해 보자. 그 당시 나의 골프장 운영 수칙에 따르면 '풀부킹'은 무조건 지켜야 할 원칙이었다. 풀부킹 위반을 한 번이라도 예외로 인정해 주면 직원들과 캐디들이 또 위반할까 봐 "이유 불문, 무조건 불가"라는 규칙을 그들에게 확실히 각인시키는 방식으로 대응하고 있었다.

그런데 뜨거운 여름이 왔다. 예외 없이 풀부킹 원칙을 고수했더니, 캐디들이 무더위에 지쳐 체력이 고갈되어 '병가 결근'하는 심각한 상황이 발생했다. 문제는 3부제 골프장 운영이 처음이었던 나로서는 '여름철 무더위에 대비한 캐디 관리 대책'을 미리 준비해 두지 못했다는 점이었다.

캐디들은 보통 일주일에 8~10번 정도 라운드에 배치되는 것을 선호한다. 골프장의 전장(총 길이)이 6,500~7,500m인 점을 감안하면, 이리저리 움직이며 걷는 캐디의 실제 이동 거리는 10km는 훌쩍 넘을 것이다. 상당한 체력을 요구하는 근무이다. 여름이 되어 체감 온도가 40℃를 훌쩍 넘고, 태양이 작열하는 넓은 들판에서 하루에 두 번씩 10km를 걷는다고 생각해 보라. '여름 캐디'는 정신력으로 버티는 것 외엔 달리 방법이 없는 상황이다.

체력이 약한 캐디들이 먼저 병가를 내기 시작하면, 나머지 캐디들이 그 빈자리를 메워야 한다. 그러다 보면 대타로 나선 캐디의 체력도 급속히 소진되어 결국 그들까지 결근하게 된다. 이렇게 악순환의 고리가 이어졌다.

어쩔 수 없었다. 마케팅팀장이나 캐디 마스터와 함께 할 수 있는 모든 방법을 다 동원해 봤다. 함께 고생하면서 쌓은 '인간적 우정'은 '전우애' 만큼이나 깊어졌다.

나는 사장으로서의 체면은 모두 내려놓고, 영향력 있는 '고참 캐디'들을 중심으로 가능한 많은 캐디들을 만났다. 사장의 권위로 명령하기보다, 한 인간으로서 도와달라고 호소했다. 캐디들에게 욕도 많이 들었다. "돈 버는 것도 좋지만, 인간적으로 너무 가혹하게 운영한다"는 비판도 서슴없이 나왔다. 그것은 정당한 비판이었고, 캐디 입장에서는 분노할 만한 경영 방식이었다. 나는 그 모든 말을 고개 숙여 받아들였다.

그러면서 나는 '월급쟁이 사장'으로서의 내적 고통도 함께 털어놓았다. 이 대목에서 많은 캐디들이 공감해 주었던 것 같다. 함께 소주 한잔을 기울이며 '분위기'에 끌려 마지못해 출근하겠다고 약속한 캐디들 대부분은, 사실 내 처지를 안쓰럽게 여겨 '고통의 길'을 함께 걸어주기로 한 것이었다. 서로의 입장을 이해하게 된 순간이었다. 이때쯤 되면 캐디들도 자신의 사적인 고민들을 털어놓기 시작했다. 가장 많이 들은 이야기는 자녀 문제였다. 캐디라는 직업을 가진 엄마 때문에 사춘기 자녀나 대학생 자식이 겪는 어려움과 방황을 지켜보는 부모의 마음이 안타깝다며, 함께 울기도 했다. 나중에는 내가 직접 그 자녀들에게 전화를 걸어 교육 상담이나 학교 생활에 관한 조언을 해주기도 했다.

최근에 그때 함께했던 캐디 두 분이 다른 골프장에서 나와 다시 일하게 되었는데, 그중 한 분은 공황 장애를 앓고 있었다. 병가는 당연한 권리이니 부담 갖지 말고 쉬었다 오라고 했지만, 본인은 스스로 부담을 느꼈는지 아무 말 없이 그만두고 말았다.

캐디들에 대해 좀 더 이야기해 보겠다.

캐디들은 사회 통념과는 달리 대체로 학력이 괜찮은 편이다. 학력만 놓고 보면 캐디들이 오히려 직원들보다 나을 때가 많다. 사회적으로 힘든 경험을 겪은 경우가 많아 이익에 민감한 면도 있지만, 그만큼 인간성도 풍부해서 어려운 처지의 사람을 잘 도와주기도 한다.

골프장에서 캐디들을 인간적으로 잘 대해주면, 그들은 스스로 고객에게도 잘 서비스하고, 나아가 회사를 위한 마케팅 활동도 자발적으로 잘 해준다. 통제와 감시보다는 신뢰와 존중을 바탕으로 한 관계가, 결국 고품질 서비스와 캐디들의 자발적 협력을 이끌어내는 가장 효과적인 방법이다.

캐디들이 '골프장 측'에 부정적인 감정을 품게 되면, 그 골프장의 미래는 밝지 않다. 라운드 고객들에게 슬쩍 흘러나오는 '캐디의 진심'— "이 골프장은 돈밖에 모른다"—은 실적에 막대한 영향을 미친다. 이런 '캐디의 진심'이 마케팅 비용에 미치는 효과를 금액으로 환산하면 2~3억 원을 훌쩍 넘을 것이다. 캐디 복지비로 2~3천만 원만 투자해도 영업이익이 그 10배인 2~3억 원은 충분히 증대할 수 있음에도, 일부 '악덕 골프장'은 "캐디피가 그렇게 높은데 무슨 복지비가 필요하냐"며 오히려 복지 예산을 줄인다.

한국 골프장 사업가들의 대부분은 캐디 공급을 늘리거나 그들의 사회적 이미지를 개선하기 위한 투자에는 인색한 편이다. 그러니 캐디피만 천정부지로 오르는 것이다. 캐디피가 오르면 소비자가 부담하는 총 이용료도 함께 오르고, 이는 골프장의 입장객 수 감소로 이어져 결국 골프장에도 부담이 된다. 자신들은 투자는 하지 않으면서 '값싼 캐디'를 바라는 '공짜 심보'는 당장 버려야 한다. 이런 인색한 태도는 결국 부메랑이 되어 골프장의 이익을 떨어뜨린다.

고객의 입장에서 볼 때, 캐디의 표정 하나, 골프장에 대한 코멘트 한마디는 그 골프장의 고객 만족도를 가늠하는 가장 쉬운 지표이다.

캐디들에게 골프장 직원들의 마케팅이나 서비스 업무를 맡기면, 그들은 놀랍도록 완벽하게 해낸다. 나는 캐디들을 정규 직원으로 채용하려고 항상 노력한다. 캐디들은 골프 고객의 심리를 잘 이해하기에 일반적인 직원들보다 훨씬 골프장 업무를 잘해낸다. 하지만 캐디들은 수익이 적다는 이유로 대부분은 정규 직원이 되는 것을 꺼린다. 나이가 들어 체력이 약해지면 비로소 직원 일을 하려고 하는데, 나는 이때를 놓치지 않고 적극 환영한다. 다만, 캐디 출신이라는 사회적 편견과 기존 직원들의 시기심이 큰 장벽으로 작용한다는 것이 안타까울 뿐이다.

2. 혁신의 아이러니: 상처와 치유의 경영학

풀부킹이라는 전쟁, 그리고 캐디 관리의 교훈

부도난 회원제 골프장을 인수했을 때의 경험이다. 기존 마케팅 직원들은 모두 그대로 유임시켰다. 오히려 승진도 시키고 연봉도 인상해 주었다. 이는 조직 운영에 필요한 신뢰 관계를 형성하기 위한 측면도 있었지만, 분란을 일으키는 기존 골프장 회원들에 대한 정보를 파악하려는 전략적 판단이기도 했다. 인수 초기에는 회원들, 특히 지역 유지인 VIP 회원들과의 법적 분쟁을 비롯한 각종 갈등이 매우 심했는데, 이들 VIP 회원들의 상황을 가장 잘 아는 이는 바로 그들의 부킹 타임을 관리하던 마케팅 직원들이었기 때문이다. 따라서 기존 직원들을 잘 포용하는 것이 필수적이었다.

이런 사정으로 인해 골프장을 인수한 직후에는 마케팅을 본격적으로 재구성하기 어려운 상황이었고, 결국 기존 골프장의 마케팅 직원을 전원 유임하기로 했다.

마케팅 부서의 상황을 좀 더 자세히 들여다보자.

인수 전 마케팅팀장은 전 소유자의 친척이었는데, 인수 후에도 나는 그를 팀장으로 유임하며 업무를 주도하도록 했다. 그 팀장 아래에는 4명의 직원이 있었고, 오랜 시간 함께 일하며 매우 끈끈한 유대 관계를 형성하고 있었다. 모두 겸손하게 성실히 업무를 수행해 왔기 때문에 마케팅이 정상적으로 진행되는 데는 무리가 없을 것이라고 판단했다.

직원들을 '세심하게 포섭'해야 하는 상황에서 매출을 증대시키기 위해 풀부킹을 달성하려면, 그린피 인하에 대해 지나치게 깐깐하게 간섭해서는 안 된다. '높은 그린피'로 풀부킹을 이루기는 매우 어렵기 때문이다. 골프장 매출은 부킹 팀 수와 그린피, 이 두 변수에 의해 결정되는데, 부킹 팀 수를 늘리는 것이 그린피를 인상하는 것보다 매출 증대에 훨씬 유리하다. 예를 들어 하루 매출 상승 400만 원을 목표로 할 때 그린피를 올리는 방식으로 접근한다면, 하루 풀부킹 팀이 100팀일 경우 1인당 그린피를 1만 원씩 올려야 한다. 반면, 팀 수를 늘리는 방식으로 해결한다면 1인당 20만 원인 팀(4인 기준 80만 원)을 5팀만 더 유치하면 된다. 골프장 마케팅 경험이 있는 사람이라면 후자가 훨씬 쉽다는 것을 잘 안다. 따라서 직원들에게 풀부킹 업무 방식을 습관화하도록 훈련시킬 때는 그린피를 낮추는 데 너무 인색하게 굴어서는 안 된다.

한편, 법적 분쟁 등 골프장 인수 과정이 마무리될 때까지는 직원들이 기존 회원들과의 갈등에서 인수측 편을 들어주도록 유도하기 위해, 매출 증대 등 직원들이 불안해할 만한 사안에 대해서는 속도를 조절해야 했다.

매출 증대보다 법적 분쟁 해결 등 인수 절차 마무리가 더 시급한 상황이었다. 당시 법적 분쟁을 담당한 분은 상당히 포용력이 넓은 여성 변호사였는데, 그녀의 열린 태도와 인간적인 정이 없었다면 승소는 어려웠을 것이다. 당시 골프 회원권 분쟁의 결말은, 법리보다는 회원과 골프장 인수자 중 누가 사회 윤리적으로 옳은가에 따라 결정나는 경우가 많았다. 법원 측도 대체로 회원을 약자, 골프장 측을 윤리적 문제가 있는 강자로 보는 선입견이 강했다고 생각된다. 나 역시 골프장 업계에 발을 들이기 전에는 비슷한 생각을 가지고 있었다. 하지만 실제 경험해 보니

'각양각색'이었다. 회원 중에는 정말 존경할 만한 분들도 있는가 하면, 매우 비열한 사람들도 있었고, 골프장 사업자들도 마찬가지였다.

골프장 분쟁, 특히 회원권 분쟁은 법적 판단을 떠나 누가 인간적으로, 윤리적으로 더 나은 입장인지를 증명하는 것이 중요하다고 느꼈다. 법리보다는 '사실 관계'와 상황을 명확히 설명하고, 회원과 골프장 측 중 '누가 진정한 피해자인가'를 잘 입증하는 쪽이 승소하는 경우가 많았다. 따라서 변호사의 법률적 지식보다는 당사자(회원과 골프장 측)의 사실 관계 증명과 설명이 더 중요했다. 그런데 일반적으로 변호사들은 법리 중심으로 사건을 주도하려는 경향이 있는데, 그 여성 변호사는 달랐다. 항상 겸손하게 골프장 운영자인 내가 '사실 관계 설명'을 주도할 수 있도록 배려해 주었다. 그 결과 우리는 분쟁에서 항상 승리할 수 있었다.

법적 분쟁이 마무리되면서 인수 절차도 끝이 났다. 약 1년 정도 걸린 일이었다. 이제 본격적인 매출 증대를 위한 경영 전략을 수립할 시점이었다. 첫 번째 조치로 인사이동을 단행했는데, '본사 측근'이 사전 보고 없이 승진 명단에 이름을 올려놓는 일이 발생했다. 나중에 사과는 했지만, 이미 엎질러진 물이었다. 승진자의 마음에 상처가 날 것을 생각하면 그냥 넘어가는 것이 현명하다고 판단하고 묵인했다. 하지만 그 측근에 대한 불신은 사라지지 않았고, 그는 승진하여 본사로 돌아간 후 나를 '모욕'하는 일을 저질렀다. 사정을 모르는 '동석자'들은 당혹스러웠을 것이다. 이미 지나간 일에 대한 무의미한 '복수'였다. 지금 생각해도 참 미안하고 용서를 구하고 싶다.

치열한 마케팅의 비밀: '떨이'와 자존심의 가치

마케팅팀은 모두 유임시킨 채 본격적인 매출 증대 작업에 돌입했다.

이제 "치열한 마케팅"이 필요한 때가 온 것이다. 치열한 마케팅이란 무엇인가?

  나는 풀부킹을 원칙으로 삼기 때문에, 이를 위해 그린피를 내려야 한다면 과감하고 파격적으로 인하한다. 하지만 마케팅 직원들이 '편의주의'에 빠지면 그린피를 쉽게 낮춰 손쉽게 풀부킹을 달성하려는 유혹에 빠지곤 한다. 내가 직원이었다면 나도 그렇게 했을 것이다. 그래서 그린피 조정은 항상 직접 챙겼다. 마치 주식 투자자가 주가 변동을 24시간 주시하듯이 말이다.

  치열한 마케팅은 풀부킹을 달성하면서도 높은 그린피를 받기 위해 마감 직전, "당일 부킹"까지도 최선을 다하는 자세를 의미한다. '치열한 마케팅'을 하다 보면, 마감 전날 퇴근 시간(17시)까지, 심지어 당일 오전까지도 예약되지 않은 당일 오후 '빈 타임'이 생기곤 한다. 이렇게 긴박한 "빈 타임의 부킹 처리"를 '떨이'라고 하는데, 이를 위해 "수단과 방법을 가리지 않는 노력"이 필요하다. 대표적인 방법이 부킹 대행사에 '떨이 세일'을 제안하는 것이다. "떨이 처리" 때는 평소 '갑'의 위치에 있던 골프장 직원이 '을'의 입장이 된다. 따라서 마케팅 담당자는 평소에도 대행사 직원에게 인간적인 호의를 베풀어 신뢰를 쌓아야 하며, 떨이를 처리할 때는 "자존심이 상하는 상황"도 견뎌내야 한다.

  즉, '갑'의 자세를 버리고 수모까지 감수하면서 '을'의 입장에서 '떨이'를 처리해야 한다. 이런 '을'의 자세로 임하는 것이 바로 "치열한 마케팅"이다. 물론 항상 치열한 마케팅을 할 수는 없다. 하지만 때로는 정말 필요한 순간이 있고, 그때는 처절한 마음으로 마케팅에 임할 수 있어야 한다. 그런 자세로 임한다면 최고의 실적을 올릴 수 있다.

  필요한 순간에 이런 수모까지 견딜 수 있는 '처절한 마음'이 없다면

'최고의 실적'은 기대하기 어렵다. 물론 항상 처절한 마음으로 살아갈 수는 없다. 인간이라면 처절한 삶보다는 편안한 삶을 살아야 한다. 하지만 인생에는 처절한 자세가 필요한 '위기의 순간'이 존재한다.

덧붙이자면, 직원들에게 처절한 자세를 요구하려면 회사와 경영자가 그에 상응하는 존중과 대우를 공정하게 해주어야 한다. 자신은 지배자로서의 특권만 누리면서 처절한 자세를 '아래 사람들'의 몫으로 돌리는 회사나 경영자는 절대 직원들로부터 진정한 헌신을 이끌어낼 수 없다. 단지 처절한 척하는 모습만을 보게 될 뿐이다.

나는 사장으로서 치열한 마케팅의 본보기를 보이기 위해 직원들이 지켜보는 앞에서 대행사 직원에게 전화를 걸어 어렵사리 부탁도 하고, 때로는 품위 없이 다투기도 하며, 냉정하게 거절당하는 수모도 겪었다. 이런 자세 없이는 "싸구려 풀부킹"이 아닌 "최선의 풀부킹"을 이룰 수 없음을 직원들에게 보여주고, 동시에 스스로도 몸소 체험하고자 했다.

직원들에게 소명의식을 심어주지 않은 채 풀부킹만 강요하면 그린피가 '똥값'이 되기 쉽다. 결코 우수한 매출을 달성할 수 없다. 최선의 풀부킹을 이루기 위해서는 직원들을 존중하고 신뢰하는 조직 문화, CEO의 경영 자세가 필수적이다. "최고 매출의 풀부킹"은 단순한 마케팅 기술이나 직원들에 대한 강압으로는 절대 달성될 수 없다.

내가 솔선수범하여 "처절한 마케팅"에 나섰다. 아침 일찍 '일일 점검 회의'를 소집하고 대행사에 직접 전화를 걸었다. 매일 오후 4~5시 퇴근 전에는 다음 날 부킹 현황을 점검하여 팀장에게 대책을 묻고 구체적인 지침을 내렸다. 지침의 이행 여부도 반드시 확인했다. 그러자 즉각적인 반응이 나타났다. 다른 업무는 다 할 수 있지만, "떨이 부킹"을 처리하며 '을'의 입장에서 대행사에 "처량하게 부탁"하는 일만은 못 하겠다는 강한 거부 반응이었다. 어쩔 수 없이 내가 직접 '떨이'를 처리해야 했고, 직원들의 집단적 저항에 대해 단호하게 질책하지 않을 수 없었다.

직원들의 집단 사직, 그리고 나를 지켜준 '전사'들

그러던 어느 날, 캐디 출신으로 신입으로 입사한 직원 한 명을 제외하고 마케팅팀장 이하 모든 직원들이 일제히 사표를 제출하고 다음 날부터 출근하지 않았다. 남아 있던 직원에게도 사표를 강요했다. 내가 직접 직원들의 업무를 처리하며 급히 한 명을 충원했지만, 얼마 지나지 않아 그 캐디 출신 직원도 인근 다른 골프장으로 이직해 버렸다.

그러나 '최선의 풀부킹'은 아무런 차질 없이 진행되었다. 그룹 내 다른 골프장에서 한 명의 팀장급 직원이 전입해 왔다. 집단 사표 사태로 인한 저항은 순식간에 무력화되었다. 이 어려운 시기를 함께 버텨낸 두 직원은 지금도 잊을 수 없다.

이런 사태를 겪으면서 마케팅 직원을 제대로 충원하지는 못했지만, '두 명의 전사'의 엄청난 노력 덕분에 매출은 오히려 증가했다. 그들이 받은 스트레스는 막심했고, 나 역시 엄청난 스트레스를 겪었다. 마케팅이 안정화되었을 때, 공로자 중 한 직원이 그만두겠다고 선언했다. 충분히 이해할 수 있는 심정이었다. 마케팅 안정화를 위해 참아왔지만, 상상 이상으로 힘들었다는 고백이었다. 그 직원의 마음을 이해했다. "편히 쉬다가 돌아오고 싶을 때는 언제든지 돌아오라. 그때는 각별한 예우로 맞이하겠다"며 그의 진심을 인정해 주고 편한 마음을 가지도록 했다. 기억으로는 약 1주일 후에 복귀했다. 정말 감사한 일이었다. 이들의 헌신에 반드시 보답하리라 다짐했고, 그 방법으로 연말에 최고의 "신기록 성과"를 내서 그들의 명예를 드높이기로 결심했다.

'마케팅 안정화'에 가장 크게 기여하고, 그래서 가장 감사한 분은 그룹 회장이었다. 회장도 인간적으로는 당황하고 불안했을 것이다. 하지만 조금도 내색하지 않았다. 만약 회장이 당혹해하는 모습을 보였다면 사태가 더 커졌을 수도 있었다. 하지만 "현장의 대표이사"를 믿고 지원하기 위해 당혹한 반응을 전혀 보이지 않았다. 모른 척해주었다. 이후 다른 회장들을 경험하면서 더욱 분명히 깨달았다. 그때 회장이 월급쟁이 대표인 나를 진심으로 신뢰하는 담대한 자세를 보여주었다는 사실을.

혁신이라는 이름의 상처: 경영지원팀 개편 사례

이런 우여곡절 끝에 "새로운 마케팅 프로세스"가 자리를 잡았다. 예를 들어 다른 골프장보다 일찍 '그린피 안내'를 공지하면서 단체팀 할인을 가장 먼저 프로모션한다. 단체팀은 많은 인원이 참여하다 보니 부킹 일정을 빨리 확정해야 하기 때문이다.

한편, 최초의 '부킹-그린피 안내'는 선호 시간대(고가 시간대) 고객을 대상으로 구성한다. 이때는 선호 시간대와 비선호 시간대의 그린피 차이를 적게 공개하는 전략을 쓴다. 선호 시간대 고객들은 보통 부킹을 일찍 하는 경향이 있는데, '고가 그린피 고객'이 주요 대상이므로, 비선호 시간대 그린피도 비교적 비싸게 공표해 '선호 시간대 그린피가 지나치게 높다'는 인상을 희석시킨다. 이를 통해 고객이 심리적 부담 없이 부킹할 수 있도록 유도한다.

다음 단계로, 선호 시간대가 대체로 채워지면 본격적인 '세일 정책'을 펼친다. 비선호 시간대를 대상으로 할인 프로모션을 실시해, "저렴하게 예약했다"는 만족감을 주는 전략이다.

부킹 마감 2~3일 전에는 "마감 임박 세일"을 단행해 최종적으로 풀부킹을 완성한다.

이렇게 개발한 "부킹 프로모션" 전략은 매우 효과적이었다. 지금은 널리 보편화된 방법이지만, 당시만 해도 '참신한 마케팅'이어서 주변 골프장들로부터 문의가 쇄도했으며, 담당 직원들의 자부심과 동기 부여에도 크게 기여했다.

마케팅 분야뿐만 아니라 다른 부서에서도 대대적인 혁신이 이루어졌다. 특히 경영지원팀 혁신 과정에서 직원들이 겪은 어려움을 떠올리면 가슴이 아프고, 그들에게 미안함과 용서를 구하고 싶다. 이 골프장은 오랜 부도 상태로 인해 실무 조직 체계가 완전히 무너진 상태에서 인수되었기 때문에, 전반적인 실무 체계 혁신이 절실한 상황이었다.

실무 체계 혁신의 핵심은 크게 두 가지였다. "인간적 신뢰와 유대감 회복"과 "업무 시간 동안은 최선을 다해 일하는 것"이었다. 그러나 실무 체계가 무너진 조직에서 가장 안정적이고 특권을 누리는 부서는 대개 '직원 관리와 돈'을 담당하는 경영지원팀인 경우가 많다. 할 일도 별로 없으면서 자신들이 사용하는 비용을 우선 처리할 수 있기 때문이다.

따라서 실무 체계 혁신은 아이러니하게도 본사와 긴밀히 일처리를 하는 부서부터 시작해야 하는 역설에 직면하게 된다. 골프장 인수 과정에서 기존 경영지원팀은 본사 실무자들과 긴밀히 협의해야 할 일이 많아 자연스럽게 본사 사람들의 지지를 받는 위치에 있었다. 따라서 인수 후 기존 경영지원팀을 혁신한다는 것은 결코 쉬운 과제가 아니었다.

골프장 실무 체계 혁신의 기본 목표는 한 사람의 직원이 다양한 업무를 담당할 수 있는 '멀티 플레이어'를 양성하는 것이었다. 쉽게 말해 경영지원팀 직원이 마케팅 업무도 하고, 식음료 업무도 하도록 하는 것이다. 또한 코스나 시설 관리 업무 중 재고 관리나 비용 지출을 해당 팀이 자율적으로 처리하도록 하면서, 경영지원팀은 이를 점검하고 지원하는 역할로 전환하여 '경영지원팀의 특권화'를 방지하고자 했다. 이렇게 실무 체계 혁신은 자연스럽게 경영지원팀을 주요 대상으로 삼을 수밖에 없었다.

이러한 경영지원팀 혁신을 팀 직원들의 입장에서 바라보면, "특권은 사라지고 다른 부서의 허드렛일만 늘어나는 꼴"이었다. 당연히 엄청난 스트레스가 따랐다. 한가하게 특권만 누리던 기존 경영지원팀 직원들 입장에서는 자신들만 최악의 상황에 빠진 것처럼 느껴졌을 것이다. 혁신을 추구하는 '신임 사장'이 얼마나 미웠을까? 특히 회계 담당자들의 고통은 컸다. 회계 담당은 특수 업무로 회계만 전담한다는 관행이 강한데, 이런 관행을 무시한 채 "커피 서비스 지원 가라", "프런트 지원 가라"는 지시에 '괴롭힘을 당한다'고 느꼈을 것이다.

그들의 심정을 충분히 이해하지만, 실무 혁신은 피할 수 없는 과제였다. "실무 혁신의 피해자"도 인간이기 때문에, 혁신이 안정화되고 공정하게 서로를 존중하는 새로운 인간관계가 자리 잡히면, 그들은 비로소 혁신의 필요성을 이해하게 된다. 그러나 그 과정에서 사표를 내는 사람도 있고, 떠났다가 다시 복귀하는 사람도 있었다. 이렇게 혁신은 새로운 희망을 찾아나선 사람들이 겪는 '인간적 아픔이 따르는 슬픈 여정'이기도 하다.

희망을 만드는 혁신이 한편으로는 인간을 아프게 하는 과정일 수 있기에, 이러한 인간적 고통에 대한 경의를 표하는 자세가 필요하다. 기업 실무의 혁신을 기계 수리하듯 냉정하게만 접근할 수는 없다. 혁신에 수반되는 인간적 고통을 외면하는 리더십은 진정한 혁신을 이루어낼 수 없다고 믿는다. 따라서 혁신 과정에서 겪는 인간적 고통에는 반드시 "위로와 보상"이 따라야 한다고 생각한다.

이런 가슴 아픈 혁신—마케팅, 경영지원을 비롯해 코스, 시설, 캐디 등 골프장 운영 전반에 걸친 혁신—의 결과, 연말 성과는 놀라웠다. 매출은 30% 이상 증가했으며, 충청권에서 최고 수준의 매출을 기록했다고 생각된다. 직원들의 분위기도 완전히 바뀌어, 고통과 갈등 속에서 새로운 활력과 신뢰, 서로를 인정하는 문화가 자리 잡았다.

하지만 이 모든 성과는 단순히 즐겁게 이루어진 것이 아니었다. "수많은 갈등과 인간적 아픔과 슬픔"을 동반한 결과물이었다. 스트레스로 모두가 고통을 겪으면서 이뤄낸 소중한 결실이었다.

보상과 이별: 마케팅팀 개편과 떠나는 이들

따라서 당연히 "위로와 보상"이 뒤따라야 했고, 이를 위해서는 전제조건인 '성과 평가'가 공정하게 이루어져야 했다. 그러나 바로 이 지점에서 '우려되는 문제'가 발생하기 시작했다.

매출은 기대 이상이었지만, 영업이익 평가에서 예상보다 저조한 '실망스러운 징후'가 나타났다. 골프장 시설 개선을 위한 대규모 투자가 진행되었는데, 이로 인한 감가상각비와 유지·보수비가 예상을 크게 넘어섰기 때문이다. 결과적으로 영업이익 자체는 양호한 수준이었으나, 일반적인 경우에 비해 현저히 낮은 편이었다.

구체적으로 설명하자면, 골프장 회계에서 잔디 개조 비용은 소모품비로 처리할 수도 있고 시설 투자로 계상할 수도 있다. 금융감독원의 회계 지침에도 두 가지 방식이 모두 허용되어 있다. 당시 골프장 개·보수 과정에서 잔디 교체 비용이 막대했기 때문에, 이 비용을 유지·보수비로 처리할 것인지 아니면 시설 투자비로 반영할 것인지가 중요한 쟁점이 되었다. 직원들의 사기와 명예를 고려한다면 잔디 개조비를 시설 투자비로 처리하는 편이 유리했고, 법인세 절감 효과만 본다면 유지·보수비로 처리하는 것이 유리했을 것이다. 나는 직원들의 노고와 자부심을 최우선으로 생각하는 쪽을 선택했다. 그들이 겪은 '인간적인 고통과 눈물'을 떠올릴 때, 그들에게 마땅한 보상과 위로를 제공하는 데 최선을 다하고 싶었다.

그러나 연말 평가 과정에서 예상치 못한 '또 다른 상처와 갈등'이 발생했다. 일부 직원들이 아무런 설명 없이 내 지시를 따르지 않으며 침묵으로 일관한 것이다. 당연히 나는 이 '침묵하는 직원들'에게 상처를 주게 되었고, 그들 역시 나에게 실망을 안겼다. 게다가 나 자신도 연말 평가 업무를 완결짓지 못한 채, 갑작스럽게 다른 골프장으로 발령이라는 전보 명령을 받고 자리를 떠나야만 했다.

고마운 직원들에게 제때 위로와 보상을 전하지 못한 채, 외로이 퇴장해야만 했던 월급쟁이 사장으로서의 인간적인 아픔이었다. 그들의 노고를 제대로 격려해 주지 못한 채 떠나야 한다는 것이 가장 마음에 걸리는 부분이었다.

제2장 전통의 권위와 공포

1. 권력의 그림자: 기업이라는 정치의 장

정치를 외면했던 순진함에 대하여

나의 '골프장 인생'에서 전환점이 된 시기가 있었다. 비로소 "기업 경영에서의 정치적 갈등"을 진지하게 고민하게 된 시기였다. 그동안은 "소신 있게 일하면 중간에 오해가 생기더라도 결국은 진실이 밝혀질 테니, 오해를 두려워하지 말고 소신껏 일하자"는 자세로 골프장을 경영해 왔다. "일부 잘못된" 회장 측근들의 "못된 행동"을 과감히 바로잡으며 많은 비방도 받았지만, 결국은 사실이 드러나고 나는 정당한 대우를 받을 것이라고 믿었다. 직원들도 대체로 나의 소신을 존중해 주었다.

그렇게 믿어왔는데! 이제 와보니 그것은 순진한 생각이었다. 기업 역시 인간의 집단이자 공동체이니 "내부 정치"가 활발할 수밖에 없다는 사실이 문득 강하게 떠올랐다. 이런 뻔한 사실을 어째서 나는 '설마' 하면서 외면하려 했을까? 결국 기업도 정치의 장이다. 회장도, 그의 측근도, 나도, 간부들과 직원들도 모두 자신의 이익을 위해 정치를 하는구

나. 정치야말로 인간의 본능이니 당연한 일이겠지.

물론 정치 자체가 나쁜 것은 아니다. 정치란 사회적 동물인 인간이 집단, 즉 공동체에 참여하여 공동체의 이해를 개인의 이해와 조화시키는 활동이다. 그 과정에서 개인들 간, 하위 집단(파벌이나 이익 집단) 간에 이익과 권력의 배분을 둘러싼 갈등이 생기기 마련이다. 정치란 인간의 본능이자 공동체 안에서 필연적으로 벌어지는 활동이다. 따라서 기업 내 정치적 갈등도 피할 수 없는 현상이며, 이를 무시하기보다는 제대로 대처하는 것이 옳은 태도일 텐데, 왜 나는 이런 사실을 '설마' 하면서 외면하려 했을까?

"기업은 국가와 다르다"는, 과거 독재 정권이 내세웠고 지금도 굳건히 유지되는 "탈정치 기업 이데올로기"에 사로잡혀서였을까? 이것이 바로 그 시절 내가 스스로에게 던졌던 질문이었다. 한국 기업, 특히 골프장 기업의 가장 큰 문제는 직원들의 기술(전문성)이나 윤리의식이 아니라 기업 내 불균형한 정치적 지형(세력 관계)과 이를 뒷받침하는 거버넌스의 문제가 아닐까? 나의 관심은 이런 생각을 중심으로 재편되기 시작했다.

인간의 본능, 정치의 필연성: 사회적 지능(social intelligence)[4]의 시대

정치의 필연성과 정치적 본능에 대해 잠시 설명해 보자.

---

[4] 사회적 지능(Social Intelligence)은 미국의 심리학자 에드워드 손다이크(Edward L. Thorndike)가 1920년에 처음 제안한 개념으로, 타인의 감정·의도·행동을 이해하고 이에 적절히 대응하는 능력을 의미한다.

인간에게는 소유 효과[5]와 편향된 공정성[6] 같은 본능이 있어, 인간 사이의 갈등은 필연적으로 발생한다. 이런 특성 때문에 서로의 권리와 의무를 조정하는 과정, 즉 정치란 반드시 필요하다.

다행히 인간은 충분한 논의를 통해 편향된 공정성을 바로잡고 합리적인 공정성에 도달할 수 있는 '인지 능력'(정치적 조정 능력)을 타고난다고 알려져 있다. 따라서 인간 사이의 갈등과 그 조정(정치)은 집단 생활에서 필수적이다. 그러나 이런 갈등 조정이 권력 차이로 인해 불공정하게 이루어지면 구성원 간의 유대감과 동료애는 무너지고 만다. 그러면 '상대를 이기면서 느끼는 쾌감'이나 '적대감'이 생겨 조직의 발전, 즉 기업의 성과는 떨어지게 된다. 결국 조직은 망하게 될 것이다.

조직 내에서 조직(즉, 구성원 전체)의 발전에 기여하면서도 동시에 자신의 지위나 수입을 높이려는 "정치적 본능"(신경심리학에서는 '사회적 선호[social preference]'라고 한다)에 대해 간단히 설명해 보자.

조직 내에서 자신의 입지나 수익이 높아지면 누구나 기쁨을 느낀다. 그런데 인간은 집단을 '자기편(내집단)'과 '상대편(외집단)'으로 나누는 '사회적 본능'을 가지고 있다. 직원이 회사를 내집단으로 생각할 때는 자신의 수입이 좋아지면서 조직 발전에도 기여하게 되면, 조직에 기여하지 못했을 때보다 더 큰 기쁨을 느낀다. 반면, 직원이 회사나 동료를

---

[5] 어떤 물건을 내가 소유하고 있으면 소유하고 있지 않을 때보다 더 귀중하게 느끼는 본능. 예를 들면 물건을 소유한 판매자는 물건을 소유하지 못한 구매자보다 더 비싸게 생각한다. 똑같은 사람이 소유자(판매자)일 때와 비소유자(구매자)일 때 평가하는 가격이 다르다. 전망 이론(Prospect Theory) 참조.

[6] 자기에게 유리하게 평가하는 공정성 본능. 똑같은 사람이 가해자일 때 생각하는 공정성과 피해자일 때의 공정성에는 차이가 있다. 맞는 사람이 느끼는 아픔의 강도와 때리는 사람이 생각하는 아픔의 강도에는 차이가 있다. 그래서 상대방이 때린 정도의 세기로 때리면 서로 감정이 악화된다(조슈아 그린 저, 최호영 역, 2017, 『옳고 그름』, 시공사 참조).

외집단(경쟁자)으로 인식할 때는 자신의 수입은 좋아지면서 다른 직원들의 상황이 나빠질 때 더 큰 기쁨을 느낀다.

사례를 하나 살펴보자.

앞서 언급한 골프장에 재일교포 여성과 결혼한 남성 캐디가 있었다. 나이가 들면서 체력이 떨어지고, 고객들도 그를 기피하는 듯해 고민이 많다고 해서 면담을 가졌다. 그는 여행사에서 함께 일하던 교포 여성과 연애 끝에 결혼했다고 했다. 전처에게서 낳은 아이 두 명이 있는 상태에서 재혼했는데, 당시 함께 키워야 할 아이는 모두 네 명이었다. 같은 집에 살지는 않지만 부근에 사시는, 형편이 어려운 부모님도 있어 경제적 지원을 하고 있다고 했다. 특별한 기술이 없어 부부가 함께 캐디 생활을 시작했고, 두 사람의 캐디 수입으로 "두 집 살림"을 꾸리는 "애틋한 부부"였다. 첫 고객을 맞이하기 전 새벽시간에 부부가 9홀 골프를 함께 하며 애정을 키우는 정이 많은 부부였다.

이 남성이 캐디에서 마케팅 직원으로 전환하고 싶어 해서 요구를 들어주었다. 하지만 현장에서 고객 불만이나 항의를 해결하는 데는 남다른 재주가 있었지만, 부킹 대행사를 상대하는 등 부킹 업무에는 취약했다. 그럼에도 열심히 하려는 태도는 정말 훌륭했다. 인간의 능력은 유전적 영향 50%, 환경적 영향 50%로 형성된다고 하는데, 이 직원은 현장 서비스 능력은 타고난 듯했으나, 부킹 대행사와의 협상 능력은 선천적으로 부족해 보였다. 유대감과 이타적 감정을 느끼는 공감 능력은 매우 뛰어났지만, 상대의 속마음을 읽는 "마음 읽기(mentalization)" 능력은 타고나지 못한 것 같았다.

이런 캐디 출신 직원과 정반대인 직원도 있었다. 소위 "오너 측근"으로 평가받는 직원이었다. 이 직원은 오너가 원하는 것을 예측해 비위를 아주 잘 맞췄다. 반면, 동료 직원들에게는 냉랭했다. 마음 읽기 능력은 뛰어나게 타고났지만, 진정한 공감 능력은 부족해 주변에 적이 많은 안타까운 직원이었다.

세상에는 사람의 유형이 너무나 다양하다. 사이코패스나 소시오패스 같은 반사회적 성향을 지닌 사람들을 말하는 것이 아니다. 유전적 차이와 인생 경험, 환경적 요인으로 인해 인간은 각자 모두 다르다. 일란성 쌍둥이조차 자라난 환경에 따라 성격에서 차이를 보인다. 그러므로 고객 개인에 맞춘 맞춤형 서비스가 가장 효과적인 서비스이다.

이처럼 인간의 성향은 매우 다양하므로, 이러한 차이와 갈등을 조정하는 정치적 과정은 기업에서도 필수적이다. 기업에 정치가 필요 없다는 주장은 현실을 외면한 망상에 가깝다. 이는 오히려 '독재적 CEO의 이데올로기'라고 할 수 있다.

이런 주제는 "사회적 지능(협력과 갈등 등 인간관계 문제 해결 능력) 대 비사회적 지능(기술적 문제 해결 능력)의 관계"에서 논해야 한다. 인간의 지능을 신경심리학적으로 살펴보면, '사회적 지능'과 '비사회적 지능'이 존재하며, 이 두 지능은 각기 다른 뇌 회로에서 작동한다. 사회적 뇌 회로가 활성화되면 비사회적 뇌 회로가 억제되고, 반대로 비사회적 뇌 회로가 작동하면 사회적 뇌 회로가 둔화되는 경향이 있다. 또한 사람마다 사회적 지능과 비사회적 지능이 발달한 정도는 제각기 다르다.

그렇다면 사회적 지능과 비사회적 지능 중 기업의 생산성에 미치는 영향은 어떠한가? 현재로선 두 요소가 거의 비슷한 영향력을 발휘하지만, AI(artificial intelligence, 인공지능) 혁명이 진행되면서 사회적 지능의 중요성이 점점 더 커지고 있다. 기술 개발 분야에서는 AI가 핵심적인 역할을 수행할 수 있으므로, 인간의 역할은 점차 사회적 지능을 발휘하는 방향으로 이동하고 있기 때문이다. 이것이 바로 AI 혁명의 역설이다. 안타깝게도 한국의 현실은 이와 반대로 가는 느낌이다.

이는 앞으로 기업 내 정치의 중요성이 더욱 커질 것임을 의미한다. 중요한 것은 어떤 방향으로 나아가느냐이다. 협력적인 정치로 갈 것인가, 아니면 경쟁적인 정치로 갈 것인가? 인간 사이의 협력과 경쟁을 조율하는 능력을 우리는 사회적 지능이라고 부르며, 이러한 협력과 경쟁을 실제로 조정하는 행위 자체가 바로 정치이다.[7]

당당함이 만든 기적: 반항아에서 팀장으로

모 골프장을 인수할 때의 사례이다. 팀장들 간의 친밀성은 강한 반면, 직원들의 팀장들에 대한 불신이 컸다. 몇 차례 골프장을 인수하면서 여러 번 경험한 상황이어서 그 원인과 문제점을 잘 알고 있었다.

그런데 20대 후반의 한 여직원이 강한 인상을 주었다. 대답하는 태도가 도전적인 수준을 넘어 반항적으로 보였다. 나는 원래 반항적인 직원을 좋아하는 편이다. 골프장에서 반항적인 태도를 보이는 직원들이 대체로 일 잘한다는 것을 여러 번 경험했기 때문이다. 자신이 옳다는 믿음 없이는 반항적인 태도를 보이기 어렵다. 그녀는 프런트 근무와 부킹 전화 업무를 담당하고 있었다. 내가 관심을 가지고 지켜보니 당사자도 눈치를 챈 듯 면담을 요청해 왔다. 그녀는 서슴없이 상황을 설명했다.

골프장 인수 소문이 돌면서 팀장들이 노조 설립을 주도하려 했는데, 경영지원팀장이 그녀에게 노조위원장을 맡아보라고 권유했지만 거절

---

[7] 이 내용은 이 책과 한 쌍을 이루는 "뇌는 레저를 할 때 어떻게 변할까: 이론편"(이하 "이론편")에 소개되어 있다.

했다고 했다. 흔히 있는 일이다. 공기업이나 사주가 '악성'인 회사에서는 노조 배후에 기득권을 유지하려는 간부층이 있는 경우를 여러 차례 목격했고, 직접 경험하기도 했다. 이전 골프장에도 민주노총 소속 노조가 있었는데, 그 배후에도 회사 간부가 있었다. 보통 경영자는 노조를 배척하지만, 나는 그렇지 않다는 점을 내 인생 사례를 들어 설명하면서, 보복이나 불이익을 두려워하지 말고 소신 있게 업무를 처리하되 필요하면 언제든지 이야기하라고 격려했다.

이런 지지 속에 그 여직원의 얼굴에는 밝은 기운과 자신감이 차올랐다. 당시 직원이 부족하자 그녀는 즉시 친구를 데려왔다. 이 골프장에서 함께 일했던 전직 동료라고 했다. 두 여직원이 능동적으로 부킹 예약 업무를 처리하니 마음이 매우 편해졌다.

골프장을 인수한 후 처음 업무를 시작할 때 가장 어려운 부분은 마케팅이다. 일반적으로 예약 담당자는 '수익 창출의 핵심'이기 때문에 사장에게 압박을 주려는 태도를 보이거나 자기 방식대로 일을 처리하려는 성향이 있다. 질책하면 바로 사직서를 내밀며 사장을 역으로 압박하려 든다. "제가 그만두면 사장님도 힘드실 테니 서로 타협합시다"라는 메시지를 전달하는 셈이다.

보통은 그런데, 그 여직원들은 자발적으로 열심히 일했다. 마케팅 관련 지식을 가르쳐주면 정확히 이해하고 철저히 실행하면서 스스로도 만족해했다. 반항아라는 평판이 사라지고 일 잘한다는 소문이 퍼지자 다른 직원들도 어려운 점을 그 여직원에게 거리낌 없이 털어놓기 시작했다. 직원 상조회가 생겼는데, 회사에 지원을 요청하자 적극적으로 도와주었다. 이기적이지 않았고 동료들을 돕고 불의에 저항할 줄 아는 자질을 가진 젊은이였다.

반면, 문제가 되는 인물도 있었다. 본사에서 마케팅을 걱정해 마케팅 팀장을 내려보냈는데, 오히려 없는 것이 나을 정도로 '농땡이'를 부렸다. '부킹 대행사' 출신이어서 '떨이 부킹' 등에 능통할 터인데, 지시를 하면 대행사에 일을 맡기고는 퇴근해 버렸다. 사장이 전화를 걸어도 받지 않았다. 질책하면 본사에서 바로 "확인 전화"가 왔다. 측근 실세가 배후에서 조종하고 있었던 것이다. 측근 실세의 경영 성과와 연관되어 있었는데, 자세한 설명은 생략하겠다.

몇 차례 갈등을 겪은 후, 나는 그 문제의 팀장을 본사로 다시 데리고 가라고 요청했다. 후임으로는 그 당당한 여직원을, 나이와 경력을 따지지 않고 팀장으로 임명했다.

당시 주요 마케팅 전략은 '번개 세일'이었다. 부킹이 안 된 팀 수가 많아도, 많은 팀이 예약된 것처럼 보이게 하기 위해 '일정 수의 팀'만 사이트에 노출하고 그중 1~2팀만 약간 할인하면 빠르게 부킹이 들어왔다. 이런 방식이었으므로 마케팅 담당자는 '주식 매니저'처럼 하루 종일 부킹 사이트를 '관리'해야 했다. 힘든 일이었지만, 그 여직원 둘이 이 일을 훌륭하게 해냈다.

또 다른 골칫거리 임원도 있었다. 본사에서 부사장을 '낙하산'으로 보냈는데, 이 부사장 역시 일을 게을리했다. 이 부사장이 그 여직원 팀장에게 사장 몰래 부킹 타임 몇 개를 낮은 가격에 할인해 특정인에 주라고 지시했다. 여직원 팀장은 이 사실을 내게 보고했다. 역시 당당한 사람은 정직했다. 아첨을 잘하는 성격이었다면 추후 보복이 두려워 그런 보고를 하지 못했을 것이다. 이 부사장의 배후에도 팀장 때와 같은 '핵심 측근'이 있었다.

2. 편향된 공정성: 그 갈등과 해결

'편향된 공정성'은 인간의 본성적 특성

공정성은 객관이 아니라 '내가 느끼는 세계'로부터 시작된다. 인간은 누구나 공정하게 대우받기를 원한다. 그러나 아이러니하게도 그 공정성은 누구에게나 '객관적 진실'로 다가오지 않는다. 오히려 자기 위치, 감정, 손익의 관점에 따라 끊임없이 변화하는 주관적 지각에 가깝다.

그 이유는 간단하다. 공정성은 원래부터 감정·지각·생존 본능이 얽힌 심리적 구조물이기 때문이다. 그래서 인간은 똑같은 사건도 자신에게 유리하면 공정하다고 여기고, 자신에게 불리하면 불공정하다고 느끼는 경향이 있다. 이것이 바로 '편향된 공정성'이며, 이는 개인의 도덕적 결함이 아니라 뇌와 심리 구조에 기반한, 모든 인간이 공유하는 본성적 특성이다. 이 같은 본성은 주로 두 가지 심리적 메커니즘을 통해 우리의 판단과 감정으로 나타나며, 그 모습은 다음과 같은 상황에서 특히 극명하게 드러난다.

첫째, "당하면 더 아프고, 줄 땐 덜 아프다"는 감정과 지각의 '비대칭성'이다.

한 연구에서 흥미로운 실험 결과가 나왔다. 같은 강도로 누군가를 때리거나 맞는 경우, 맞는 사람은 훨씬 더 아프다고 느꼈고, 때린 사람은 상대가 자신이 예상한 것보다 덜 아팠을 것으로 생각했다. 이 차이는 단순한 '감정적 차이'가 아니라 신경과학적 정보 처리 방식의 차이에서 비롯된다. 즉, 똑같은 사건이라도 피해자는 '고통' 중심의 감정 시스템으로 처리하고, 가해자는 '맥락' 중심의 인지 시스템으로 처리한다. 그래서 피해자는 "당연히 불공정하다"고 느끼고, 가해자는 "그럴 수밖에 없었다"고 변명하게 된다. 이 구조적 차이가 바로 공정성 판단의 출발점을 갈라놓는다.

둘째, "내 물건이 더 가치 있어 보인다"는 소유 효과(endowment effect) 때문이다.

소유 효과는 물건을 사고팔 때 벌어지는 심리적 현상이다. 기본적으로 인간은 자신이 소유한 물건을 더 높은 가치를 지닌 것처럼 평가한다. 이 현상은 행동경제학의 대표 이론인 전망 이론(Prospect Theory)과도 연결된다. 인간은 손실을 같은 크기의 이익보다 더 크게 느끼는 손실 회피 성향을 가진다. 즉, '같은 가치'도 소유 상태와 손익 구조에 따라 전혀 다르게 해석된다. 이는 상대방의 제안이나 회사의 정책이 '공정한지'의 여부도, 그것이 나에게 '이익'으로 느껴지는가 '손실'로 느껴지는가에 따라 판단이 갈린다는 것을 의미하며, 편향된 공정성의 또 다른 뿌리라 할 수 있다.

구성 요소	설명	공정성에 미치는 영향
감각·정서 중심 정보 처리	"나는 더 아프다"라고 느끼는 직접적 경험	피해·불이익에 민감
손실 회피 본능	내 것이 더 중요하고 소중하게 느껴짐	자기 이익 과대평가
자기 정당화 인지	"내 행동엔 이유가 있다"라며 합리화	가해 책임·손해 축소
사회적 비교 체계	"우리 편이 손해 보면 불공정" 판단	집단적 공정성 왜곡

'감정의 비대칭성'과 '소유 효과'라는 두 가지 본성은, 공정성이 결코 절대적인 기준이 될 수 없음을 보여준다. 이처럼 공정성은 절대적 기준이 아니라 "내가 무엇을 잃고 얻는가"를 최종 기준으로 삼는 극도로 주관적인 감정-인지 시스템이다.

편향된 공정성은 '진화적·신경심리적 메커니즘'

이러한 편향은 비난의 대상이 아니라 인간이 생존을 극대화하기 위해 진화적으로 탑재해 온 본능의 자연스러운 발현이다. 즉, 편향된 공정성은 인간의 뇌가 생존을 위해 디자인된 구조의 필연적 결과이며, 과거 사냥터에서 생존을 결정짓던 본능은 오늘날 회의실과 SNS에서도 여전히 유효하게 작동하고 있다.

그러나 놀랍게도 인간은 이러한 편향된 공정성을 자각하고 조절할 수 있는 유일한 존재이기도 하다. 그 이유는 인간에게만 존재하는 '메타인지(metacognition)'와 '공감 능력' 때문이다. 인간은 본능에 끌려가는 존재이면서도, 동시에 그 본능을 성찰하고 조절할 수 있는 이중적 자아를 지닌 존재인 것이다. 따라서 자기 중심성이 본성이지만, 그 본성을 넘어설 수 있는 가능성 또한 인간 안에 내재해 있다.

이러한 극복을 위한 구체적 전략은 다음과 같다. 첫째, 서로 자신이 지닌 공정성의 기준을 드러내는 개방적 대화가 필요하다. 공정성 갈등의 본질은 '사실'이 아니라 '느낌'이므로 "당신은 무엇을 불공정하다고 느꼈나요?"라고 묻고 듣는 과정에서 진정한 이해가 시작된다. 둘째, 상대의 관점으로 역지사지(易地思之)하는 관점 전환(perspective-taking)을 통해 "그 입장이라면 나도 그럴 것"이라는 공감이 생길 때 편향은 줄어들고 공정성 판단의 균형이 생긴다. 셋째, 설명보다 선행되어야 할 것은 정서적 중재이다. "그렇게 느끼셨다면, 그 감정은 충분히 이해할 수 있습니다"라는 인정해 주는 공감의 말이 상대의 감정의 문을 연다. 넷째, 관계적 해결에 초점을 맞춰 '누가 맞는가'라는 대립을 넘어 '어떻게 함께 갈 것인가'라는 미래지향적 질문을 던져야 한다.

결론적으로 편향된 공정성은 인간의 결함이 아니라 생존과 보호를 위한 뇌의 기본 작동 방식이다. 그러나 그 사실을 자각하고 성찰할 수 있는 존재 또한 인간이다. 따라서 공정성은 '정의의 문제'이기 전에 '관계와 감정의 문제'이며, 설명이 아니라 존중을 통해 회복될 수 있는 인간적 경험이다.

기업 내 '편향된 공정성'과 그 해결책

공정성은 조직 성과에 큰 영향을 미치는 심리적 조건이지만, 인간의 본성적 특성인 '편향된 공정성'은 그 판단과 대우가 위치와 경험에 따라 다르게 작동한다. 이로 인해 기업에서는 같은 사건을 두고 경영자와 직원이 완전히 다른 해석을 하게 된다. 경영진은 합리적 결정이라고 주장하는 반면, 직원들은 부당함을 느끼는 갈등이 빈번히 발생하는 것이다.

이러한 인식 차이의 근본 원인은 양측의 공정성 기준이 근본적으로 다르기 때문이다. 경영진은 '이익-손실' 중심의 합리적 공정성에 기반하여 회사 생존과 전략적 책임을 우선시한다. 반면에 직원들은 '가해자-피해자' 중심의 감정적 공정성으로 상황을 받아들이며, 자신의 존엄과 대우를 중요한 기준으로 삼는다. 이러한 인식 차이는 그 자체로 맞고 틀림의 문제가 아니라 서로 다른 위치에서 발생하는 자연스러운 현상이다. 따라서 중요한 것은 이 차이를 누군가의 '잘못'으로 비난하는 것이 아니라 '이해'의 출발점으로 삼는 것이다.

이러한 이해를 바탕으로, 이제 중요한 것은 이 갈등을 어떻게 회복할 것인가 하는 실천적 과제이다. 편향된 공정성의 갈등을 해소하기 위해서는 상호 이해와 존중을 바탕으로 한 관계 회복이 필요하다. 경영자에게는 직원의 감정을 이해하는 배려와 존중의 언어가, 직원에게는 상대를 적대시하지 않고 보상 요구를 유연하게 조절하는 태도가 중요하다.

나아가 인정-대화-합의-실천의 4단계 관계 회복 모델을 통해 '누가 옳은가'라는 대립을 넘어 '어떻게 관계를 재구성할 것인가'에 초점을 맞출 때 진정한 해결이 가능하다.

실행 단계	목적	핵심 행동
1. 감정 인정	정서적 수용	"그렇게 느끼셨다면 그 감정은 이해합니다"
2. 입장 분리	관점 구분	"당신은 이렇게 경험했고, 나는 이렇게 판단했다"
3. 상징·실질 보상	존중의 제스처	적절한 절차, 수준에 맞는 보상+공식적 인정
4. 신뢰의 반복	장기적 회복	"앞으로 이를 제도적으로 관리하겠습니다"

결국 기업 내 공정성 문제는 승패의 문제가 아니라 관계의 문제이다. 공정성 갈등의 해결은 설명과 논리가 아닌 존중과 인정의 회복을 통해 이루어진다. 기업의 성숙함은 갈등을 없애는 것이 아니라 편향된 공정성이라는 인간 본성을 이해하고 이를 창조적 회복으로 전환하는 기술을 갖추는 데 있다. 서로의 차이를 인정하는 열린 태도야말로 지속 가능한 조직 문화의 초석이 될 것이다.

사례 분석: 골프장에서 본 편향된 공정성의 현장

성공적인 골프장 인수를 통해 숨겨진 갈등의 불씨가 생긴 하나의 사례가 있다. 한 기업이 새로운 골프장을 인수하면서 식당 운영을 자회사에 맡겼다. 골프장 사장은 골프장 인수와 경영에 여러 차례 성공을 거둔 베테랑으로, 이번에도 개장 후 단 2개월 만에 식당 매출을 2배로 증가시키는 성과를 냈다. 식당 사장 역시 골프장 사장과 오랜 지인 관계였으며, 골프장 사장은 "초기 골프장 마케팅은 자신이 담당하고, 일상 운영은 식당 사장이 맡는다"는 역할 분담 원칙이 합의되었다고 믿고 있었다.

이 과정에서 골프장 사장은 자신이 식당 운영을 돕고 있다고 느꼈고, 식당 사장도 겉으로는 불만 없이 골프장 업무에 협력하는 듯 보였다. 그러나 얼마 지나지 않아 모기업 측에서 "식당 운영에 간섭하지 말라"는 신경질적 반응이 나타났다. 골프장 사장은 이를 '모기업 측근들의 음해'로 생각하며 크게 생각하지 않았다. 그는 골프장 내 마케팅뿐 아니라 다른 자회사의 부진과 관련된 갈등으로 인해 이런 상황이 벌어질 수도 있겠다고 판단하며, 식당 사장이 불만을 품고 있다는 사실을 전혀 깨닫지 못했다.

골프장 사장이 회사를 떠난 이후, 식당 직원들의 연이은 이탈과 내부 불화 소문이 들려오기 시작했다. 결과적으로 식당 사장은 본인 입으로 직접 섭섭한 마음을 내비치며 갈등을 설명하거나 조정하지 않고, 모기업을 상대로 정치적 해결을 선택했던 것으로 드러났다. 골프장 사장은 이 점을 알지 못했고, 식당 사장은 객관적 사실이 아닌 주관적인 '편향된 공정성'의 기준으로 움직였던 것이다. 이 사례는 경험, 권한, 감정이 얽힌 갈등, 그 차이와 비극을 보여준다고 할 수 있다.

이 사례에서는 서로 다른 3가지 입장이 등장한다. 첫째, 식당 사장의 편향이다. 식당 사장은 자신의 권한을 과대평가하고 피해감을 확대해석하는 편향을 보였다. 둘째, 식당 직원들의 편향이다. 직원들은 자신들의 방식과 안전을 우선시하며, 상사의 권한을 축소하고 무시하는 편향을 드러냈다. 셋째로 골프장 사장의 편향을 들 수 있다. 골프장 사장은 관여할 의도가 없었더라도 과거의 성공 경험이 현재의 영향력으로 작동하는 편향을 보였다.

이렇게 서로의 편향된 경험은 서로의 신뢰를 훼손했고, 대화 없이 오해만 쌓여갔다. 그 결과는 명확했다. 공정성에 대한 편향이 각자의 위치에 따라 다르게 작동했지만, 이를 적절한 대화와 상호 존중으로 극복할 기회는 사라졌다. 결국 서로가 고착된 침묵과 정치적 행보로만 대응하면서, 조직은 관계적 붕괴와 성과 손실을 마주해야 했다.

이 사례는 두 가지 중요한 교훈을 남긴다. 편향된 공정성은 결국 인간의 본성이며, 이런 본성을 넘어서는 유일한 힘은 공감과 존중, 그리고 대화라는 인간적 기술 위에 세워져야 한다는 사실이다.

결론적으로 편향된 공정성을 다루는 정답은 '정치'가 아니라 '대화'이다. 대화는 서로의 편향을 드러내고 조정하는 유일한 장(field)이기 때문이다.

3. 성과 중심 이데올로기의 허구와 골프장 거버넌스 혁신

"기업은 성과로 말한다"는 그릇된 믿음

기업은 흔히 "성과로 말한다"고 주장한다. 성과만 내면 인정받을 수 있고, 성과만 있으면 조직 내 갈등이나 권력의 문제도 극복할 수 있다고 믿는다. 그러나 내가 경험했던 한 골프장 인수 사례는 그 믿음이 얼마나 허구적이고 위험한 이데올로기인지를 적나라하게 보여준다.

인수 직전 연간 매출이 95억 원이었던 골프장은 인수 후 반년 만에 벌써 60억 원 이상의 매출을 올렸다. 식음료 매출도 이전보다 거의 2배가 되었다. 직원들 사이의 분위기도 겉보기에는 화기애애했다. 하지만 속으로는 불화의 씨앗이 움트고 있었다. 특히 본사와 골프장 사장 간의 '보이지 않는 권력 싸움'과 불신은 점점 깊어만 갔다. 본사 측은 이렇게 판단하고 있었다. "성과는 좋지만, 사장이 통제되지 않는다. 그러니 지금 길들이지 못하면, 나중에는 손을 볼 수가 없다."

이러한 판단의 뒤에는 '유능함보다 충성심을 우선하는' 한국 조직 문화의 오래된 관성이 자리 잡고 있었다. 때문에 본사에서 파견된 일부 직원들이 대놓고 반항하거나 조직 운영을 방해하더라도 어떠한 제지나 조치가 없었다. 그들은 이미 '믿는 배'가 든든했던 것이다.

성과를 내는 사람은 오히려 감시와 고립의 대상이 되고, 성과도 없이 권력자와의 유대만으로 자리를 지키는 사람은 보호를 받는 부조리한 현실이 그대로 목격된다.

이것이야말로 "기업은 성과로 말한다"는 이데올로기의 허구이다. 기업이 진정으로 추구하는 것이 성과라면, 성과를 내는 리더는 존중받았어야 한다. 그러나 현실은 달랐다.

그때 내 옆에서 묵묵히 일하며 갈등 상황에서도 당당하게 자신의 소신을 지키던 한 20대 여성 직원이 있었다. 그러나 내가 사장 자리에서 물러난 후, 그녀는 보복성 불이익을 당했다. 그 소식을 들었을 때, 내 마음을 에이는 듯 아프게 한 것은 떠나온 '내 문제'가 아니라 '내가 그녀에게 남긴 고통'이었다. 나는 무엇을 지킨 것인가? 성과인가, 윤리인가, 아니면 체제인가. 그 자리를 떠난 진정한 이유는 '내 문제'가 아니라 그녀를 포함해 남은 사람들을 외면했다는 죄책감이었다.

이제 우리는 솔직해져야 한다. 기업의 가장 중요한 목적이 성과라고 말하지만, 실제로는 권력 유지와 지배 구조 수호가 최우선시되는 경우가 너무 많다는 사실을. 특히 한국 기업의 문제는 단지 기술력이나 전문성의 부족이 아니다. 가장 심각한 문제는 그 기술과 전문성을 발휘하려는 사람들의 의욕을 꺾는 기업 구조에 있다.

다시 말해, "기업하기 좋은 나라"를 외치는 목소리 속에는 종종 '기업 성장'이 아니라 '기업가의 지배권 강화'라는 속내가 깔려 있다. 즉, 진짜 말하고 싶은 것은 "기업이 잘되는 나라"가 아니라 "기업가가 아무 간섭 없이 권력을 휘두를 수 있는 나라"인 것이다.

결국 편향된 지배 욕구는 인간의 본성이 아니라 견제 없는 체제가 낳은 산물이다. 모든 인간이 권력을 원한다고 해서 그 욕구를 편향된 방식으로 행사해도 괜찮다는 건 아니다. 특히 기업이 공정성과 견제 없는 권력 구조를 방치한다면, 유능한 사람은 떠나고, 남은 사람마저 생존경쟁 속 이기주의로 내몰리게 된다. 이는 개인의 문제가 아니라 체제의 실패이자 사회 전체에 손실을 주는 구조적 병폐이다.

정치가 독재 권력의 폭주를 견제해야 민주주의가 유지되듯이, 기업에도 지배 구조를 감시하고 균형을 유지할 장치가 필요하다. 그러한 장치는 법 제도일 수도 있고, 기업 내부의 올바른 문화일 수도 있으며, 외부 이해관계자의 견제(예: 고객이나 지역사회 대표의 협의체 참여 등)일 수도 있다. 즉, 기업이라는 권력의 정당성을 보장해 주는 '공정성의 장치'가 없다면 조직은 성과 앞에서도 무너지고 만다.

골프장 거버넌스 혁신: 새로운 운영 패러다임의 필요성

이러한 '공정성의 장치'와 건강한 지배구조, 즉 '거버넌스의 혁신'이 필요한 대표적인 예가 바로 한국의 골프 산업이다.

한국 골프장들은 겉으로는 돈을 잘 벌고 있었다. 그러나 국민들의 불신, 내부 피로감, 조직 문화의 후진성은 계속 깊어졌다. 이제 골프장은 상류층의 레저가 아니라 온 국민이 이용하는 '사회 인프라형 레저 산업'으로 나아가야 한다.

그러나 그 발전을 가로막는 것은 코스 관리 기술도, 직원 역량도 아니다. 핵심은 "개방적이고 균형 잡힌 거버넌스"이다. 직원, 고객, 협력사 모두가 의견을 제시할 수 있는 개방형 의사결정 체제, 성과보다 공정한 권리가, 권리보다 신뢰 깊은 관계가 존중받는 문화의 정착. 이것이야말로 "국민 레저로서의 골프 산업"이 성장할 수 있는 토대이다.

① 기존 골프장 조직 모델의 한계: "성과는 나와도, 지속은 없다"

현재 대부분의 골프장은 세 가지 구조적 문제를 안고 있다.

첫째, 이익 우선의 오너 중심 의사결정 구조이다. 오너 경영이 주를 이루거나 본사-파견-부서장 모델로 운영되는 현행 체제에서는 결정권은 상층부에, 실무와 경험은 현장에 존재하는 이중 구조가 고착화되어 있다. 이 간극이 클수록 내부 갈등과 비효율은 심화된다.

둘째, 권력 기반의 조직 관리 문화이다. 성과를 내는 것보다 "누구의 사람이냐"가 조직 생존에 더 중요한 요소로 작용하는 이런 문화에서는 유능한 인재는 떠나고 '복종'과 '침묵'만이 살아남는 역설이 발생한다.

셋째, 고객 중심이 아닌 '오너 만족' 중심의 평가 시스템이다. 직원의 가치와 고객의 경험이 뒤로 밀리고 오너의 만족도가 성과 평가의 최우선 기준이 되면서, 이는 결국 골프장 산업 전반의 악순환을 낳고 있다.

② 골프장 거버넌스 혁신의 3대 원칙

이러한 문제를 해결하기 위해서는 근본적인 거버넌스 혁신이 필요하다. 진정한 혁신은 시스템의 근본적 변화를 통해 이루어지며, 세 가지 핵심 원칙 위에서 구축되어야 한다.

첫째, 의사결정의 '개방성'이다. 중요한 결정일수록 식당, 마케팅, 운영팀, 고객 응대 실무자 등 다양한 이해관계자의 의견이 반영되어야 한다. '말할 수 있는 시스템'이야말로 '책임질 수 있는 행동'을 만들어낸다.

둘째, 권력의 '견제 가능성'이다. 관료적 파견 시스템을 넘어서 대면, 토론, 설명을 중심으로 한 합의 문화가 정착되어야 하며, '오너/임원의 판단=무오류'라는 전제부터 버려야 한다. 권력은 오직 책임과 연결될 때만 그 정당성을 인정받을 수 있다.

셋째, 성과의 '공정한 분배'이다. 조직의 성과는 단순 매출이 아닌 고객 경험, 내부 협력, 장기 신뢰 등 다각적인 지표로 측정되어야 하며, 성과 보상은 금액적 보상보다 '존중 경험'으로 설계되어야 한다.

③ 혁신 실행 모델: "3층 구조의 거버넌스 피라미드"

이러한 원칙들을 구현하기 위한 실행 모델로 '3층 구조의 거버넌스 피라미드'를 제안한다. 이 새로운 거버넌스 모델은 기존의 '지시-보고' 방식이 아닌 '발견-공유-조정-책임'의 순환 구조로 작동한다.

층위	역할	핵심 원칙
1층위: 운영팀(현장)	실무, 서비스, 고객 접점	현실 기반 의사결정 참여, 피드백 상향 구조
2층위: 중간 리더(관리)	현장-본부 중재, 운영 설계	갈등 조정/의견 통합 기능, 논리+감정의 균형
3층위: 경영진/본사	전략 설계, 책임 의사결정	개방형 회의체, 이해관계자 승인 과정 필수

최상위 전략 결정층, 중간 관리 조정층, 현장 실행층으로 구성된 3층 구조의 피라미드는 수직적 명령 체계가 아니라 수평적 소통과 협업을 가능하게 하는 유기적 네트워크이다. 각 층위는 고유의 의사결정 권한과 책임을 가지되, 정기적인 교차 협의체를 통해 정보를 공유하고 의견을 조정한다. 특히 현장 직원들은 단순한 지시 수행자가 아니라 고객 경험을 직접 설계하는 주체로 역할을 확장하게 된다.

④ 새로운 비전: 골프장은 "조직"이 아니라 "생태계"이다

이 거버넌스 모델은 골프장을 단순한 서비스 제공 조직이 아니라 사회적 생태계 플랫폼으로 전환시킨다. 직원은 자율과 책임의 주체로, 고객은 경험을 함께 만들어가는 파트너로, 협력사는 관계 기반 경제 모델의 구성원으로, 지역사회는 골프 문화 자산의 이해관계자로 재정의된다.

이런 구조에서 골프장은 '폐쇄된 산업'이 아니라 '열린 네트워크 인프라'로 진화한다. 서비스는 단순한 거래가 아니라 관계의 축적으로, 조직의 성과는 단기적 수익이 아니라 장기적 신뢰 자본의 축적으로 평가된다.

성과 중심 이데올로기를 넘어 관계 중심 거버넌스로

레저 문화가 성숙한 국가들의 공통점을 살펴보면, 그들은 고객이 아니라 시민의 참여를 중시하며, 레저를 권력이 아니라 당연한 권리로 인식하고, 서비스를 구매 행위가 아니라 총체적 경험으로 이해한다. 골프장 산업의 미래도 마찬가지이다. 최첨단 기술보다 예측 가능하고 공정한 의사결정 시스템이, 화려한 시설보다 사회적 가치가 누적되는 신뢰 자본이 더 중요해지는 시대이다.

기업은 성과를 말하지만, 성과만으로 유지되지 않는다. 조직을 살리는 것은 성과가 아니라 공정한 구조, 사람에 대한 존중, 감정을 다루는 방식이다. 그리고 지속 가능한 진정한 성과는 그런 거버넌스 위에서야 비로소 가능해진다. 우리가 직면한 진정한 과제는 성과라는 숫자를 추구하는 것이 아니라, 그 성과를 가능하게 하는 인간적 가치와 구조적 공정성을 회복하는 데 있다.

결국 골프장에서의 조직 혁신은 "성과 중심 이데올로기"를 넘어 "관

계 중심 거버넌스"로의 패러다임 전환을 의미한다. 이 변화는 단순한 서비스 개선을 넘어 한국 레저 문화의 미래를 열어갈 핵심 전환점이 될 것이다. 이것이야말로 기업이 사회적 신뢰를 얻고 지속 가능한 미래를 구축할 유일한 길이다.

4. 화난 원숭이 실험: 전통적 경영의 덫

화난 원숭이 실험: 조직의 관성과 변화의 저항

우연히 '화난 원숭이 실험'이라는 이야기를 접한 적이 있다. 이 실험은 원래 뇌과학 서적에 소개된 내용이지만, 실제로는 과학적 실험보다는 경영학에서 빈번히 인용되는 비유적 우화에 가깝다. '원숭이와 바나나 실험'으로도 알려진 이 이야기는 조직 내에서 비합리적인 관행과 전통이 어떻게 고착되고 유지되는지를 상징적으로 보여준다.

실험의 내용은 이렇다. 좁은 방에 여러 마리의 원숭이를 넣고, 중앙에 사다리를 세운 뒤 그 꼭대기에 바나나를 매달아 둔다. 원숭이들은 처음에는 바나나를 따려고 하지만, 사다리를 오르려는 순간 연구자가 모든 원숭이에게 찬물을 뿌린다. 이 과정을 반복하자, 원숭이들은 "사다리를 오르면 안 된다"는 규칙을 스스로 만들고, 누군가 사다리에 오르려 하면 다른 원숭이들이 집단적으로 제지한다.

이후 실험자는 처벌 장치를 제거하고, 기존 원숭이들을 한 마리씩 새로운 원숭이로 교체한다. 새로 들어온 원숭이는 바나나를 따려다가 기존 원숭이들에게 공격당하면서 아무도 이유를 설명해 주지 않아도 "사다리를 오르면 안 된다"는 규칙을 습득한다. 결국 모든 원숭이가 새로운 개체로 교체된 후에도, 아무도 사다리에 오르지 않는다. 처벌은 사라졌지만, 규칙은 아무런 의문 없이 계속되는 것이다.

이 우화는 변화된 환경에서도 과거의 규칙이 무비판적으로 답습되는 조직 문화의 문제를 적나라하게 드러낸다. 찬물이라는 처벌 장치가 사라졌음에도, 원숭이들은 여전히 서로를 감시하고 제지한다. 이는 조직에서 "원래 그렇게 해왔기 때문에"라는 이유로 합리성과 비판적 사고가 사라진 상태를 보여준다.

이 실험은 네 가지 중요한 교훈을 전한다. 첫째, 관습의 맹목적 준수다. 이유가 사라진 규칙도 "예전부터 그래왔다"는 이유로 정당화되면 조직의 적응력과 학습 능력을 마비시킨다. 둘째, 비판적 사고의 부재다. "왜 해서는 안 되는가?"라는 질문이 사라지면 구성원들은 스스로 생각하지 않고 규칙에 순종하기만 한다. 셋째, 새로운 구성원에 대한 순응 압박이다. 새로 합류한 사람이 기존 규범을 의심하지 못하게 하면 창의성과 변화는 억압된다. 넷째, 변화에 대한 저항이다. 기존 구성원이 새로운 시도를 막는 문화는 조직의 정체와 혁신의 실패로 이어진다.

이 이야기는 궁극적으로 "조직이 스스로 만든 과거의 규칙에 미래를 속박당하는 상황"을 풍자한다. 많은 기업이 실패하는 이유는 환경이 변했음에도 불구하고, 아무도 의문을 제기하지 않는 "화난 원숭이"의 전통에 갇혀 있기 때문이다.

이론에서 현실로 : 화난 원숭이의 관례와 기업의 관례

이런 시나리오를 생각해 보자. 맨손으로 시작해서 조 단위의 매출을 기록하는 기업을 만들어낸 사업가, 그 후 비영리 재단에 수억원을 기부하는 사회적 책임도 다하는 사업가가 있었다.

그 기적을 이룩한 사업가에게 골프장 사업가가 찾아가 골프장 사업을 설명하며 투자를 권유했다. 그 뛰어난 사업가가 드디어 골프장 사업에 뛰어들었다. 투자를 권유한 골프장 사업가에게 동업을 제안해 온 것이다. 주주를 5명으로 구성하고 지분을 확실히 보장하는 구조로 제안했다. 동업을 제안한 것이다. 정말 감사한 제안일 것이다.

그런데 회사 창립 이후 본격적인 투자가 필요한 시점에 이르러, 투자 지분 구조가 "모기업"이 투자를 요청한 사업가의 소액 지분을 제외한 모든 지분을 소유하는 손자회사 체제로 바뀌었다. "독자적 경영권"이 크게 약화될 수 있다는 우려가 있었지만, 사업 시작도 전에 '독자적 경영권' 문제를 제기하는 것이 "불신과 욕심"이라는 오해를 살 것 같아 무대응으로 일관했다. 그러나 모기업 관계자들과 접촉을 하면서 "뭔가 묘한 기업"이라는 인상을 지울 수 없었다. 그때 "화난 원숭이 실험"이 떠올랐다.

단도직입적으로 말하면, 그들의 조직 문화와 업무 방식은 너무나 생소해 '이상한 나라의 앨리스'에 온 듯한 기분이 들게 했다. '관행'이라는 이름으로 행해지는 일들이 너무 낯설어 당황스러운 경우가 한두 번이 아니었다. 법인 인감과 통장을 대표이사에게 넘겨주지도 않고 아무런 해명도 없었던 일은 특히 당혹스러웠다. 처음이어서 실무적으로 처리할 일이 많아 그런 것이라 좋게 해석하려 했지만, 지켜보니 이는 특별한 사례가 아니라 모기업에서 일상적으로 통용되는 관행임을 알 수 있었다. 그 이유를 직접 묻거나 이의를 제기하지는 않았다. 간단한 실무를 처리하는 데도 대표이사에게 사전 보고나 문의를 생략하는 경우가 빈번했다. 즉, 현장의 의견을 '경시'하고 본사 주도로 모든 업무를 처리하는 관행이 뿌리 깊은 조직 문화였던 것이다.

골프장 사업은 모기업의 기존 사업과 '산업 분야' 자체가 다르기 때문에 조직 체계나 운영 방식에 차이가 있을 수밖에 없다. 그런데 '인수 모기업 사람들'은 이러한 차이를 전혀 고려하지 않은 채, 모기업의 경영 방식과 조직 문화를 무조건 '이식'하려고 했다. 당사자들은 이런 사실조차 제대로 인지하지 못하는 듯했고, "습관"처럼 모기업의 관행을 강요하는 듯했다.

아마 이렇게 특정한 원칙과 규정을 권위적으로 집행하는 방법을 통해 성공을 거둔 경험이 과거에 많았기 때문이라고 생각된다. 성공한 기업에서 흔히 볼 수 있는 자신들의 방침에 대한 확고한 신뢰 때문이다. 특히 비약적 성공을 거둔, 자수성가한 중견 기업에서 많이 나타나는 전통이다.

그러나 과거의 전통에 집착하는 폐해는 바로 나타났다.

홈페이지를 개발할 때의 일이 대표적이다. 골프장 홈페이지는 고객이 예약하는 "부킹 사이트"로, 전체 매출의 70% 가까이를 차지하는 매우 중요한 마케팅 수단이다. 그런데 골프장 홈페이지를 새로 개발하는 과정에서, 대표이사와의 사전 협의 없이 독단적으로 대표이사 인감으로 개발 계약을 체결한 후, 계약서를 대표이사에게 '통보'해 버렸다.

대표이사의 법적 지위를 무시하는 행위 자체도 문제였지만, 골프장 업무 경험이 전혀 없는 사람들이 골프장의 핵심 사안—매출의 70%를 책임지는 마케팅 수단을 만드는 중요한 일—을 처리하면서, "전문가로서 스카우트된 사람"에게 의견 한마디 묻지 않는 "업무 프로세스" 자체에 심각한 오류가 있다고 지적했다.

그 후유증으로 컴퓨터로 처리할 수 있는 작업을 직원들이 수작업으로 해야 하는 상황이 벌어졌다. 결과적으로 2명이 할 수 있는 일을 4명이 해야 했고, 독창적인 마케팅 기법은 홈페이지 앱으로 구현할 수 없어 문자 메시지나 카카오톡을 이용하는 비효율이 만연했다. 아무도 막대한 손실을 초래한 '본사 담당자의 실수'를 공식적으로 문제 삼지 못했다. 개방적 논의를 꺼리는 위계적 조직 문화에서 본사 실무자의 '실수'를 개방적으로 논의하는 것은 상당히 어렵다.

왜 이렇게 심각한, "있어서는 안 될 일들"이 벌어질까? 이러한 문제점을 지적하는 이유가 "잘하면 내 탓, 잘못되면 남 탓"이라는 "자기 합리화 관점"에 주의하자는 것이다. 개방적 논의와 잘못된 점에 대해 공개적으로 지적할 수 있는 분위기는 정확한 진단과 해법을 찾아 조직 성과를 올리는 데 필수적이라는 생각을 설명하기 위해 위의 사례를 들었다.

특정 사안에 대한 비판은 해당 사안과 연관된 사람들에게 상처를 줄 수 있다. 따라서 그들에게 부담을 줄 수 있지만, "객관적 비판"은 그들의 성장과 발전을 위해서도 필요하다.

인간의 한계: 인지적 편향이 만드는 오해

사실 인간은 타인의 행위를 평가할 때 쉽게 빠지기 쉬운 오류가 있다.

인간은 인지적으로 완전히 객관적일 수는 없는 존재이다. 자기 자신을 평가할 때와 타인을 평가할 때, 동일한 사건이라도 해석의 방향이 달라지는 경향이 뚜렷하다. 이는 인간이 지닌 "자기 보호 욕구(self-protective motive)"와 "사회적 시각 차이(social perspective difference)"에서 비롯된다.

우선, 자기 보호 욕구란 개인이 자신의 자존감과 심리적 안정감을 위해 부정적인 사건의 원인을 외부 요인으로 돌리거나 자신의 행동을 긍정적으로 해석하려는 경향을 말한다. 이는 일종의 심리적 방어 기제로, 정체성의 안정성을 유지하는 데는 기여하지만 동시에 객관적 판단을 흐리게 하고 타인의 행동에 대한 평가를 왜곡하는 결과를 초래한다.

또한 사회적 시각 차이는 관찰자의 입장과 행위자의 입장이 다를 때 발생하는 인식의 비대칭을 의미한다. 행위자는 자신의 행동이 이루어진 상황적 맥락(situational context)을 잘 알고 있으므로 그 원인을 외부 요인에서 찾는 경향이 있다. 반면에 관찰자는 타인의 내면 상태나 맥락을 충분히 파악하기 어려워, 행동의 원인을 개인의 내적 성향(dispositional factor)으로 귀속시키는 편향을 보인다.

이러한 심리적 경향은 사회심리학에서 "기본적 귀인 오류(fundamental attribution error)"와 "행위자-관찰자 편향(actor-observer bias)"으로 개념화되어 왔다. 기본적 귀인 오류는 타인의 행동을 그 사람의 성격이나 태도와 같은 내적 요인으로 과도하게 설명하고, 상황적 요인을 과소평가하는 인지적 오류를 의미한다. 행위자-관찰자 편향은 이러한 경향을 자기 자신과 타인 간 비교로 확장한 개념으로, 자신의 행동은 외부 상황 탓으로 돌리면서 타인의 행동은 개인적 특성 탓으로 해석하는 사고 패턴을 말한다.

인지적 편향에 주의하면서, 이 글은 이러한 인지적 편향의 존재를 전제로 하되, 그 편향을 최소화한 관찰과 서술을 목표로 한다. 즉, 인간의 판단이 언제나 주관적 요인의 영향을 받을 수 있음을 인정하되, 가능한 한 객관적 근거와 맥락적 이해를 바탕으로 논지를 전개하고자 한다. 만약 이 글을 쓰는 사람이 자기 보호 욕구나 행위자-관찰자 편향과 같은 인지 오류를 범하고 있다면, 이 글은 무의미한 글이 될 것이다. 오류를 일으킨 사고 습관의 원인을 성격이나 인성 탓으로 돌리는 행위는 바로 기본적 귀인 오류의 전형이다. 행위를 일으킨 요인을 상황과 맥락에서 규명하는 것, 이것이 진정한 객관적 분석의 길이다.

성공 신화의 후유증: 비판과 변화에 대한 완강한 거부

"편향을 인식하는 것 자체가 객관성의 출발점"이라는 자기 규율의 관점에서, "모기업 사람들"이 효율성과 관계없이 "왜 자신들의 경영 방식"에 무조건 복종하라고 하는지 그 원인을 분석해 보자.

첫째, 기업의 성장 과정을 살펴볼 필요가 있다. 사람이나 기업의 행동 방식은 유전자나 천성으로 고정된 것이 아니라 환경과 경험을 통해 변화하고 학습되는 것이다. 때문에 경영 방식을 분석할 때는 그 기업이나 개인의 성장 과정을 먼저 살펴봐야 한다. 특히 "인수한 모기업"과 같은 "성공 신화"를 가진 기업이라면 그 성공 스토리를 주의 깊게 검토할 필요가 있다.

계속된 성공 경험 속에서 반복적으로 사용된 경영 패턴이 있었다면, 그 패턴은 사업가의 경영 습관으로 고착되었을 것이다. 또한 본사의 경영 습관과 직결된 조직 운영 방식은 회사의 조직 문화로 뿌리내렸을 것이다.

실패의 경험은 반성과 변화를 수용하게 만든다. 반성은 일종의 비판으로, 자신을 성찰하는 "자아비판"이라고 할 수 있다. 반면에 성공은 그 성공을 가져온 행동 패턴을 고수하는 습관을 형성하면서, 비판과 변화에 대한 거부감을 키운다. "성공 신화"나 "대박"은 평범한 성공 사례에 비해 '성공 행동 패턴'에 대한 집착이 더 강하고, "비판과 변화"를 훨씬 더 강력하게 거부하는 문화를 형성하기 마련이다.

앞서 시나리오로 제시한 "골프장을 인수한 모기업"은 "대박 성공"을 일궈낸 기업으로 '맨손'으로 시작해 해당 업계 점유율 1위의 신화를 창출했으니, 그들의 조직 문화와 관행에 대한 자부심과 집착이 얼마나 강했을지 쉽게 추측할 수 있다.

현장의 의견을 '경시'하고 본사 중심으로 업무를 처리하는 관행은 모기업의 성장 과정에서는 많은 효율과 성과를 창출했을 것이다. 그러나 업종이 다르고 시대 상황도 변화했음에도, "다름"을 수용해야 할 필요성을 제대로 깨닫지 못하고 모기업의 습관적 관행을 고수하려는 모습은 새로 영입된 사람의 눈에는 명백히 보였지만, 당사자들은 제대로 인지하지 못한 것이다. 게다가 '전통적 경영 방식'의 관점에서 보면, 본사보다 현장 중심으로 조직을 운영하려는 "영입 전문가"의 업무 방식은 조직의 위계를 무시하는 '방종'으로 비칠 수밖에 없다. 영입된 사람의 경영 방식을 "기업의 목적—최고 성과"라는 기준으로 평가하지 않고 "전통적 경영 방식의 고수"라는 잣대로만 평가할 때, 그것은 조직의 관례와 위계를 훼손하는 "명령 거부"의 일탈 행위로 보일 수 있다.

누적된 성공 경험은 자신의 방식과 문화를 고수하려는 강한 경향을 낳으며, 비판과 변화를 받아들이지 않으려는 저항력을 키운다.

5. 공포가 일으키는 불신과 판단 착오

공포에서 기인하는 "규율 강제 경영"

자기 방식이나 문화에만 집착하면서 다양성(비판과 변화)을 허용하지 않는 요인을 추가적으로 꼽자면 "내가 망할 수도 있다"는 거대한 공포를 지적할 수 있다.

이런 관점에서 '본사 경영자 및 사람들'의 심리에 영향을 미친 "현재의 모기업 상황"을 살펴볼 필요가 있다. 모기업의 산업 생태계를 보면, 모기업이 속한 산업 자체가 사양 산업이 되었고, 모기업의 장점이었던 독점적 지위도 흔들리는 추세였고 주가도 폭락했다. 이러한 "기업 전망의 비극적 악화"는 모기업 주요 임원들 사이에서 의견 분열과 '경영권 분쟁'을 일으키는 요인이 될 것이다. 이러한 상황은 임원이나 직원 모두에게 "자신의 사업과 함께 자신의 인생이 몰락할 수 있다"는 공포와 불안을 일으킬 수 있다.

골프장 사업을 전혀 모르는 사람들이 수천억 원 단위를 투자하는 행위도 엄청난 공포와 불안을 동반했을 것이다. 처음 해보는 사업에 수천억 원을 투자하면서 엄청난 공포와 불안을 느끼는 것은 인간으로서 어쩔 수 없는 일이다. "이 투자가 실패하면 내 사업은 완전히 위기에 빠질 것"이라는 공포와 불안이 '잠 못 이루게' 할 정도로 강력했을 것이다.

이 공포와 불안은 이해할 수 있지만, 그 폐해를 제대로 인지하는 것이 중요하다.

이렇게 모기업의 어려운 전망과 내부 갈등, 처음 해보는, 경험이 전혀 없는 수천억 원 단위 투자—이러한 요인들이 모기업의 경영자에게 "이번 투자에 실패하면 내 사업과 내 인생도 위기에 처할 것!"이라는 공포와 불안을 일으켰을 것이다.

기업과 인생이 몰락할 수 있다는 공포와 불안감은 CEO들에게 조직의 가치와 규율, 경영 방식을 따르도록 강요하는 욕구를 강화한다. 이러한 지도자 심리를 연구한 이론이 "공포 관리 가설(terror management theory, TMT)"이다.

공포 관리 이론과 기업 리더십

공포가 리더십에 미치는 영향을 이해하기 위해 심리학의 '공포 관리 이론'을 살펴볼 필요가 있다. 이 이론은 인간이 죽음의 공포를 어떻게 관리하는지를 설명하며, 기업 리더십에도 직접적으로 적용될 수 있다.

공포 관리 이론의 핵심

인간은 누구나 죽음을 두려워하지만, 이 공포는 단순히 "죽는다는 사실"보다 "죽음 이후 아무 의미도 남지 않을 것"이라는 존재적 불안에서 비롯된다. 공포 관리 이론에 따르면, 인간은 이런 불안을 해소하기 위해 자신이 속한 문화, 조직, 신념 체계를 '의미 있는 질서'로 삼고, 그 안에서 자신의 존재 가치를 확인하려 한다. 리더에게는 기업의 몰락이나 명예의 실추가 바로 이런 '죽음'에 해당한다.

기업 리더십에의 적용

리더는 자신의 정체성과 회사를 동일시하기 때문에, 조직의 위기는 곧 자신의 존재적 위기로 느낀다. 이때 나타나는 전형적인 패턴은 다음과 같다.

- **통제 강화와 상징에의 집착**: 위기를 느낀 리더는 모든 의사결정을 직접 통제하려 하고, "창업 정신", "우리 원칙" 같은 상징적 가치에 과도하게 집착한다. 이는 변화하는 현실을 관리하기보다, 익숙한 상징적 질서를 유지함으로써 불안을 달래려는 무의식적 행동이다.
  —사례: 매출이 급감한 한 중견기업 대표는 "우리 원칙은 불변이다"를 되풀이하며 새로운 제안과 실험을 모두 차단했다. 결과적으로 회사는 변화의 기회를 놓쳤지만, 대표는 "정신은 지켰

다"고 생각했다.

- **이념화와 비판 회피**: 불안한 리더는 내부의 이견이나 비판을 자신의 존재에 대한 위협으로 받아들인다. 본래 긍정적이었던 조직 철학이 '이념적 방패'로 변질되어, 비판을 억압하고 조직을 폐쇄적으로 만든다.
— 사례: 한 대기업 오너는 "우리 회사는 가족이다"라는 구호를 내세워 구성원의 불만 제기를 '배신'으로 규정했다. '가족'이라는 개념이 오히려 건설적 논의를 가로막는 심리적 금기가 된 것이다.

리더십의 대안: 공포를 이해하고 전환하기

공포 관리 이론은 불안 자체를 없애라고 말하지 않는다. 문제는 불안을 어떻게 다루느냐에 있다. 성숙한 리더는 다음과 같은 태도를 취한다.

- **불안을 인식하고 공유하라**: "지금 불안하다"고 인정하는 리더는 오히려 신뢰를 얻는다. 불안을 숨기면 통제되지 않은 형태로 조직에 번지기 마련이다.
- **의미를 독점하지 말고 공유하라**: "우리가 왜 이 일을 하는가?"라는 질문을 구성원과 함께 재정의할 때, 조직은 불안이 아닌 공감으로 움직인다.
- **'죽음 이후'를 설계하라**: 자신이 없어도 조직이 유지될 수 있는 시스템과 제도를 만드는 것이야말로 불안을 미래로 전환하는 진정한 리더십이다.

결론

성공 신화를 이룬 기업일수록 쇠퇴에 대한 '심리적 공포'가 더 클 수밖에 없다. 이 공포는 리더로 하여금 새로운 경영 방식을 수용하지 못하게 만들고, 과거의 성공 패턴을 더욱 강박적으로 고수하게 만든다. 결국 공포에 휘둘리는 리더는 '규율 강제 경영'으로 흐르기 쉽고, 이는 조직의 생명력을 말라 버리게 한다. 진정한 리더십은 공포를 부정하거나 억누르는 것이 아니라 그것을 인식하고 조직의 새로운 의미 창조의 동력으로 전환하는 데 있다.

"사업에 실패하면 내 명성은 끝이다" — 이런 끔찍한 공포, 그리고 그로 인한 '과잉 걱정'이 '정상적인 사고'를 어떻게 마비시키는지 그 사례를 하나 보자.

회사를 인수할 때는 법적 절차상 직원들과 면담을 해야 한다. 보통 첫 면담은 상견례로서 건의사항을 듣고 서로 존중하며 함께 일해 보자고 인사하는 정도의 대화가 오간다. 그런데 "첫 상견례 면담 때 기존 직원에게 화를 내며 질책하고 모욕을 주었느냐"고 하면서 조심하라는 '경고성 전화'를 본사 직원에게서 받은 신임 임원이 있었다.

'정상적인 인간'이라면 기존 직원과의 첫 상견례 때 질책하고 모욕을 줄 수 있을까? 정상적인 사람이라면 설령 이러한 보고가 올라왔다고 해도 사실이라고 믿을까? 아마 정상적인 사람이라면 그런 음해가 들어오면 진위를 파악하거나 사려 깊게 처리하여 음해 받은 피해자의 명예와 신뢰가 훼손되지 않도록 주의할 것이다. 지나친 불안과 공포의 감정에

휩싸여 현실에서 벌어질 수 없는 "비상식적 정보"를 진짜 벌어졌다고 "착각"하는 "비정상적인 반응"이라고 할 수 있다.

공포와 불안이 인지 능력과 판단력을 어떻게 떨어뜨리는지 다른 사례 하나를 더 보자. 한 신임 임원이 겪은 사례이다. 지방으로 간 신임 임원이 숙소를 구할 때의 일이다. 부동산 중개인에게서 약속한 아파트 전세 계약을 취소하겠다는 연락이 왔다. 자초지종을 확인해 보니, 모기업 직원이 '전세 사기가 아닌가' 하는 탐문 전화를 했고, 사기꾼으로 오인받은 그 중개인 사장님이 몹시 기분이 상해서 아파트 임대 계약을 취소하려 했던 것이다. 그 부동산 중개인과 수년간 거래해 온 지방 자회사 직원과 신임 임원이 부동산 사기 정도는 구분할 수 있는 기본적인 업무 능력과 판단력 정도는 가졌을 터인데, 그조차 비상식적으로 불신·의심한 셈이었다. 한편 그렇게 걱정된다면 지방 자회사에 직접 연락하여 상황을 설명하고 주의를 부탁할 수도 있었을 것이다. 이러한 상황일 때 과연 이런 본사를 직원들이 신뢰하고 따를 수 있을까?

그런데 '인생이 걸린 절박한' 공포나 불안에 빠지면 이런 기본적인 판단력조차 훼손되어 납득이 안 되는 판단과 명령도 내릴 수도 있다. 왕이나 권력자들이 쿠데타와 같은 엉뚱한 거사를 하게 하는 심리적 요인을 보면 '거대한 야망'보다는 이러한 '인생이 걸린 절박한 공포'인 경우가 더 많다.

이렇게 공포와 불안은 편안함이란 관점에서 보면 납득할 수 없는 행동을 일으킬 수 있다. 예를 들면, 바스락 소리가 마음 편한 사람에게는 지나가는 동물의 발자국 소리인데, 공포에 찌들은 사람은 호랑이의 발자국 소리로 들려 당혹해하며 도망가는 행동을 취할 수 있다. 이러한 행동은 마음이 편한 사람 입장에서 보면 "어처구니 없는 반응"이다.

마찬가지로 "불치의 질환"으로 심각한 불안·공포에 휩싸인 심리에 있다면, 평범한 사건도 심각한 공포로 받아들일 수 있다. 예를 들면 확률이 10%도 안 되는 사안을 확률 90%의 사안으로 받아들여 과잉 반응을 할 수도 있다. 바로 앞에서 말한 사례들이다.

공포와 불안은 정상적인 판단력을 흐리게 하고, 자신의 직감과 의심에 과도하게 집착하게 만든다. 공포와 불신이 강한 상태일 때는, 소신 있게 비판하고 현실적인 대안을 제시할 수 있는 조언자를 만나는 것이 무엇보다 필요하다.

"우리 회사 불변의 원칙"이라는 집착의 폐해

지금까지 성공 신화로 만들면서 학습된 경영 패턴이 고착화되고 습관화되면, 비판과 변화를 꺼리고 자기 스타일만을 고집하는 경영 스타일과 조직 문화로 고착될 수 있음을 설명했다. 그리고 내 사업이 망가질 수 있다는 공포는 이런 집착을 더욱 강화한다고 설명했다. 또한 이러한 집착은 획일적 규율을 강조하는 편향으로 나아갈 수 있음을 설명했다. 자신들의 성공적 경영 패턴에 집착하면서 기존 사업과 다른 새로운 사업인 골프장 인수 과정에서 자신들의 전통적인 경영 방식을 고집한 이유를 나름대로 정리해 보았다.

이러한 집착은 결국 집착자에게 큰 타격을 주는 손실을 일으킨다. 이러한 집착은 사람의 성격이나 인성 탓이 아니다. 또한 기업에서의 이러한 "습관적 집착"은 집착자들뿐만 아니라 변화를 선호하는 사람들 포함, 기업 구성원 모두에게 아픔과 피해를 준다.

"본사 중심으로 현장을 믿지 못하는 경영 방식"이 일으키는 손실은 생각 이상으로 엄청나다. 예를 들어보자. 골프장에서 '캐디 휴게실'을 수리할 때의 일이다. 본사 실무자들이 수억 원의 수리 계획을 추진했다. 반면, 골프장 시설팀의 평가는 달랐다. "몇천만 원 정도로 충분히 가능한데 저렇게까지 할 필요가 있을까?" 직원들은 공식적으로는 아무 말도 하지 않았다. 속으로는 냉소적이었다. 휴게실 공사 후 한 달도 되지 않아 물이 샜다. 그러나 그 누구도 침묵했다. 시끄러워지면 문제의 책임자뿐만 아니라 '문제 제기자'도 고통을 당하니까. 칭찬은커녕 보복만 당하니까.

잔디 관리를 예로 들어보자. 현장에서 일하는 직원들의 불만이 커지면, 농약을 대충 뿌린다. 그러면 농약이 뿌려지지 않은 곳의 잔디는 죽는다. 그 책임자를 찾아내기란 매우 힘들다. 책임자를 찾으려는 시도 자체가 직원들의 근무 태도를 더욱 악화시킬 것이다. 무조건 규율을 압박한다고 해서 규율을 따르는 것이 아니다. 규율을 따르게 할 수 있는 조건—즉, 인간적 존중과 의견 차이를 수용하는 요소—을 만들면서 납득할 수 있는 방법으로 규율을 따르게 해야 한다.

화난 원숭이 이야기는 경영학에서 자주 인용된다. 왜 그럴까? 그런 기업이 너무 많기 때문이다. 한국의 기업 중에는 성공 신화를 기록한 입지전적 인물이 아주 많다. 이들은 성공을 통해 학습한 경영 철칙을 공고히 고집한다. "화난 원숭이"가 되지 않기를 바랄 뿐이다.

기업 거버넌스의 생태계를 조절하는 '정책 당국'이 기업의 성쇠를 좌우하는 요인은 기술, 직원 자질도 중요하지만, 가장 중요한 것은 'CEO의 건실한 심리'를 조성하는 데 필요한 거버넌스 정책과 법이라는 것을 이해했으면 좋겠다.

6. 혁신의 전제조건, 사람을 움직이는 힘

신경심리학의 도입: 신경경제학을 활용한 마케팅 혁명

골프장 인수 후의 마케팅 사례를 보자. 4개의 골프장을 인수해 본 내 경험으로는 도저히 납득이 안 되는 방식과 사업권 인수로 이뤄졌다. 대표이사는 허깨비에 불과했고 골프장 운영은 인수 실무를 주도한 "본사 직원+기존 직원 책임자"가 진행했다. 대표이사가 맡은 일이란 예약 업무뿐이고, 예약 직원들이 있는 사무직 사무실도 눈치 보며 가야 하는 '불쌍한' 처지였다. 사장실에서 부킹 담당 직원 2명만 데리고 일했다. 이렇게 "인수 경영"은 시작되었다.

부킹 방법은 이미 충분히 생각해 놨기 때문에 부킹 실적은 순조롭게 상승했다. 간략히 요약하면, 전망 이론(prospect theory)의 몇 가지 수법을 핵심적으로 이용했다. ① 기준점 설정과 손실 회피 성향, ② 세일(sale)을 통한 거래 효용(만족도) 최대화, ③ 미끼(decoy) 이용, ④ 희소성으로 충동구매 유도―이런 정도를 이용했다. 처음 해보는 '심리 마케팅'의 초보들에게 초보적인 방법보다 난이도가 높은 기술을 사용한다면 자신감이 오히려 떨어지는 역효과만 나올 것으로 생각했다.[8] 참고로 나는 다음의 논리('참고' 참조)로 본사를 설득했다.

---

8   이러한 요령은 이 책과 한 쌍을 이루는 "이론편"을 참조하기 바란다.

〈참고〉

본사 설득 사례

제가 아는 한 골프장 마케팅에 대한 '교과서적 가이드'는 없습니다. 주먹구구라 생각합니다. 저는 주로 행동경제학을 응용하여 마케팅을 합니다. 제가 직원들에게 교육하는 방법들 중에서 몇 가지 사례만 간략히 보고드리겠습니다.

1. 비싼 그린피 정가를 홍보함.
— "소비자는 기준 가격을 기준으로 가격 높낮이를 판단합니다."
— 소비자는 똑같은 물건도 백화점에서는 비싸게 사고 잡화점에서는 싸게 삽니다. 소비자는 백화점은 고급이어서 기준 가격이 비싸고 잡화점은 그냥 기준 가격이 싼 곳이라고 생각합니다. 따라서 소비자는 똑같은 음료수를 살 때도 백화점에서는 기준 가격을 높게 잡고, 잡화점에서는 기준 가격을 낮게 잡습니다. 즉, 소비자는 같은 물건이라도 백화점과 잡화점은 기준 가격이 다르다고 생각합니다. 이 점에서 백화점은 고급이라고 홍보하면서 "무조건 높은 가격"을 "희망 소비자 가격(정가)"으로 내세웁니다.
— 저희 골프장도 고급 골프장으로 홍보하면서 무조건 높은 그린피를 정가로 내세우는 전략을 추구합니다. 저는 그린피 정가를 낮추거나 표시하지 않는 직원들에게는 엄격하게 경고합니다.
— 고급 골프장임을 입증하기 위해 2월 중에 목욕탕 공사, 코스 공

사를 한 후, 3월 골프 시즌 시작 때는 그린피 정가를 작년보다도 더 높이면 좋겠습니다.

2. 물건을 사는 거래에 만족하는 심리를 높이는 할인 이벤트 정책을 상시적으로 실행함.

— 소비자는 물건의 품질에서 만족을 느끼지만(취득 효용), 자신이 거래를 잘해서 싸게 샀다는 판단에서도 만족감을 느낍니다(거래 효용). 최고로 비싼 백화점이 (할인해도) 비싼 제품을 365일 할인하는 것은 취득 효용이 아닌 거래 효용(자신이 거래를 잘한다는 만족감)을 높이기 위한 전략입니다.

— 우리 골프장도 365일 할인 정책을 씁니다. 그래서 낮은 가격 그린피를 강조하는 "저가 홍보"를 하지 않고 "고가 그린피"를 할인하는 "할인 이벤트"를 365일합니다.

3. 맥락 효과(context effect)를 응용하여 타겟 타임(우선 팔고자 하는 타임)이 팔리도록 미끼를 넣는 "그린피 안내 도표"를 세팅함.

— 7시대 10만, 8시대 11만, 9시대 12만 원. 이렇게 "객관적으로 정보를 제공하는 방식"으로 그린피를 공시하여 소비자가 합리적으로 판단-결정하게 하는 마케팅은 절대 못 하게 합니다.

— 예를 들면, 7시 45분 타임을 타겟으로 선정하여 그린피를 11만으로 정한 뒤, 40분 빠른 7시 05분 타임을 동일한 그린피 11만으로, 그리고 21분 늦은 8시 06분 타임은 그린피 1만 원 높게 12만

으로 공시하면, 소비자는 3개의 타임을 비교하면서 시간 좋고, 가격 좋은 7시 45분 타임을 "충동적으로" 구매할 가능성이 높습니다.
— 이때 7시 45분 타임은 타겟이며, 7시 03분과 8시 06분은 고객을 현혹시키는 "미끼"라고 합니다.
— 백화점도 TV 제품을 세일 할 때, 타겟 제품과 미끼 제품을 적절히 배열하여 타겟 제품 중심으로 판매합니다.
— 이렇게 타겟과 미끼를 배치한 후, 타겟이 판매되면 타겟과 미끼를 다시 바꾸는 방식으로 판매하면서 풀부킹을 달성해 갑니다.

4. 희소성 효과

— 공기보다 다이아몬드가 비싼 것은 그 유용성이 높기 때문이 아니라 희소성이 높기 때문입니다. 가격이 싸도 제품이 흔하다면 인간은 사지 않습니다.
— 그래서 우리 골프장은 팔리지 않은 "빈 타임"이 많아도 절대로 많은 타임을 노출하지 않습니다.
— 항상 1, 2부 타임을 각각 3~4개씩 노출하는 것을 원칙으로 합니다. 그래서 소비자가 "팀이 다 찼구나, 잔여 시간이 없구나"라고 생각하도록 유도합니다.

5. 사례

어제 대행사에 보낸 부킹 안내문입니다.

- 정가를 고가로 표시했으며 할인가를 이벤트 특가로 제시했습니다(상시 할인 이벤트).
- 부킹 가능한 타임을 시간대당 2개 이내로 제시하고, 또 혜택을 선착순 4명에 한정하여 잔여 타임의 희소성을 느끼게 했습니다.
- 금요일의 판매 타임을 보면 07시 07분, 07시 56분이 9만, 08시 03분이 11만으로 노출되어, 07시 56분이 우선 팔고자 하는 타겟으로 제시되었습니다.

마케팅에서 응용되는 방법들 중에서 몇 가지 사례를 말씀드렸습니다.

이외에도 다양한 원칙과 방법을 구사하고 있고, 또 이러한 방법이 지켜지고 있는지 꼼꼼히 체크하면서 마케팅합니다.

그래서 저희 마케팅 담당자들은 스트레스가 많습니다.

저는 지배인 등 간부가 되려면 마케팅 원리를 필수적으로 알아야 한다고 강조합니다. 그래서 간부들 또한 스트레스가 높을 수밖에 없습니다.

감사합니다.

단 2명의 직원(내가 데려온 신규 직원 1명+기존 직원 1명)과 함께 매일 부킹 판매 추이를 점검하여 그린피를 어떻게 조정해야 하는지를 제시하고 토론했다. 모든 것을 담당 직원과 함께 협의하여 결정하는 방식으로 진행했다. 흥미와 자신감을 강화하기 위한 업무 방식이다.

　대행사에 보내는 메시지도 꼼꼼히 다 챙겼다. 주초에는 '정기 공시'를 하는데, 정가와 할인가가 명확히 비교되는 방식으로 도표를 그리면서, 팀 수는 오전·오후 타임 각각 4개 정도로 하여 할인 심리와 희소성을 자극해야 한다는 점을 직원들이 명확하게 이해하고 실천할 수 있도록 업무를 진행했다. 주중에는 '번개 이벤트'를 공시하는데 타임 수는 4개 정도로 하고, 그중 하나는 번개 이벤트 할인가임이 부각되도록 할 것, 고객을 생각하게 하지 말고 예약을 충동하도록 할 것, 그러기 위해서는 이러이러한 구도로 도표를 그릴 것 등을 학습시키는 업무 방식을 진행했다.

　신규 직원은 나와 기존에 마케팅을 같이 해본 경험이 있어서 손발이 잘 맞았고, 또 내 마케팅 수법에도 익숙했다. 신규 직원의 공로로 두 달 만에 매출 성과는 인상적인 성장을 달성했다.

　기존 직원도 예전보다 훨씬 힘들지만 "모두가 같이 하는 고생"이니 감수한다고 하면서, 새로운 업무 방식을 배우고 응용하니 과거보다 더 재미있게 일한다며 새로운 마케팅 방식에 만족을 표했다.

　기존 골프장들은 대부분 전년도와 비교해 매출이 떨어지는 추세인데, 우리 골프장만이 상당한 '플러스(+) 성장'을 달성했다. 지역 부킹 시장에서는 "새로 온 사장이 이 지역에는 없는 이상한 방식으로 마케팅을 하는데 경이롭다"라는 칭찬이 퍼지고 있었다. 담당하는 기존 직원도 "어떤 방법으로 마케팅하는가?" 하고 물어보는 전화가 다른 골프장들에서 온다고 자랑했다.

　마케팅의 성공에는 경기 서비스팀의 역할도 컸다. 팀장이 솔선수범해서 캐디 복지를 강화하는 정책을 들고 나왔고 '본사'도 비용이 드는 복지 정책을 흔쾌히 수용했다. 매출 증대를 위해서는 하루 가동되는 고객 팀 수가 늘어나야 하고, 고객 팀 수를 늘리려면 캐디 인원도 증가되어야 하는데, 캐디 복지가 좋아져 캐디 인원 증가가 순조롭게 진행되었다.

매출 성과의 진정한 비법: 직원의 의욕과 자신감

결론적으로 매출 성과의 급신장은 마케팅 전문 지식을 학습시킨 것과 인간적 의욕 및 자신감을 강화한 것, 이렇게 두 가지 요인인데, 투자자 등 관계자들은 전자, 즉 마케팅의 전문성 강화가 매출 신장의 원인이라고 판단한다. 하지만 이는 잘못된 판단이다. 직원들의 인간적 의욕과 자신감이 강화된 것, 이것이 매출 성장의 1차 동력이고 전문성에 관한 학습이 2차 동력이다. 인간은 '사회적 동물'이기에 혼자 일할 때보다 여럿이 같이 일할 때 의욕과 성능이 더 증대한다.[9] 기계는 혼자 일을 하든 여럿이 함께 하든 성능의 차이가 없지만, 인간 같은 '사회적 생물'은 혼자 할 때와 여럿이 같이 할 때 성능이 달라진다. 바퀴벌레도 혼자 달릴 때보다 무리를 지어 같이 달릴 때 속도가 더욱 빨라진다고 한다. 이것이 생물과 기계의 차이인 것이다. 사회적 동물인 인간은 누군가로부터 관심을 받을 때 뇌의 성능이 좋아진다. 이를 호손 효과(the Hawthorne effect)라고 한다.

이러한 업무 스타일이 주는 효과를 잘 모르는 경영자들은 직원들의 의욕을 강화하기보다는 소위 "유능한 사람(전문지식의 소유자)"을 스카우트한다. 결국 인건비가 증가하고 그 효과는 별로 없다. 그보다는 기존

---

[9] 이에 대한 자세한 내용은 이 책의 한 쌍인 "이론편"을 참조하기 바란다.

직원들에게 인간적으로 대우하면서 그들을 믿고 자율성을 주고, 그들의 현재 능력에 약간 부담되는 정도의 업무를 부여하는 것이 생산성을 증대하는 확실한 방안이다. 잘 알지도 못하면서 "명령으로 간섭"만 하고 직원들을 불신하고 모독하는 경영 스타일은 돈만 들이고 효율성은 떨어뜨리는 결과를 낳는다. 경영자도 같이 고생하면서 직원들만 고생시킨다는 불만이 생기지 않도록 "공정한 고생"을 보여줘야 한다.

국민소득이 2만 달러 이상이 되면, 절대적 연봉보다 상대적 연봉이 중요해진다. 연봉 액수보다 공정성을 중시한다는 것이다. 내 골프장 경험을 보면, 연봉이 낮으면 투덜거리고 불평하긴 해도 사표는 내지 않는다. 반면, 인간적 배신이나 불공평을 당하면 아무 말 없이 조용히 사표를 낸다. 그리고 그 이유를 물으면 연봉이 작아 다른 좋은 곳으로 이직한다고 대답한다. 이 대답은 대부분 거짓이다. 대부분이 연봉이 더 열악한 곳으로 간다. 인간적으로 싫은 회사를 떠나면서 사장에게 대놓고 "당신네 회사의 불공정과 모독을 참을 수 없어, 그래서 떠난다"라고 말할 수 없으니, 사회적 관례에 따라 연봉 때문에 떠난다고 핑계 대는 것이다.

마케팅은 대성공이었다. 다른 골프장들은 전년도에 비해 보통 15~20% 하향 곡선이었는데, 우리는 2개월 후에 10% 이상의 성장을 기록했다. 부킹 사업자들과 이용자들 사이에 서울에서 온 사장이어서 그런지 지역에 없는 특이한 방법을 사용한다는 소문이 바로 나돌았다. 물론 수익 우선으로 운영하니까 회원들의 불만은 높아졌다. 어차피 겪어야 할 홍역이며, 시간이 흐르면서 회원들도 이 새로운 경영 방식에 적응할 것이다.

영입해 온 직원은 불만이 있으면서도 적극적으로 업무를 해줘서 너무나 고마웠다. 수도권에서는 활발한, 그 지역에는 생소한 '조인'을 그 직원이 카카오톡을 이용해 간단히 실행했는데, 그 효과가 아주 좋았다.

우리가 사용하는 "미끼 이용: 1~2개 번개 이벤트" 방식의 프로모션은 누군가가 항상 부킹 사이트를 관찰하며 부킹이 성사되면 신속히 '노출 타임'을 조정해야 하기 때문에 실무자에게는 많은 고생이 뒤따른다. 보통 골프장에서 하는 실무 방식에 비해 몇 배 이상이다. 그런데도 이 직원은 거의 혼자 다 했다. 기존 직원들에겐 낯설고 또 힘든 노역이었다. 이 신규 직원이 없었다면 많은 어려움이 따랐을 것이다. 인수 초기에 새로운 마케팅 방법을 새롭게 정착하는 데 이 직원의 고생과 노하우가 큰 역할을 했다.

토사구팽의 오해: 헌신에 대한 보상과 배신

자기의 역할을 '이용'하고는 필요가 없는 상황이 되니 "토사구팽"당하였다고 이 직원이 내게 말했다. 타당한 항변이다. 이 직원에겐 많은 생활비가 필요했는데, 현재의 회사 급여로서는 충당이 어려워 월말만 되면 급여 불만을 토로했다. 내가 "못 받을 채무" 형식으로 일정 정도 지원해 주었다. 이 직원은 돈이 항상 부족해 오해받을 '실수'를 하기도 했다. 급여 인상을 줄곧 주장했다. "내가 지배인보다 왜 급여를 적게 받아야 합니까? 이것저것 간섭만 하지 돈 버는 데 기여도가 전혀 없는 지배인보다 내 연봉이 왜 적어야 합니까?" 나는 이 항의가 타당하다고 생각했다. 그렇지만, 급여는 생산성만이 아니라 '다른 이유'로도 결정된다는 설득력 없는 해명을 해줘야 했다. 이 직원은 몇 번의 실수로 사직을 했다. 이후 그는 복귀를 원했다.

나는 복귀가 마땅하다고 생각했으나 복귀는 무산되었다. 사람에겐 자기만의 고충이 있고 또 어쩔 수 없이 '잘못'을 범할 수도 있다. 그게 인간이다. 그래서 몇 번은 용서해 줘야 한다고 생각한다. 이 직원은 용서받지 못했다. 난 용서하지 않은 사람들이 더 나쁘다고 생각한다. 지금도 그 직원을 생각하면 인간적으로 가슴이 아프다. 자신들의 규율에 순응하지 않으면 이런저런 명분으로 떠나게 하면서, 자기편이라 생각되면 수억의 손실을 일으켜도 그냥 넘어가는 기업 풍토. 그런 풍토에 무기력할 수밖에 없는 상황이 비참할 때가 있었다.

그런 경험을 지나며, 나는 조직의 '혁신'이란 말이 종종 얼마나 많은 인간의 희생 위에 세워지는지를 절실히 깨달았다.

혁신의 이면: 한 여직원의 아픈 사직

분위기가 이렇게 좋아지는 과정에서 성실하고 유능한 한 여직원이 사직 의사를 밝혔다. 인사담당자가 보고하는 사직 사유는 '집안 사정'이었다. 납득하기 어려워 당사자에게 직접 물어보니 "본사가 싫어서 그만둔다"고 대답했다. "인수 이전에는 가장 근무 평가가 좋아 1순위 승진 예상자였는데, 회사 주인이 바뀐 후 승진에서 밀리고 있다는 분위기가 섭섭해서 퇴직하려는 것 아니냐?" 하고 단도직입적으로 물으면서, 내가 공정하게 처리할 테니 믿어달라고 당부하였다. 하지만 그녀는 "사직 사유는 사장님 문제가 아니고 본사 문제이고, 사장님에게 섭섭한 것은 없으니 신경 쓰지 말라"고 했다. 지시한 일은 성의껏 치밀히 하고, 또 회원들 및 주변 평도 좋아 꼭 잡고 싶었는데 아쉬웠다.

이 여직원에게 진심으로 사과를 했다. 그동안 비주류로, 협력업체 소속으로 차별받던 직원들을 우대하는 방식으로 회사 운영을 도모했다. 하지만 이러한 운영 방식은 다른 한편으로 기존에 '상대적 특권'을 누려

왔던 '주류 직원'들에게는 상대적 박탈감을 주었을 것이다. 업무 성과가 떨어지면서 특권을 누린 직원들은 상대적 박탈감을 느껴야 하겠지만, 누구보다도 열심히 일했고 성과도 좋아 '상대적 우대'를 받았다면, 이러한 상대적 우대는 존중되어야 했다. 내가 간과한 것이다. 내 '오류와 불찰'을 진심으로 사과하면서 업무를 잘하니 인사 때 꼭 우대하겠다고 몇 번을 약속했지만, 그 직원은 "사장님 문제가 아니고 본사 문제"라는 답변만을 반복하면서, 쿨하게 퇴직했다. 가슴 아픈 추억이 되었다.

매출 증대를 기반으로 한 조직 혁신의 성과

새로운 마케팅의 대성공으로 사장의 입지는 급격히 강화되었다. 인상적인 매출 증대와 '마케팅 기법에 대한 호평'이 확산되면서 사장(대표이사)의 능력에 대한 불안과 '음해'는 순식간에 사라졌다. 본사 임원은 "대표는 마케팅의 신"이라고 극찬하였다. 본사 직원들과 골프장 직원들의 사장에 대한 믿음도 안정적이었고, 그들의 태도 역시 과거와는 다르게 확실히 공손해졌다. 골프장 업무는 모두 사장이 관장하는 방식으로 '자동적으로' 전환되었다. 사장에 대한 신뢰가 강화되었다는 것은 사장이 원하는 방향으로 골프장 운영 체계를 바꿀 수 있는 여건이 어느 정도 형성되었음을 의미한다.

혁신의 목표는 물론 단순하다. 생산성의 향상—매출의 증대이다. 혁신의 방법 역시 간단하다. 생산성을 높이는 요인을 찾아 실행하고 저해되는 요인을 제거하는 것이다.

마케팅에서의 매출 급신장으로 경영 입지가 강화된 후, 장기적 성장 동력을 확보하기 위해 혁신을 본격적으로 시작해야 할 시점이 되었다. 내 생각의 기본은 단순하다. 그간의 골프장 경험을 감안하건대, 골프장 직원들의 능력은 기본적으로 전문성(실무 능력)과 '의욕'—이 두 가지 요인에 의해 결정된다고 할 때, 이 중에서 일차적으로 중요한 것은 '의욕'이다. 현대 신경심리학 연구를 보면, 의욕을 강화하는 데는 '급여'보다 '인간적 대우와 존중'이 무엇보다 중요하다. 즉, 자기가 회사에서 존중받고 있다는 자부심과 자신감을 느끼게 만드는 것이 성과를 내는 데 중요하다. 골프장 혁신의 목적은 직원들의 자신감과 명예심을 강화하여 자발적으로 열심히 일하게 하고, 일을 잘하면 인간적으로 보상을 하여 성취감을 맛보게 만드는 것이다.

매달 매출 목표를 설정하고 목표 이상의 매출이 달성되면 그 상승 폭에 비례하여 "월간 성과 선물"을 현금으로 지급하는 "단기 성과에 대한 보상 정책"을 추진했다. 성과 '선물'은 일정한 차등을 두어 부여했는데, 개인보다는 팀 중심으로, 개인에 대한 보상은 개인적 역량보다는 '팀에 대한 기여도'를 중심으로 실행했다. 또한 실무적 문제도 담당자들과 함께 반드시 토론하고 합의하는 방식으로 처리했다. 인수 이전의 회사에서 아주 강했던 위계적-차별적-비인간적 조직 문화를 해소하고 공정-신뢰-협력의 조직 문화를 형성하기 위해서였다.

그때 공로가 현저히 높은 마케팅 담당 직원 2명에게 '파격적인' 보상을 주려 했다. 하지만 '이 두 직원'이 개인 보상을 과감히 포기하면서 '팀 보상' 중심으로 기준을 바꾸고, 협력업체 직원을 포함한 전 직원이 혜택을 누리는 방식으로 보상을 바꾸자고 제안했다. 정말 고마운 직원들이다.

7. 사람 중심으로: 미래 경영을 위한 제언

협력업체의 문제: 테일러리즘의 덫과 하이브리드 솔루션

직원들에게 협력업체의 문제를 해결하겠다고 굳게 약속했건만, 그 약속을 다 실행하지 못하고 중도에 사장직을 그만둔 골프장이 있다. 그때의 직원들이 협력업체 출신이라는 차별을 해소하고 정정당당한 직장인이 되기를 바라는 마음에서 협력업체 문제를 이야기해 보겠다.

이 이야기는 2개의 골프장을 1년 사이에 인수했던 경험을 몇 가지 사례로 나눠 설명한다. 2개의 골프장 중 하나는 직영을 최소화한 운영 방식(직영: "회계-총무, 프런트-예약, 캐디 관리 등의 경기 서비스팀", 위탁: "코스, 시설-청소 관리, 식당 등")을 택했던 골프장이고, 다른 하나는 모든 것을 직영으로 한 골프장으로 모두 3부제 18홀 골프장이다. 그런데 인수할 때 지불한 비용을 비교해 보면 직영을 최소화하고 부분 위탁(하청)을 많이 한 골프장이 10억 원 가까이 더 많았다. 총 인수 비용이 50억 원 미만이므로 엄청난 차이이다.

기업의 조직 운영 방식은 크게 테일러리즘 계통과 HR(human relation) 계통으로 나눌 수 있다. 테일러리즘 계통은 인간의 이기적 본성을 강조하면서 기술적 분업을 통해 이러한 이기심의 폐해를 막으려는 경영 철학에 기반한다. HR은 인간이 인간답게 존중받을 때 더욱 성과를 낸다는 인간의 사회적 본성을 강조하는 경영 철학에 기반한다고 할 수 있다.

한국에서는 후자 스타일의 기업이 매우 드물고, 전자가 지배적이다. 테일러리즘이라는 시대착오적이고 낡은 이데올로기가 한국 골프장 기업에는 너무 강하게 잔존하고 있어 '부문 위탁(하청)'이 필요 이상으로 활용되고 있다.

골프장에서의 협력업체의 실상을 살펴보자. 주로 청소 분야 및 코스 관리에서 이뤄진다.

하청 구조란 골프장에서 협력업체를 많이 이용하면서, 본사 직영 부문의 직원과 협력업체 소속 직원 간의 차별을 심화하는 정책이다. 이것이 비용 절감과 효율성을 증가시킨다고 생각하는데, 이는 착각이다. 청소부가 본사 소속이 아닌 협력업체 소속이면 더 열심히 일할까? 아니다. 다만 협력업체 소속이면 본사 소속에 비해 낮은 임금을 줄 수 있다. 해결책은 간단하다. 본사 소속으로 하되 기능별 차이를 두면 된다. 청소부도 이 사실을 잘 안다. 청소부의 경우, 협력업체 소속이면 본사 소속일 때보다 더욱 "근무 태만"이어서 관리자-감시자가 많아진다. 골프장의 경우 직영이라면, 사장이 직접 관리하면 추가되는 관리 인원이나 관리비가 거의 없다. 협력업체를 두면 협력업체 본사 관리자, 현장 관리자, 골프장 내 청소 관리 담당 등으로 관리 과잉이 된다. 청소부가 전부 해도 10명도 채 안 되는데, 관리비가 엄청나다.

덧붙이면 청소부도 인간이다. 그들을 인간적으로 대우하면 급여가 좀 부족하더라도 근무 자세가 좋아진다. 그들을 인간적으로 대우하는 최고의 방법은 사장이나 임원들이 그들을 인간적으로 동등하게 대우해 주는 것이다. 간단히 말해 충분히 함께 대화하고, 같이 저녁을 먹고 같이 놀아주는 것이다. 그리고 만약 협력업체를 꼭 쓰고 싶다면 동네의 영세 사업자를 이용하면 비용 절감과 업무 효과 모두에 좋다. 그런데 꼭 대기업 협력업체를 이용하려고 한다.

한국에서는 테일러주의 이데올로기가 너무 강해 이렇게 뻔한 진리가 먹혀들지 않는다.

다음으로 코스 관리 사례를 보자. 코스 관리에서 직영할 때 가장 큰 어려움은 잔디 전문가를 구하기가 쉽지 않다는 점이다. 그래서 연봉 수준이 높다. 따라서 우수한 잔디 전문가를 보유하고 있는 협력업체를 이용하는 것이 비용 절감에 유리할 수 있다. 그런데 우수한 잔디 전문가를 보유하고 있다면 직영이 훨씬 비용 절감에 유리하다.

한 해 동안 두 곳의 18홀(3부제) 골프장을 인수하며 협력업체 문제의 본질을 뼈저리게 경험했다. 한 곳은 대부분의 업무를 외부에 위탁하던 곳이었고, 다른 한 곳은 대부분 직영으로 운영되던 곳이었는데, 인수 비용만 놓고 보면 위탁 중심이던 곳은 전체 인수 비용이 50억 원 미만 규모인데 10억 원 가까이 더 비쌌다. 이 차이는 단순히 "누가 일을 하느냐"의 문제가 아니라 조직의 운영 철학과 관리 구조, 인간을 대하는 방식이 만들어낸 구조적 비용이었다.

골프장 업계에는 "기능을 쪼개 외주를 주면 비용이 절감된다"는 테일러주의적 사고가 여전히 뿌리 깊다. 하지만 현장에서는 정반대의 현실이 펼쳐진다. 협력업체를 들이면 관리 라인이 겹겹이 쌓인다. 협력사 본사 관리자, 현장 관리자, 골프장 관리자가 중복으로 배치되면서 정작 일하는 인원은 몇 명 안되는 데도 관리비만 불어난다. 직영이라면 사장이 직접 챙길 수 있는 일들을 불필요한 관리 계층을 두면서 처리하는 셈이다.

하청 인력은 낮은 임금과 소속감 부족으로 인해 동기가 약해지기 쉽다. 그러다 보니 자연스레 업무 태만이 생기고, 이를 잡으려고 더 많은 관리와 통제가 필요해지는 악순환이 반복된다. 문제가 발생해도 책임 소재가 분산된다. 수억 원짜리 휴게실을 공사하고 한 달 만에 누수가 발생해도 아무도 뚜렷이 책임지지 않는다. 모두 '시끄럽게 굴면 손해'라는 암묵적 규칙을 학습했기 때문이다.

코스 관리에서는 전문성 여부가 핵심이다. 우수한 잔디 관리 전문가를 확보할 수 있다면 직영이 훨씬 유리하다. 결정이 빠르고 현장 상황에 즉각 대응할 수 있으며, 장기적인 데이터가 조직의 지식으로 쌓인다. 전문가가 없다면 한시적으로 협력업체의 전문성을 빌리는 것도 방법이지만, 궁극적으로는 조직 내 전문성을 키워나가는 것이 중요하다.

이런 비합리가 지속되는 근본적인 이유는 철학과 심리 문제이다. 새로운 사업과 낯선 현장에 대한 불안이 규칙 강화와 본사 통제, 익숙한 방식 고수로 나타난다. 하지만 이런 방식은 오히려 현장과의 거리를 더 벌리고 비용을 키워, 결국 경영 악화라는 두려움을 현실로 만든다.

한 골프장에서 직영 중심의 존중 문화와 데이터 기반 의사결정으로 시스템을 바꾼 결과, 매출이 30% 이상 증가하고 조직 분위기가 쇄신되는 성과를 얻었다. 이 경험을 바탕으로 몇 가지 해결 원칙을 정리한다.

첫째, 사람을 먼저 존중해야 한다. 협력사 직원이든 직영 직원이든 동등하게 대우하고, 관리와 통제보다는 신뢰와 소통을 우선시해야 한다. 성과 보상도 팀 단위로 행하여 모두가 같은 목표를 향해 나아가도록 해야 한다.

둘째, 관리 구조를 단순화해야 한다. 외주 관리는 단일 창구로, 골프장 측 현장 책임자와 협력사 책임자 간의 직접 소통을 원칙으로 한다. 보고 체계도 청결 점수, 재방문율, 불만 처리 소요 시간 등 숫자 중심으로 간소화한다.

셋째, 예산과 회계를 투명하게 관리해야 한다. 시설 개선 비용과 유지·보수 비용을 명확히 구분하고, 일정 금액 이상의 집행에는 사전 타당성 검토와 사후 평가를 의무화한다.

넷째, 하이브리드 운영 방식을 도입한다. 청소나 식음료 서비스처럼 인간관계가 중요한 영역은 직영을 우선하고, 코스 관리처럼 전문성이 필요한 영역은 핵심 인력은 직영으로 두고 피크 시즌에만 위탁을 활용한다. 핵심 지식은 매뉴얼과 데이터베이스로 만들어 조직에 축적한다.

다섯째, 현장 데이터를 마케팅과 운영에 연동한다. 부킹, 그린피, 고객 동선 데이터를 인력 배치와 운영에 활용하고, 마지막 빈 타임 처리까지 원칙과 책임을 명확히 해 조직의 전략적 운영이 이루어지도록 한다.

골프장 시설관리 혁신 실행 시나리오

구분	주요 내용	세부 실행 방안
① 3개월 파일럿 (청소 직영 전환/부분)	직영 실험 및 성과 평가	• 운영 혁신: 구역 분할 및 점수제 도입 • 동기 부여: 팀·개인 혼합 보상체계 운영 • 성과 분석: 품질지표(청결 점수, 고객 불만)와 관리비 총액을 직영 vs 기존 위탁 비교
② 코스 하이브리드	직영·위탁 병행 운영 모델	• 인력 운영: 핵심 관리자 직영 채용, 피크 시즌은 단기 위탁 활용 • 데이터 구축: 병해·시비 DB 즉시 구축 • 기법 고도화: 분기별 리뷰로 관리 기법 표준화
③ 계약·회계 룰 확정	투명한 비용 관리 체계 확립	• 비용 구분: 공사·개조(CAPEX), 유지·보수(OPEX) 명확히 구분 • 집행 규율: 1억 원 이상 집행 시 사전 타당성 메모 및 사후 하자·비용 리포트 제출 의무화
④ 관계·문화 장치	협력적 조직 문화 조성	• 소통 강화: 월 1회 현장 타운홀 미팅, 분기 1회 협력사 데이 운영 • 통합 보상: 협력사·직원 구분 없이 '베스트 서비스' 표창 및 보상 시행

이를 실행에 옮기기 위해서는, 3개월간 청소 부문을 직영으로 전환하는 파일럿 프로젝트를 진행하고, 코스 관리에는 하이브리드 모델을 도입하며, 계약과 회계 규칙을 투명하게 정립하는 단계적 접근이 필요하다. 월 1회 현장 미팅과 분기별 협력사 데이를 통해 소통 채널을 확보하

고, 협력사와 직원 구분 없이 베스트 서비스에 보상하는 문화를 정착시켜야 한다.

나는 협력업체 출신이라는 이유로 차별받던 직원들에게 정정당당한 직장인이 되는 길을 보여주겠다고 약속했지만, 그 약속을 지키지 못한 채 한 골프장을 떠나야 했다. 골프장의 성패는 코스 품질이나 가격 전략만으로 결정되지 않는다. 사람을 대하는 방식, 관리의 효율성, 책임의 명확함이 비용과 품질을 동시에 좌우한다. 직영이냐 위탁이냐의 선택은 단순히 값싼 노동력을 고르는 문제가 아니라 어떤 관계와 구조가 더 나은 성과를 만들어낼 것인지에 대한 근본적인 고민이어야 한다. **존중은 비용**을 줄이고, **신뢰는 품질**을 높이며, **단순한 구조는 책임**을 살린다. 이 세 가지 원칙이 확고할 때, 비로소 효율적이고 정당한 운영에 다가갈 수 있다.

골프장 식당 운영의 효율화: 직영 vs 위탁, 진정한 효율은?

골프장 식당 운영도 협력업체 문제와 본질적으로 같다. 겉으로는 위탁이 효율적이고 전문적으로 보이지만, 실제 현장에서는 비용 구조가 두꺼워지고 운영의 민첩성이 떨어지며, 정작 중요한 '맛'과 고객 기대 관리는 뒷전으로 밀리는 경우가 많다.

먼저 '전문성'에 대한 오해부터 짚어야 한다. 골프장 식당은 매일 미식가만을 상대하는 파인다이닝이 아니다. 필요한 역량은 오히려 숙련된 대중음식점 수준의 주방 책임자로 충분하다. '호텔 최우수급' 인력을 고집할수록 인건비와 조직 복잡성만 커지고, 현장 대응력은 오히려 둔해진다. 골프장 고객은 자주 방문하지 않기에, 한 번의 압도적 미식 경험보다는 안정적이고 기대에 부합하는 일관된 맛을 원한다.

둘째, 위탁이 더 싸다는 주장도 유통 현실과 맞지 않는다. 위탁을 정당화하는 대표 논리는 "대기업 급식회사가 식자재를 싸게 대량 구매한다"는 것이다. 그러나 오늘날 유통 구조에서는 대량과 소량 구매의 단가 격차가 크게 줄었다. 게다가 골프장 식당에서 사용하는 식자재의 약 80%는 가공품이다. 대기업 위탁사도 실제로는 영세 가공업체의 제품을 사서 납품하는 경우가 많다. 따라서 골프장이 중간 유통 단계를 생략하고 직접 구매할수록 단가는 더 내려갈 수 있다. 여기에 위탁 시 발생하는 본사 관리비(간접비)까지 고려하면, 위탁이 저렴하다는 인식은 현실과 거리가 멀다.

셋째, 운영의 민첩성 측면에서 직영이 훨씬 유리하다. 골프장 식당은 시간대별 수요 변동이 매우 크다. 피크 타임에는 인력이 많이 필요하지만, 비피크 타임에는 최소 인원으로도 운영이 가능하다. 직영이라면 사장을 포함한 타 부서 직원이 지원을 나서 탄력적인 인력 운용이 가능하다. 반면, 위탁은 계약 범위와 라인 관리 때문에 인력 이동이 경직되고, 그 공백을 메우기 위해 추가 비용이 발생하기 쉽다. 결국 기본적으로는 직영이 유리하며, 외주가 불가피한 경우라도 대기업보다는 중소 규모의 전문 업체가 비용, 소통, 민첩성 모든 면에서 더 낫다.

넷째, '맛'에 대한 정의부터 바로 잡아야 한다. 식당의 성패는 결국 '맛'이 결정하지만, 골프장 고객은 방문 빈도가 낮아 실제로 먹어본 경험(경험 효용)보다 먹기 전에 느끼는 기대감(예측 효용)의 영향을 훨씬 더 크게 받는다. 메뉴 설명, 비주얼, 냄새, 동선, 한정 수량 표기, 쉐프 스토리, 계절감 등 모든 요소가 "맛있을 것 같다"는 감정적 신호를 만들어낸다. 따라서 핵심은 두 가지로 요약된다. 우선 주방의 기본기이다. 경력 10년 내외의 책임 쉐프라면 대중적 기호를 충족시킬 실력은 충분하다. 여기에 정성과 일관성이 더해지면 된다. 그다음이 예측 효용을 높이는 마케팅이다. 포스터 한 장, 메뉴판 문구 한 줄, 플레이팅 하나까지 모두 고객의 기대감을 판매하는 도구이다. 이 영역을 상사의 즉흥적 지시로 훼손하는 순간, 맛의 일관성과 기대 관리 모두가 무너진다.

마지막으로, 효과적인 거버넌스는 간섭이 아닌 체계적인 설계에서 나온다. '맛있네, 없네' 하는 취향 차원의 간섭은 조리 표준화를 흔들고 책임 소재를 모호하게 만든다. 최선의 방법은 역할을 분리하고 명확한 규칙을 설계하는 것이다. 주방은 레시피, 계량, 가열 시간, 플레이팅에 이르기까지 표준 운영 절차(SOP, Standard Operating Procedure)를 확립하고, 신메뉴는 소량 테스트 후 데이터를 반영해야 한다. 마케팅은 메뉴명, 비주얼, 동선, 냄새, 한정성 메시지, 쉐프 스토리를 통해 고객의 기대 곡선을 설계해야 한다. 경영진은 매출, 회전율, 재방문 의향, 클레임 처리 소요 시간, 원가율 같은 지표를 월간 보고서로 공개하고 관리해야 한다. 즉, 간섭 대신 지표로 질문하는 문화를 정착시켜야 한다.

골프장 식당 운영 효율화 권고안(하이브리드 전략)

영역	전략 명칭	핵심 내용 및 목표
운영 방식	직영 우선의 하이브리드 시스템	기본 운영은 직영 체제를 유지하여 서비스 품질을 일관되게 관리한다. 피크타임 및 특정 시즌에 보완이 필요할 경우에만 로컬 중소 업체를 활용하여 인력 및 비용의 탄력성을 확보한다.
원가 관리	가공 식자재 직거래	가공된 식자재 품목은 중간 유통 과정을 최소화하고, 소규모 가공업체와 직접 계약하여 공급받는다. 이를 통해 단가 절감, 신선도 유지, 납기 안정성 확보에 유리하다.
인력 관리	인력 탄력 운용 (교차 교육)	근무 피크 타임에 효율적인 인력 대응을 위해 상시적으로 타 부서 직원 간의 교차 지원 및 교육을 진행한다. 이로써 인력 운용의 탄력성을 높이고 비상 상황에 유연하게 대처한다.
수익 창출	마케팅 전담 인력 배치	식음료 부문의 수익성 강화를 위해 감정 마케팅을 이해하는 MD/마케터 1인을 전담 배치한다. 고객 경험을 예측하여 디자인하는 '예측 효용 설계'를 통해 부가가치를 창출한다.

결론적으로, 골프장 식당의 성패를 가르는 것은 값비싼 간판이나 과시적인 전문성이 아니다. 사람을 활용하고, 고객의 기대를 체계적으로 설계하며, 운영 구조를 단순화하는 것이 핵심이다. 직영을 기본으로, 민첩한 보완 체계와 효율적인 구매, 그리고 예측 효용을 높이는 마케팅이 결합될 때, 식당은 비용을 절감하면서도 고객의 "분명히 맛있을 것 같다"는 마음을 사로잡고, 궁극적으로 "확실히 맛있었다"는 경험으로 응답할 수 있게 된다. 이것이 바로 위탁이라는 고비용의 간접비로는 살 수 없는, 현장만이 지닌 진정한 힘이다.

좌절과 결단: 직영화의 시도와 리더십의 철학

이런 이유로 나는 실제로 직영화를 시도했다. 코스와 시설관리 부문에서는 어느 정도 직영 체제를 성사시켰고, 청소는 중소업체 위탁으로 마무리했다. 그러나 식당만큼은 끝내 직영으로 전환하지 못했다. 대기업 위탁업체와의 계약 구조가 복잡했고, 인수 초기의 상황에서 한꺼번에 교체하기는 어려웠다. 하지만 그보다 더 큰 문제는 본사와의 경영관 철학 차이였다.

마케팅이 예상보다 순조롭게 성과를 내자, 본사 임원진은 "이 정도면 우리도 직접 할 수 있다"고 확신하기 시작했다. 내 눈에는 그들의 이해 수준이 아직 표면적이었다. 비유하자면 구멍가게 운영의 규칙을 익힌 수준이었다. "아침에 문을 열고, 손님이 오면 웃으며 맞이하고, 계산하고 기록한다" 이런 단순한 순서만 익힌 것이다. 마케팅이 그렇게 단순했다면 세상에 실패하는 사업이 있을 리 없다. 그러나 '성공 경험'은 언제나 겸손을 빼앗는다. 본사의 몇몇 임원들은 자신들의 판단력이 충분히 검증되었다고 믿었다. 그들은 내가 만든 시스템 위에서 나온 성과를 자기 능력의 증거로 착각했다. 그 결과 본사는 직접 운영을 추진하려 했다. 하지만 내 판단은 분명했다. "본사는 직접 운영할 역량이 아직 준비되어 있지 않다."

본사와 나 사이의 충돌은 단순한 '선호의 차이'가 아니었다. 그들은 "대표가 본사 방침을 따르지 않는다"고 보았지만, 나는 그것을 '경영 철학의 차이'로 보았다. 본사의 방식은 전형적인 테일러리즘, 즉 기술적 분업과 위계 구조를 중심으로 한 관리였다. 효율성을 중시하지만, 인간적 관계와 동기보다는 "규칙·지시·성과"를 우선하는 방식이었다. 반면, 내가 추구한 것은 HR, 즉 인간적 유대와 신뢰를 통한 성과였다. 조직의 기본은 공정함과 신뢰이고, 사람의 성장 없이는 어떤 시스템도 오래 가지 못한다는 확신이 있었다. 이 차이는 '토론'으로 조정할 수는 있어도, '명령'으로 강요될 수는 없다고 생각했다. 본사는 "대표의 고집"으로 보았을지 모르지만, 명백한 약속 위반이었다. 처음 협력 단계에서 "운영의 중심은 당신이 맡는다"는 확약이 있었다. 하지만 사업이 성공적으로 자리 잡자, 그 약속은 어느새 본사 방침이라는 이름 아래 일방적으로 철회되었다.

시간이 지나면서 본사 내부에는 확증 편향(confirmation bias)이 점점 뚜렷하게 나타났다. 대표의 결정이나 운영 방식을 객관적으로 보지 않고, 이미 "틀렸다"는 전제를 세워두고 모든 상황을 그 프레임으로 해석했다. 결국 어떤 설명도 통하지 않았다. 나는 판단했다. 이 상황에서는 논리나 증거가 아니라 인식의 틀이 문제였다. 그 틀을 바꾸지 않는 한, 더 이상의 논의는 무의미했다.

이런 세 가지 이유를 종합해, 나는 스스로 결단을 내려야 할 시점이라고 느꼈다. 선택지는 두 가지였다. 본사의 비위를 맞추며 체면을 유지할 것인가, 아니면 끝까지 소신을 지키고 물러날 것인가. 나는 후자를 택했다. 사실 결심은 오래전부터 마음속에 쌓여 있었다. 결국 어느 날, 산책로를 걸으며 한 직원을 불러 사직 통보문을 작성하라고 지시했다. 막상 결심하고 나니, 가장 먼저 떠오른 것은 직원들이었다. 그들은 내가 직접 뽑고, 함께 울고 웃으며 일해 온 사람들이었다. 내가 떠난 뒤에도 그들이 유능하고 당당한 직원으로 남기를 바랐다. 그래서 마지막까지 그들에게 하나라도 더 알려주고, 스스로 판단할 수 있는 힘을 길러주려 했다. 몇몇 직원은 이미 내 결심을 눈치챘을 것이다. 시간이 지나, 내가 떠난 뒤 마케팅 담당을 비롯한 여러 직원이 차례로 회사를 떠났다. 그 사실을 들었을 때, 마음 한구석이 아팠다. 그런데도 나는 그들의 결정을 이해했다. 그들 역시 "사람이 중심인 일터"를 찾고 있었을 것이다.

직영화의 시도는 조직 구조의 실험이자, 리더십 철학의 시험이었다. 비록 결과는 좌절로 끝났지만, 그 과정은 나에게 분명한 확신을 남겼다. 사람의 마음과 신뢰가 없는 효율은 오래 가지 못한다. 그 믿음 하나는, 지금도 나의 경영관의 중심에 남아 있다.

젊은 직원들이 원하는 것: 연봉인가, 미래인가?

요즘 골프장 업계에서는 "젊은 직원이 없다"는 말이 흔하다. 많은 사람들이 그 이유를 연봉 탓으로 돌리지만, 나는 그렇게 보지 않는다. 내 경험상, 그들이 진정으로 원하는 것은 단순한 돈이 아니라 "미래를 위한 성장 가능성"이다. 문제는 그들이 그 가능성을 골프장에서 발견하지 못한다는 데 있다.

새로운 골프장을 인수했을 때, 나는 인력이 시급히 필요했다. 전 직장에서 함께 일했던 젊은 직원 몇 명에게 도움을 청했더니, 그들은 망설임

없이 새 직장으로 와주었다. 그들은 경기팀, 프런트, 식음 파트 등 각 부서에서 일했지만 마케팅 경험은 거의 없었다. 그래서 나는 그들에게 '현장 기반 마케팅 훈련'을 시도했다. 예약, 프런트, 경기 업무를 병행하게 하면서, 매일 아침 8시 내 방에서 일일 점검 회의를 열었다. 하루의 업무를 점검하며 어떤 방식이 어떤 결과를 냈는지, 이론과 실제를 함께 검토했다. 책을 보여주며 마케팅 기법의 원리를 설명했고, 매일 성과를 냉정하게 평가했다. 단, 평가의 기준은 매출액이 아니라 '방법과 효과의 관계'였다.

나는 직원들에게 이렇게 말했다. "목표 매출을 맞추는 데 신경 쓰지 말고, 어떤 방법이 어떤 결과를 냈는지를 찾아보자." 이것이 바로 '방법 지향적 성과 관리'이다. "왜 그 일이 잘되었는가?"를 이해하면 다음 시도는 더 정교해지고 자신감은 쌓인다. 반대로, "이번 달 매출 목표를 달성하라"는 식의 '목표 지향적 관리'는 직원들에게 불안과 압박만 준다. 그 불안은 자신감을 꺾고, 결국 성과마저 떨어뜨린다. 두 달쯤 지나자 놀라운 변화가 나타났다. 매출은 자연스럽게 상승했고, 직원들은 스스로 계획을 세우고, 나는 단지 피드백만 주는 구조로 바뀌었다. 그들은 자신들의 성장을 체감했고, 업무는 '지시된 일'이 아니라 '스스로 만들어가는 일'이 되었다.

그 무렵, 기존에 근무하던 젊은 직원 몇 명이 내게 찾아왔다. 그들은 단도직입적으로 말했다. "저희도 마케팅 부서로 발령을 내주시면 남겠습니다. 그렇지 않으면 퇴사하겠습니다." 이유를 묻자 그들은 말했다. "미래를 대비하려면 마케팅을 배워야 합니다. 지금처럼 단순 업무만 반복하는 직장에서는 아무리 오래 있어도 성장할 수가 없습니다. 연봉이 중요한 게 아닙니다. 능력을 쌓을 기회를 원합니다." 그들의 진심은 명확했다. 그들은 "당장의 이익보다 배움의 기회"를 원했다. 나는 '조직이 개인의 성장을 중심에 두지 않는다'는 사실을 그들이 이미 직감하고 있음을 깨달았다. 젊은 세대는 상사의 말보다 시스템의 철학을 먼저 본다. 말로 '기회를 주겠다'고 약속하는 것보다, 실제로 배우고 시도할 수 있는 환경이 있는지를 본다.

이 경험 이후 나는 확신하게 되었다. 젊은 세대에게 연봉은 조건이지, 동기가 아니다. 그들의 진짜 동기는 자신의 능력이 향상하고 있다는 실감, 즉 '미래 효용의 감정적 가치'이다. 단순히 급여를 높여도 그들이 스스로의 발전을 느끼지 못하면 다시 이직을 고민한다. 반대로, 배움과 실험의 기회가 있다면 급여가 다소 낮아도 자리를 지킨다. 결국 젊은 인재를 유지하는 비결은 "급여가 아니라 성장의 설계"이다. 그들이 '배우며 일한다'고 느낄 때, 그 조직은 스스로 젊어지고 지속 가능해진다.

나는 지금도 그 시절의 회의실을 떠올린다. 책을 펴놓고 열정적으로 토론하던 젊은 직원들, 하루하루 성장하던 그들의 얼굴. 그들은 내게 이렇게 말하고 있었던 것 같다. "사장님, 우리는 지금보다 나은 내일을 준비하고 싶습니다." 그 목소리를 이해하지 못한 조직은 결국 사람을 잃는다. 그리고 사람을 잃은 조직은 아무리 커도 오래 가지 못한다.

사람 중심 경영의 교훈: 통제가 아닌 신뢰

돌이켜보면, 내가 골프장을 운영하며 배운 가장 큰 진리는 "사람은 통제의 대상이 아니라 성장의 주체"라는 점이었다. 리더가 사람을 믿고 성장의 여지를 열어주면, 그 신뢰는 반드시 성과로 돌아온다. 반대로 통제와 지시만으로 운영되는 조직은 겉으로는 질서가 유지되는 듯 보이지만 내면에서는 서서히 활력을 잃어간다.

조직의 성과는 결국 사람의 생동감에서 나온다는 것을 깨달았다. 나는 종종 "조직의 체온"을 사람들의 얼굴에서 읽곤 했다. 회의실의 공기, 아침 인사의 톤, 점심시간의 웃음소리 같은 사소한 것들이야말로 조직의 진정한 에너지 지표다. 직원들이 스스로 생각하고 제안하며 자신의 판단에 책임을 지는 구조, 그것이 바로 지속 가능한 시스템의 핵심 원리다. 효율은 언제나 사람이 살아 있을 때만 진정한 의미를 가진다.

신뢰가 통제를 이긴다는 사실을 현장에서 확인했다. 리더가 해야 할 일은 감시보다 방향 제시, 명령보다 이유 설명, 통제보다 신뢰 구축이다. 나는 회의 자리에서 자주 "정답을 찾기보다, 왜 그렇게 생각했는지를 설명해 보라"고 말했다. 감시를 줄이는 것이 아니라 감시가 필요 없는 사람을 만드는 일, 그것이 진정한 리더십의 본질이다.

사람은 유능함보다 존중받고 있음을 더 원한다는 것을 배웠다. 직원들에게 동기를 부여하는 것은 보너스나 칭찬보다 존중의 경험이다. 나는 현장 직원에게 "이 일의 주인은 당신이에요. 나보다 당신이 더 잘 알아요"라고 말하곤 했는데, 그 한마디가 사람의 눈빛을 바꿀 수 있다는 것을 수없이 목격했다. 리더십의 본질은 지시가 아니라 존중의 표현임을 현장이 가르쳐주었다.

또한 진정한 리더는 떠난 뒤에 평가된다는 것을 뼈저리게 느꼈다. 리더가 그 자리에 있을 때보다 떠난 뒤 조직이 어떻게 유지되는지가 진짜 평가이다. 내가 그들에게 남긴 것이 제도나 지침이 아니라 스스로 생각하는 힘이었다는 사실을 확인했을 때, 비로소 사람 중심 경영의 완성형을 본 것 같았다.

결국 경영은 사람의 이야기임을 절감했다. 수많은 전략과 제도, 보고서와 숫자 속에서도 결국 조직을 움직이는 것은 사람의 마음이었다. 모든 경영의 본질은 사람을 이해하고 신뢰하고 성장시키는 일이다. 나는 이 경험을 통해 **리더십**이란 **사람의 가능성을 믿는 용기**임을 알게 되었다.

사람의 온기가 남기는 것

나는 지금도 골프장의 아침 공기를 떠올린다. 이른 햇살에 젖은 잔디 냄새, 출근길에 인사를 건네던 직원들의 밝은 표정. 그 모든 순간이 나에게 경영의 본질을 가르쳐주었다. **"시스템은 흉내 낼 수 있지만 사람의 진심은 복제되지 않는다"** 는 것이 내가 얻은, 그리고 지금도 믿는 **사람 중심 경영**의 가장 단순하고도 강력한 교훈이다.

제3장 골프장 사람들이 살아온 길
―좌절이 만든 의사결정 시스템과 그 치유

1. 골프장 종사자, 그들은 누구인가: 상처받은 이들이 모이는 곳

1) 뇌가 기억하는 좌절과 상처: "실패의 습관"

골프장은 단순한 일터가 아니다. 하루 수백 명의 고객이 오가고, 날씨·시간·감정이 뒤섞인 복잡한 사회적 공간이다. 이곳에서 일하는 사람들은 늘 긴장과 즉흥적 판단 속에서 하루를 보낸다. 그런데 이상하게도 골프장에는 다른 업종보다 유난히 '상처받은 사람들'이 많다는 인상을 준다. 본 장에서는 이러한 정서적 특성이 어디서 비롯되는지, 그것이 뇌의 구조와 행동 패턴에 어떤 영향을 미치는지를 살펴본다.

골프장에 종사하는 사람들 대부분은 일반적인 사람들과 동일한 일상생활을 하는 보통사람이다. 그렇지만 직종이나 직업에 따라 종사하는 사람들이 특수성이 있을 수 있듯이, 골프장에는 일상에서 쉽게 만날 수 없는 "기구한 운명의 삶"을 체험한 사람들이 상대적으로 많다는 인상을 준다. 일반적으로 직업에 따라 사회적 경쟁에서 성공한 사람들이 자발적으로 몰리는 업종이 있고, 실패한 사람들이 수동적으로 찾는 업종이 있다. 골프장 종사자 중에는 아무래도 후자 유형의 사람들이 많다. 즉, 사회생활의 경쟁에서 실패·좌절하면서 "인간적·심리적으로 상처받은 사람"들이 상대적으로 많다.

좌절하고 상처받은 삶의 역정은 인간의 신체와 뇌, 즉 의사결정을 하는 사고방식 등에 확실한 자국을 남긴다.

예비적 설명으로, 우선 삶에서 축적된 경험은 신체의 체질이나 생리, 그리고 뇌 시스템, 즉 감정-인지의 신경심리적 시스템의 구체적 특성과 유형을 '형성'한다는 점을 간단히 지적한다. 예를 들어 어린 시절부터 경제적 불안과 학대 같은 만성적 스트레스 환경에서 자란 사람은 그 '삶의 체험'이 뇌의 편도체를 과도하게 발달시키고 전전두엽의 기능을 약화시킨다. 이는 실제로 뇌의 구조와 기능을 변화시켜 성인이 되어서도 위협에 민감하고 불안해하며 충동 조절이 어려운 '신경심리적 시스템'을 형성하게 된다.

반면에 지속적인 성공과 사회적 지위 향상이라는 '삶의 체험'을 겪은 사람은 그 경험이 뇌의 보상 회로(복측 피개영역 등)와 자아 인식과 관련된 영역(내측 전전두엽 등)의 발달에 영향을 미친다. 이는 실제로 위험을 감수하려는 성향이 강해지고, 자신에 대한 확신이 과도해지는 등 "자기 확신적이고 모험적인 신경심리적 시스템"이 형성될 수 있다. 이런 사람은 나이가 들면 결국 '지배 충동'이 강한 냉엄한 사업가 유형으로 성장할 것이다.

인간을 포함한 모든 동물의 뇌신경(neoron)은 끊임없이 변화하는 가소성(plasticity)이란 특징을 가지고 있다. 이 가소성은 태어나서 죽을 때까지 유지된다고 한다. 하지만 이 가소성의 '중대 변화'가 뇌신경 구조의 형성을 대부분 결정하는 시기, 소위 신경과학에서 말하는 "가소성의 결정적 시기"가 있다. 인간의 경우, 감정의 뇌신경 구조가 결정되는 가소성의 결정적 시기는 아동기(4~6세)이며, 사유 시스템(생각하는 능력)이 결정되는 결정적 시기는 청소년기+청년기(16세~29세)이다.

이 결정적 시기에 감정과 사유 능력이 어떻게 형성되느냐에 따라 그 사람의 성격과 지능(문제 해결 능력)의 특성과 성능을 대부분 좌우한다. 예를 들면 성인들의 정치적 성향은 감정이 형성되는 아동기 시절에 이미 70~80%는 결정된다. 인지적 사고의 기본 성향, 예를 들어 단기적 해결책을 선호하는지, 충동적으로 행동하는지, 신중하게 행동하는지 등은 청소년~청년기에 거의 결정된다. 뇌신경의 가소성은 평생 지속되기 때문에 인간은 자기 계발을 위해 노력한다면 언제든지, 즉 40~50세든 70세가 되든 변화시킬 수 있다고 뇌과학은 우리를 격려한다. 이 말은 맞다. 그러나 '비용 대비 효과'라는 가성비를 생각하면 "결정적 시기"에 '뇌신경 가소성'이 감정이나 지능의 뇌신경 시스템을 성능 좋게 발달하도록 하는 것이 개인적 행복을 위해서도, 국민 개개인의 능력 개발을 지원하는 사회적 비용(국민 개개인의 교육과 취업 능력을 지원하는 국가 지원비, 즉 세금)을 절약하기 위해서도 효율적이다.

이 글에서 '결정적 시기'에 대해 언급하는 이유는 한국 사회에서 경쟁에 지쳐 좌절한 사람들이 모여 있는 중소기업—골프장도 여기에 속하는데—의 성장 잠재력이 이로 인해 크게 훼손되고 있다는 점을 지적하기 위함이다.

결정적 시기에 체화된 좌절과 상처는 개인의 '심리적 유연성'과 '위험 감수 능력'을 약화시켜, 중소기업이나 골프장을 비롯한 많은 산업 현장에서 새로운 시도와 혁신적 도전이 꽃피지 못하는 근본 원인이 된다. 이러한 메커니즘은 뇌과학적으로도 설명 가능하다. 즉, 젊은 시절 전전두엽이 온전히 기능할 때는 편도체의 강한 정서 반응을 조절할 수 있기 때문에 좌절의 경험을 극복하고 도전할 수 있지만, 결정적 시기에 체화된 심리적 상처는 이러한 조절 능력을 제한하여 장기적으로 위험 감수와 혁신적 행동을 저해한다.

또한 유아기와 청소년기 같은 결정적 시기에 받은 상처는 노년기의 건강에도 심각한 영향을 미친다. 젊은 시절에는 전전두엽의 통제력이 편도체 반응을 억제하며 감정을 조절할 수 있지만, 나이가 들면서 전전두엽의 통제력은 약화되고, 젊은 시절 쌓인 스트레스의 흔적이 만성적 반응으로 나타난다.[10] 이는 마치 젊었을 때 무리하여 쌓아둔 신체의 피로가 노년에 이르러 관절염이나 허리 통증으로 나타나는 것과 같다. 결국 만성화된 스트레스 반응은 신체의 염증 수치와 스트레스 호르몬을 지속적으로 높여 대사성 질환으로 이어질 수 있다. 많은 노인의 대사성 질환은 이처럼 그 기반이 이미 유아기와 청소년기에 형성된 것이라고 볼 수 있다.

2) 공포가 뇌를 마비시킬 때: '충동적 편도체 의사결정'의 고착

이러한 기본 설명을 기반으로 본래의 주제, 즉 "골프장 사람들의 좌절과 상처" 이야기로 돌아가자. 골프장 사람들이 삶의 궤적에서 각인된 좌절과 실패는 지능(문제 해결 능력)을 담당하는 뇌 시스템에 깊은 흔적을 남긴다. 어떻게 영향을 미칠까?

---

10 늦게 진화한 뇌 부위가 더 빨리 약해진다는 가설이 있다. 순행 퇴화 가설(last-in, first-out hypothesis; 마지막 진화·발달 부위가 먼저 손상된다) 개념이다. 고차원 인지나 계획, 사회적 판단 등을 담당하는 전두엽, 특히 전전두엽은 진화적·발달적 순서에서 늦게 진화되었고, 또한 유아기가 아닌 청소년기나 성인기 초반까지 성숙하거나 발달한다.

좌절과 실패는 "당면한 위협에 대한 공포(불안)"와 "미래의 불확실성에 대한 공포(걱정)"를 강화한다. 이러한 불안과 걱정은 인지 능력의 뇌 시스템(소위 대뇌피질)을 거치지 않고 즉각적인 신체적 행동을 일으키는 감정 시스템의 중심부(편도체)를 활성화한다. 이를 "공포에 의한 충동적 행동"이라고 부르는데, 이러한 패턴이 매일매일, 수년간 반복되면 뇌의 행동(의사결정) 시스템은 구조적으로 변화한다. 결국 인지적 분석은 뒷전으로 밀리고, 외부 자극에 대해 본능적·충동적으로 반응하는 '편도체 주도 의사결정 시스템'(이는 마치 파블로프식 조건반사처럼 자동화된 반응에 가깝다)이 고착화된다.

반대의 예를 든다면, 편안하고 안정적인 분위기에서 행동과 의사결정을 한다면 인지적 분석을 담당하는 대뇌피질이 주변 상황 및 장단기 대책의 장단점을 고려하여 다양한 대안을 설정한 후, 그중에서 최선의 방안을 선택하는 방식으로 의사결정을 주도한다. 이 시스템은 편도체에서 올라오는 정보를 참고하여 편도체의 본능적 충동을 억제하는 "대뇌피질 중심의 의사결정 시스템"이다. 이러한 '대뇌피질 중심의 의사결정 시스템'이 한 번이 아니라 수많은 세월 동안 수없이 반복되면 가소성에 의해서 '한 번의 상태'에서 '하나의 구조'로 고착된다. 즉, 뇌신경의 가소성에 의해 '대뇌피질 중심의 의사결정 시스템(목적지향적 의사결정 시스템이라고 한다)'이 구조화된다.

덧붙여 하나 더 설명하자. 처음에는 목적지향적 시스템에 의해 선택된 '특정 행동'이 반복적으로 되풀이되면 환경 변화와 관계없이 그 행동이 자동으로 되풀이된다. 예를 들면 아침에 일찍 일어나는 습관적 행동이 생기면 휴일인데도 자동으로 아침 일찍 일어나게 된다.

회원제 골프장에서 보면, 특정 회원의 얼굴을 보기만 해도 자신도 모르게 인상을 찌푸리는 직원이 있다. 이는 특정 자극(회원)이 반사적으로 감정 반응(화남)을 일으키는 '파블로프식 조건반사'가 고착된 결과이다. 또 어떤 직원은 고객이 부를 때, 고객의 표정이나 감정 상태는 살피지 않은 채 늘 똑같이 밝고 힘차게 '예!' 하고 대답한다. 고객이 피곤하거나 불쾌한 표정을 짓고 있다면, 오히려 부드럽고 나직한 목소리가 더 적절할 것이다.

이처럼 고객의 상태와 상관없이 반복적으로 같은 반응을 보이는 것은 습관적 시스템이 작동하고 있기 때문이다. 반복된 삶의 경험은 일회성 행동에 그치지 않고 뇌의 신경 회로 자체를 변화시켜, 결국 그 사람의 '제2의 천성'과도 같은 행동 패턴을 형성한다.

이렇게 삶의 역사(과정)에 따라 개개인의 뇌 구조는 달라질 수 있다.

파블로프식·습관적·목적지향적 시스템 비교(골프장 행동 예시 포함)

시스템	행동 예시(골프장)	의사결정 특징	개선 포인트
파블로프식	특정 회원 얼굴만 보고 불쾌감	감정·충동 주도	스트레스 관리, 감정 조절
습관적	반복된 근무 방식, 유니폼 색으로 안정감	환경 반응 자동화	행동 패턴 최적화, 상황별 유연성
목적지향적	상황 분석 후 맞춤형 고객 대응	계획·분석 중심	교육과 훈련으로 강화, 혁신적 문제 해결

의사결정 시스템의 지식을 활용할 때 나타나는 '재미있는 역설' 하나를 지적하고 넘어가자. 유능한 직원 또는 마케터가 되기 위해서는 자신의 목적지향적 시스템을 잘 가동해서 회사가 원하는 전략이나 고객을 유인하는 방법을 효과적으로 찾아내야 한다. 반면에 소비자에게 물건을 잘 사도록 유도하기 위해서는 소비자의 파블로프식-습관적 시스템이

가동되도록 만들어야 한다. 그야말로 역설적이지 않은가? 다시 말해, 유능한 마케터는 자신의 이성적인 목적지향적 시스템을 올바르게 가동하여, 손님의 자동적이고 감정적인 파블로프식-습관적 시스템을 이끌어내는 '묘기'를 발휘해야 한다. 자신은 이성적 판단과 분석을 극대화하면서, 소비자에게는 의식적 노력을 최소화시키며 파블로프식-습관적 시스템으로 선택하게 만드는 것, 이것이 진정한 마케팅 능력일 것이다.

3) 현대인의 호랑이: 만성 스트레스가 신진대사를 망가뜨리는 법

좌절과 실패가 낳은 불안과 걱정은 인간의 지능, 즉 의사결정의 신경심리 시스템을 마비시키는 한편, 그 상태를 고착화시킨다. 나아가 이는 신체 건강 자체를 위협하는 취약성을 드러내기도 한다. 불안과 걱정, 즉 공포는 호랑이를 만났을 때의 "죽도록 도망치는" 데 필요한 생리 상태를 만들어낸다. 이러한 생리 상태는 원시시대에는 인간에게 매우 유익했다. 즉, 진화적 관점에서 인류에게는 생존상 꼭 필요해서 유전자에 각인된 본성이 되었는데, 이 유전적 본성은 더이상 호랑이나 맹수가 생존의 적이 아니고, 오히려 사회적 경쟁이 생존의 적이 된 현대에서는 그 필요가 사라졌다. 하지만 우리의 유전자는 사회적 경쟁에서의 패배를 생존의 위협으로 '판단'해서 호랑이를 만났을 때와 같은 본능을 발동시키고 생리적 상태를 조성한다. 즉, 죽도록 도망치는 데 필요한 생리 상태가 조성된다. 심장이 빨리 뛰고, 혈액으로 당분이 급속히 공급되며, 호흡이 가빠진다. 이러한 스트레스 반응은 단기적으로는 신체와 뇌의 기능을 일시적으로 고양시켜 신체적 능력은 물론 인지적 문제 해결 능력까지 극대화하는 긍정적 측면이 있다.

그러나 이러한 반응이 만성화되면 상황은 역전된다. 장기간 지속되는 스트레스는 에너지원의 고갈을 가져오고, 면역 체계를 무너뜨려 각종 질환에 취약하게 만든다. 더 나아가, 근본적으로는 우리 몸의 30조~40조 개 세포에 에너지를 공급하고 조절하는 '신진대사' 시스템 자체를 망가뜨린다. 그 결과 당뇨병, 고혈압, 심장병 등의 대사성 질환을 일으키는 결정적 원인이 된다.

원시인은 이따금 호랑이를 만나기 때문에 일시적인 스트레스를 받기는 하지만 도망치면 끝이었다. 그 때문에 매일매일 계속해서 호랑이와 마주치는 만성 스트레스에 걸릴 확률은 거의 없었다. 그런데 현대인은 '사회적 경쟁'이라는 완전히 다른 유형의 호랑이와 마주하고 하고 있다. 학교 시험 공포, 직장 실업 공포, 노후 걱정, 자녀 걱정 등 일상의 스트레스는 매일매일 찾아와 평생토록 그림자처럼 따라다닌다. 이러한 지속적인 위협 앞에서 사회적 복지가 열악한 사회에서는 경쟁에 뒤처진 사람들이 겪는 스트레스는 쉽게 만성화된다. 이 만성 스트레스는 신체와 정신을 동시에 파탄 나게 하는 만병의 근원이다. 더욱이 이는 인지 기능마저 훼손하여 문제 해결 능력을 떨어뜨리고, 결국에는 더더욱 경쟁에서 추락하게 만드는 악순환을 낳는다. 즉, 만성적 스트레스는 이미 뒤처진 이들의 추락을 더욱 빠르게 만드는 가속 요인으로 작용한다. 결국 좌절과 패배의 공포는 단순한 감정적 고통을 넘어선다. 이는 개인의 뇌 구조와 신체 건강을 근본적으로 훼손하는 악순환의 고리로 작용할 수 있다.

요컨대, 골프장에 종사하는 이들의 뇌는 오랜 시간 누적된 좌절과 스트레스의 흔적을 품고 있다. 이는 단순한 감정의 문제가 아니라 편도체·전전두엽·보상 회로의 기능적 불균형으로 나타난다. 이러한 신경심리적 구조는 개인의 의사결정 방식뿐 아니라 조직의 혁신 역량에도 영향을 미친다. 결국 '좌절의 신경심리학'을 이해하는 것이 골프장 경영의 출발점이다.

2. 골프장의 역설: 치유의 공간에서 소외된 사람들

골프장은 본래 자연 속에서 인간의 마음을 치유하고 신체와 사고를 조화롭게 만드는 공간이다. 그러나 아이러니하게도, 그 공간을 가꾸고 운영하는 사람들은 정작 그 치유의 기회를 누리지 못한다.

이 글의 목적은 골프장 사람들 스스로가 능력을 개발함으로써 행복을 이루고, 이를 통해 '이 땅에 사는 사람들' 모두에게 "행복과 능력 개발에 좋은 골프"라는 레저 서비스를 제대로 제공할 수 있도록 만드는 것이다.

이를 위해서는 먼저 골프 자체가 가진 힘을 인식할 필요가 있다. 부자와 특권층이 골프를 즐긴다는 사실은 골프가 지닌 체험적 유혹, 즉 한 번 시작하면 빠져들 수밖에 없는 깊은 효용이 있음을 방증한다. 이러한 골프를 부자와 특권층만이 아닌 이 땅의 모든 사람이 즐기는 나라가 공정하고 성장 동력이 있는 사회이다. 하지만 골프장에 종사하는 사람들은 거의 골프를 즐기지 못한다. 골프장 종사자 중 골프 칠 줄 모르는 직원의 비율이 아마도 절반을 넘어 70% 가까이 될 것이다. 한국에서 "자연 속 골프장"을 이용하는 인구는 624만 명에 달하며, 연간 총 이용 횟수는 약 4,772만 회(2023년 기준)에 이른다. 이는 프로야구 연간 총관객 수 1,080만 명(2024년 기준)의 4배에 달하는 수치이다. 이 정도로 골프가 대중화되었지만, 골프에 대한 '사회적 인식'은 여전히 부정적이다. 아직까지도 특권층과 부자들의 레저이다. 이러한 부정적 편견도 어찌 보면 타당한 측면이 있다. 골프장 이용 측면에서 보면 빈부 구분이 명확하다. 부유층 이용률은 압도적으로 높지만 빈곤층, 노인, 청소년 등 사회적 취약계층의 이용률은 극히 낮다. 실제로 청소년 이용률은 1%도 채 되지 않을 것으로 추정된다.

그런데 사실 골프는 청소년이나 고령자 등에게 필요한 운동이다. 골프는 사고 능력, 인내심, 정신적 절제력 발전에 유익한 스포츠로서 청소년들에게 특히 효용이 크다. 더불어 자연에서 산책하면서 즐기는 골프는 체력이 약하고 인지 능력이 쇠퇴해 가는 고령층에게도 무엇보다 좋은 운동이다. 하지만 이러한 잠재적 효용과는 달리, 통계로 확인되는 현실은 냉엄하다. 통계청의 '2023 생활시간조사'에 따르면, 골프 참여율은 10대 0.2%, 70대 이상 0.8%에 불과해 사회적 취약계층의 이용률이 극히 낮음을 방증한다.

골프장 종사자들도 일부 간부 등을 제외하면 대부분이 골프를 제대로 즐길 기회가 많지 않다. 이는 골프라는 산업의 중심에 서 있으면서도 정작 그 혜택에서 소외된다는 점에서, 이들 역시 사회적 취약계층임을 역설적으로 보여준다.

1) 골프장 종사자의 4가지 성격 유형: 인간미와 야비함 사이

앞서 우리는 뇌과학적 관점에서 좌절이 의사결정 시스템을 바꾸는 과정을 살펴보았다. 그렇다면 이러한 좌절의 흔적은 실제로 골프장 종사자들의 성격과 행동 양식에서 어떻게 나타날까?

골프장에는 가슴 아픈, 기구한 운명을 체험한 사람들이 상대적으로 많다. 그러나 이들만 있는 것은 아니다. 내 경험을 바탕으로 살펴본 골프장 종사자들의 다양한 특성은 다음과 같다.

첫째, 좌절과 실패 등 쓰라린 삶의 역정에 지쳐 순응적 사람들이 있다. 이들은 심약하고 공포심이나 겁이 많지만, 반면에 인간적인 따스함을 지닌 경우가 많다. 순응이 지나쳐 '학습된 무기력'을 보이는 사람도 상당히 있으며, 공황장애 등 외상후 스트레스 장애(PTSD)를 보이는 사람도 있다. 이들에게는 공감적 리더십과 심리적 안전감 구축이 가장 중요하다.

둘째, 좌절과 패배로 인한 심리적 상처가 깊어 파블로프식 반사나 PTSD와 유사한 반응을 보이기는 하지만 아직은 "상승하려는 의지"가 강해 독하게 사는 사람들이다. 대개 팀장 등 간부를 맡고 있는 경우가 많다. 하지만 이들 대부분은 평판이 좋지 않고, '오너의 간신'이 되는 등 이기적이며 강자를 추종하는 성향을 보인다. 그렇지만 이들과 개인적으로 이야기해 보면 실패나 좌절의 인간적 고통과 설움을 잘 이해한다. 따라서 따뜻한 인간애가 서린 행동도 많이 한다. 하지만 특정한 위기 상황이나 감당하기 어려운 상황에서는 PTSD의 무의식적 충동—본인도 제정신이 들면 후회하거나 반성하는 행동—을 드러내며 힘들었던 과거가 있음을 "알려주는" '가여운 사람'이기도 하다. 다만 자신을 위해서는 야비한 음해나 약자를 괴롭히는 '비윤리적인 이기주의'를 서슴없이 자행한다. 조직 내 신뢰 규범과 감정 조절 교육이 병행되지 않으면, 이들은 오히려 팀의 갈등을 촉발한다.

셋째, 낙관적이고 착하며 그다지 욕심도 없는 긍정적 성향의 사람이다. 이들은 주로 코스 관리나 시설관리, 전산 등 기술 전문직에 종사하는 사람들인데 골프장에서도 능력을 인정받는다. 이들은 골프장이 아닌 다른 직장을 구할 수 있는 능력의 소유자인데, 약육강식의 경쟁이 심하고 생활 자체도 복잡한 도시 생활이 싫어서 "자연 속의 평화로운" 생활을 선호하며 골프장을 직장으로 삼은 사람들이다. 능력이 있으면서 긍정적이며 따뜻한 인간미를 지닌 사람들이 많다. 이들은 조직의 '심리적 버팀목'이다. 지속 가능한 직무 만족 시스템을 설계할 때 이들을 핵심으로 삼아야 한다.

넷째, 앞서 소개한 부류와는 약간 다른데, 기술적 능력은 있지만 공감 능력이나 사회적 친교 능력이 뒤떨어져 인간관계가 복잡한 도시를 피해 골프장을 찾은 사람들도 있다. 아스퍼거 증후군과 같은 자폐 경향을 보이기도 한다. 내 경험상, 이런 성향의 종사자들이 골프장에는 의외로 눈에 많이 띈다. 물론 그 비중이 절대적으로 크다고는 할 수 없지만, 일반 사회에 비해 골프장에서는 이 유형의 사람들을 훨씬 더 쉽게 마주할 수 있다. 이들의 집중력은 귀중한 자산이지만, 커뮤니케이션 교육과 역할 명확화가 병행되어야 조직에 정착한다.

이들 성향의 종사자들을 종합적으로 평가하면, 골프장 종사자들 대부분은 '좀 더 나은 생활을 위한 적극적인 의지를 갖고 있는가'라는 점에서는 정도 차이가 있겠지만, 그간 성장해 오고 사회생활을 하는 '삶의 여정'에서 좌절과 실패, 그로 인한 '인간적 상처'가 보통 사람들보다 심한 경우가 많다고 진단할 수 있다.

다시 한번 주의를 환기하는데, 골프장 종사자들처럼 좌절과 실패로 마음이 상처가 심한 사람들에게 아주 약효가 좋은 레저가 바로 골프인데, 정작 골프장 종사자들 대다수는 골프를 즐기지 못하고 있다.

신경심리학적으로 볼 때, 좌절·실패와 마음이 상처가 깊은 사람들은 '불안의 뇌 부위'인 편도체가 발달하여 파블로프식 의사결정(충동적 의사결정)의 시스템이 강화되면서 시나리오를 기획하고 분석하는 목적지향적 의사결정 시스템이 취약해진다. 목적지향적 의사결정 시스템이 취약해지면, 우연한 경험에 의해 형성되는 '습관적 의사결정(행동) 시스템'도 강화된다. 예를 들어 골프장에서 어느 날 유니폼이 망가져서 분홍색 일상복을 입고 프런트에서 근무했더니 의외로 손님들의 반응이 좋은 경험을 했다. 그 경험을 한 이후에는 분홍빛 일상복을 입고 근무하면 왠지 마음이 편하고 그 옷을 입지 않고 근무하면 불안해졌다. 이것이 바로 우연한 경험에 의해 습관적 행동(의사결정) 시스템이 형성된 것이라고 볼 수 있다.

이렇게 '좌절/실패와 마음의 상처'는 파블로프식 시스템, 습관적 시스템을 강화하면서 목적지향적 시스템이 약화된 사고를 지닌 유형의 인간을 만들어간다. 그런데 변화가 격심한 현대 사회에서 다양한 방식으로 일 처리를 하며 생산성을 높이는 유능한 근무자가 되려면, 개별 상황에 적합한 맞춤형 해법을 제시하는 시나리오를 짜고, 상황의 원인과 결과를 분석할 수 있는 사고 유형인 목표지향적인 시스템이 뇌에 잘 형성-구조화되어야 한다.

인간 생활의 의사결정(선택)에는 파블로프식 시스템, 습관적 시스템, 목적지향적 시스템 모두가 필요하다. 그런데 골프장 종사자들의 행동-의사결정의 뇌 시스템을 살펴보면, 목적지향적 시스템을 더 많이 개발하고 구조화하는 것이 무엇보다 절실하다는 것을 느낀다. 즉, 목적지향적 의사결정 시스템 개발에 주력하는 것이 이들의 능력을 개발하는 최선의 방법이다.[11]

---

11 골프장 사람들만이 파블로프식·습관적 시스템을 지니고 있다고 오해하지 않기 바란다. 일반적으로도 이 시스템은 광범위하게 작동한다. 인간의 행동 중 상당 부분은 의식적인 분석(목적지향적)이 아닌

2) 골프장이 지닌 치유의 힘: 자연환경과 유대감의 '자연 치유제'

한 가지 분명히 밝혀둘 것이 있다. 골프장 종사자들은 골프장 취직 이전부터 이미 목적지향적 의사결정 시스템과 스트레스에 대한 탄력성(대항력)이 취약해진 상태였다. 이러한 심리-신체 상태에서 골프장을 찾아 취직한 것이다. 즉, 골프장 종사사들의 '편도체 중심의 의사결정 시스템'이나 '스트레스 민감성 체질'은 대개가 골프장 취업 이전의 사회생활, 즉 좌절과 상처의 사회 경험 때문에 형성된 것이다.

하지만 골프장에 취업한 사람들은 '취약해진' 심리-생물학적 상태인데, "그럼에도 불구하고" 골프장 업무가 자신에게 끌리는 데가 있어 골프장에 정착한 것이다. 즉, 골프장 업무는 도시의 여타 직장이나 업종에서 겪는 경쟁이나 스트레스에 비하면 그 경쟁이나 스트레스 강도가 상대적으로 낮다고 볼 수 있다. 따라서 골프장 취업 이전에 사회적 관계와 인생 여정에서 좌절하고 상처받은 사람들에게는 골프장 업무가 "그나마" 자신이 적응할 수 있는 업무였던 것이다. 결론적으로, '현 골프장 사람들'은 사회적 좌절은 겪었지만 스스로 이겨내기 위해 골프장에 취업했다고 할 수 있다.

(1) 골프장 종사자의 심리적 취약성과 현실

덧붙여, 한 가지 오해해서는 안 될 점이 있다. 과거에 좌절하고 상처

파블로프식 또는 습관적 시스템에 의해 자동으로 결정된다. 다만 고난과 좌절을 많이 겪은 사람들에게서 파블로프식 시스템의 비율이 더 높다는 것이지, 골프장 사람들만 그렇다는 것은 아니다. 지나가는 말로, 파블로프식 시스템을 잘 활용하는 것은 마케팅에서 중요한 사실인데 우린 잊고 있다는 점을 지적한다.

받는 사람들이 다른 직장에 비해 골프장에 상대적으로 많다는 사실, 즉 좌절을 경험한 사람들이 골프장 근무를 상대적으로 선호하는 것은 골프장이 인간적이고 급여 등 처우도 좋고 사회적 평판도 좋은 직장이란 뜻은 아니다. 직원의 만족도나 운영 효율화를 위해서라도 골프장의 근무조건이나 근무 방식은 고쳐야 할 점들이 너무도 많다. 무엇보다 업무 방식이나 생산성은 생각 이하로 후진적이다. 한국 골프장의 막대한 이익이 경영 능력 때문이라는 '오판'이 많은데, 이러한 골프장의 뛰어난 영업이익률은 골프장 인허가의 시대착오적 규제로 인한 골프장 공급 부족에서 연유한 '차액지대', 즉 공급 부족에서 주로 발생한다. 물론 경영 능력이 뛰어나서 실적이 좋은 골프장도 있다.

현실적으로 볼 때 '정상적인' 경쟁과 보상을 원하는 직장을 찾는 이들에게 골프장은 그다지 매력도 없고, 선호도도 낮다. 하지만 골프장은 미래의 꿈을 추구하려는 "전의를 상실한 사람들"을 끌어당기는 힘은 있다. 그리고 바로 이러한 점이, 즉 치유가 필요한 이들이 모인다는 역설적 상황이, 골프장이 지닌 치유의 힘을 더욱 주목하게 만드는 이유이다.

(2) 치유적 환경과 자연 속의 힘

그렇다면 대체 골프장이 가진 이 치유의 힘은 어디에서 오는 것일까? 그것은 인간에게 있어 '자연'과 '사람 간의 유대감'이야말로 심신을 무료로 치유해 주는 유일한 '자연 치유제'이기 때문이다. 그 이유는 다음과 같다.

첫째, 골프장의 자연환경은 마음을 편하게 하고 불안을 덜어주는 천연의 치유제임이 과학적으로 입증되었다. 골프장은 자연의 구성 요소 중에서도 치유력이 뛰어나다고 평가받는 잔디(볏과식물), 물, 꽃, 나무 등

4대 요소로 이루어져 있고, 또한 전망이 확 트인 자연환경인 녹지, 숲, 호수, 들판 등이 있다. 이러한 환경은 인간에게 치유력이 좋다는 자연환경 중에서도 그 약효가 으뜸이라 할 수 있다. 이 점은 본문에서 충분히 논의될 것이다.

둘째, 사람 간의 유대감을 보자. 사람 간의 유대감은 사랑(또는 어머니)의 호르몬인 옥시토신(oxytocin)을 생성한다. 옥시토신은 몸과 마음 모두를 치유하는 더 없는 자연 치유제라는 사실은 동물 연구를 통해서도 입증되었다. 쥐의 경우, 어미 쥐가 새끼 쥐를 많이 핥아 주면 어미 쥐뿐만 아니라 새끼 쥐에서도 옥시토신이 분비되어 신체적으로 튼튼할 뿐만 아니라 미로 학습 능력이 향상되고 활동성도 높아진다고 한다. 골프장 업무는 소수 인원 간에 유대감이 두터워지기에 적합하다. 골프장의 전체적인 업무는 상호 이질적인 다양한 직종으로 구성된다. 때문에 근무는 소수 인원 단위로 이루어지고, 직종별 팀 단위로 운영되는 특징이 있다. 이러한 특징 때문에 부서별로 응집력이 강하며, 이는 부서 단위의 정체성으로 굳어지는 경우가 많다. 그 결과, 전반적인 근무 여건은 열악해도 3~10명 단위의 '유대감 집단'이 쉽게 형성되어, 서로 신뢰하고 도움을 주고받는 '비밀 그룹'으로의 역할을 훌륭히 해내곤 한다. 이러한 소집단별 정체성과 유대감은 이기적인 파벌을 만드는 단점이 있기도 하지만, 신뢰-유대감을 기반으로 한 신체 내 옥시토신의 생성, 즉 자연 치유제의 생성을 촉진하는 요인이 될 수도 있다. 이러한 근무 여건 때문에 골프장은 회사 일에는 그다지 관심이 없지만 '자연 속에서 동료들과 소규모로 어울리며 지내는 생활'을 좋아하는 사람들에게는 적합한 직장이 될 수 있다.

결국 골프장이란 직장은, 좌절과 실패로 상처받은 이들에게 치열한 경쟁 대신 편안함과 안정감을 제공하며 스스로를 치유할 수 있는 공간이 될 수 있다. 따라서 이들의 강점(자연 속 근무, 소규모 유대감)을 활용하고 약점(목적지향적 시스템의 취약함)을 보완하기 위한 맞춤형 훈련은 '소규모 성공 경험'을 반복시켜 뇌의 보상 회로를 자극하고 실패에 대한 두려움을 줄이는 것에서 출발해야 한다.

이 역설은 우리에게 분명한 메시지를 던진다. 골프 산업의 지속 가능한 성장은 고객을 위한 서비스 품질 이전에, 종사자 자신의 심리적 회복과 자기 계발로부터 출발해야 한다. 좌절이 뇌의 의사결정 시스템을 재구성한다면, 그 회복 또한 뇌의 '가소성'을 활용한 새로운 경험의 축적으로 가능하다.

3. 지능개발의 사회적 토대: 공정성과 유대감 문화

1) 지식 학습과 지능 개발의 차이: 마마보이 선생님의 교훈

이제 골프장 종사자들에게 초점을 맞춘 맞춤형 지능 개발 방식을 어떻게 설계할 것인가를 살펴보자. 지능이란 문제 해결 능력을 뜻한다. 문제 해결 능력이란, 문제의 답(해결 방법)을 찾아내고 그것을 선택(의사결정; decision making)하는 과정이다.

이 글은 이러한 지능을 개발하는 효과적인 방법을 골프장 종사자들의 실제 사례를 중심으로 제시하는 것을 목표로 한다. 지능 개발(문제 해결 능력)을 정확히 이해하기 위해 가장 먼저 구분해야 할 것은 '지식 학습'과 '지능 개발'의 차이이다.

지식 학습은 지능 개발의 기초로서, 지능을 키우기 위해 필수적이다.

그러나 지능 개발은 단순한 학습을 넘어, 학습된 지식을 활용(응용력)하거나 새로운 대안을 창출(창의력)하는 능력으로 지식 학습과는 본질적으로 다르다.

지식 학습은 충분하지만, 지능 개발은 제대로 발달하지 못한 '대표적 사례'가 '마마보이'이다. 마마보이 선생님 사례를 보자. 마마보이 선생님은 학습된 교육학 지식을 통해 학생에게 어떤 과제(예: 남을 배려하는 체험하기)를 부여해야 하고 무슨 습관(이기적 자세)을 고치라고 지적해야 하는지, 나아가 그 지적 이유가 무엇인지 정확히 파악하고 있다. 그런데 막상 그 과제와 지적을 학생에게 지시하려면 결정을 내리지 못하고 망설이게 된다. 그래서 어머니에게 물어본 뒤, 어머니의 의견을 따라 실행한다. 정상적인 의사결정을 하는 사람들이 보기에 마마보이란 납득이 안 가는 '비정상'이다. 그런데 암기식 지식 학습만을 열심히 받아온—그것도 비싼 과외비를 내고 암기식 학습을 받은—사회 초년생 중에는 의외로 이런 마마보이가 많다. 나는 골프장에서 이런 마마보이 같은 안타까운 젊은이들을 많이 봤다. 이들이 의사결정을 못하는 이유는 사리 판별을 못해서가 아니라 의사결정에 필수적인 자신감이 없어서이다. 수없는 좌절을 경험하며 자신감을 잃은, 또는 약해진 자신감은 논리적 평가는 잘하지만 정작 의사결정은 하지 못하고 쩔쩔맨다. 이런 사람의 지능을 개발해 주는 효과적인 방법은 지식을 가르쳐주는 것이 아니라 자신감을 강화해 주는 것이다. 예를 들어 근무 시간이 아닌 "업무 외 시간"에 함께 놀아주면서 농담도 하는 등 가급적 편안한 분위기를 만들어 자기 생각을 솔직히 말하게 하고, 그 의견에 공감해 주는 것이다. 회의에 참석한 직원 모두에게 자기 의견을 편하게 이야기하도록 만들고, 설령 아주 엉터리 같은 의견일지라도 부끄러워하지 않고 자신 있게 말한 직원에게는 "아주 잘했다" 하고 칭찬해 주는 것이다. 즉, 의사결정을 하는 능력을 길러주는 일이란 내용이 옳으냐 그르냐를 떠나 '인정받는다는 사실'을 깨닫게 해서 본인 스스로가 '인지행동치유'[12]를 하도록 만드는 것이다.

마마보이 선생님 사례를 통해 지식 학습과 지능 향상의 차이를 살펴보았다. 그러나 지능 향상에는 자신감 이외에도 신체 및 건강 상태, 사회적 환경, 개인이 지닌 지능의 특성 등 다른 요인들도 중요하게 작용한다.

2) 몸이 곧 지능이다: 신체-감정 통합과 인지 기능의 연관성

신체 상태와 건강 상태도 지능에 즉각적인 영향을 미치는 요인이다. 통상 '신체화된 마음'이라고 표현한다. 병에 걸린 상황을 보자. 병에 걸렸을 때 몸을 움츠리거나 심리적으로 위축되어 활동이 줄며 구석으로 숨는 등의 행동을 보이는데, 이 현상을 심리-신경-면역 통합의학에서는 '질병행동(sickness behavior)'이라고 부른다. 이러한 질병행동은 뇌신경 활동을 저하시켜 지능을 떨어뜨린다.

또한 만성 염증 역시 '지능의 적'이다. 염증이 발생하면 면역세포가 '사이토카인(cytokine)'을 방출하는데, 이 물질이 뇌에 도달하면 심리적 안정을 주는 '세로토닌(serotonin)'[13]의 분비를 억제해 뇌 기능을 교란시킨

---

12 인지행동치유(Cognitive Behavioral Therapy, CBT)는 사람의 생각(인지), 감정, 행동이 서로 밀접하게 연결되어 있으며, 부정적 사고와 행동 패턴을 바꿈으로써 정서적 고통을 완화하고 문제 해결 능력을 키우는 것을 목표로 하는 과학적·증거 기반의 심리치료이다.
13 세로토닌(Serotonin)은 기분, 수면, 식욕 등 감정과 생리 기능을 조절하는 핵심 신경전달물질로, '기분 좋은 호르몬'으로 잘 알려져 있다. 흥미롭게도 인간의 세로토닌은 약 90%가 장관(腸管, gut)에서 생성

다. 결과적으로 만성 염증은 이러한 염증 반응과 그로 인한 우울감, 인지 기능 저하가 일상화된 상태를 의미한다.

나아가 신체 근육이나 내장(혈관, 대장·소장의 장 등)의 생리 상태도 지능에 영향을 미친다. 대표적인 사례가 보톡스 주사이다. 보톡스는 얼굴 근육을 마비시켜 표정을 만들지 못하게 함으로써, 그 표정과 연결된 감정(예: 우울감)의 형성 자체를 제한한다. 이렇게 감정 형성이 제한되면, 그 감정과 연결된 인지 활동—예를 들어 물건의 효용을 평가하는 구매 결정 능력—에도 영향을 미친다. 이처럼 신체의 상태가 인지를 변화시키는 원리는 루게릭병, 파킨슨병 등 다양한 신경근육 질환에서도 확인할 수 있다. 이러한 질환들은 감정과 인지 형상을 왜곡함으로써 비상식적인 해결책을 제시하는 이른바 "특이한 지능"을 만들어낼 수 있다. 역사 속에서 만성질환을 앓은 지도자들의 판단력(지능)이 '왜곡'되어 '엉뚱한 의사결정'을 내리고, 그 결과 백성들이 고통을 겪은 사례의 배경에는 이러한 생리적·병리적 메커니즘이 자리 잡고 있다.

신체-감정-인지를 관장하는 뇌 회로는 하나의 통합체로 상호 작용하여 지능을 생성하며, 그 성능 또한 이러한 내부적 상호 작용의 산물이다.[14]

되고, 뇌에서 생성되는 양은 약 10%에 불과하다. 이는 장-뇌 축(Gut-Brain Axis)이라는 개념으로 장 건강이 뇌 기능과 감정, 나아가 의사결정에까지 직·간접적 영향을 미칠 수 있음을 시사하는 중요한 근거가 된다. 이러한 이유로 세로토닌 부족은 우울증과 직접적 연관이 있으며, 장내 세로토닌 생성은 식이요소와 장 건강 상태에 크게 의존한다.

14 자세한 내용은 이 책의 한 쌍인 "이론편"을 보라.

3) 지능 개발의 사회적 핵심 환경: 공정성 시스템과 유대감의 문화

지능을 형성하는 또 다른 핵심축은 사회적 환경이다. 특히 구성원 간의 관계를 규정하는 공정성 시스템과 유대감 문화는 인지 발달에 지대한 영향을 미친다. 공정성에 대한 욕구는 인간만의 고유한 특성이 아니다. 원숭이부터 개, 까마귀에 이르기까지 다양한 동물에서도 '불공정'에 대한 거부 반응이 관찰되며, 이는 공정성이 진화적으로 오래된 본성임을 입증한다.

공정성과 신뢰 같은 사회적 관계가 지능에 미치는 중요성은, 사회적 차별의 악영향에 관한 연구를 통해 오히려 더 명확히 드러난다. 이를 뒷받침하는 대표적인 연구로, 20세기 미국의 인종 차별이 극심하던 시기의 교육 현장을 들 수 있다. 연구에 따르면, 흑인 아이의 지능(IQ)은 인종 차별이 없는 학교에서 더 높게 측정되었고, 차별이 심한 학교에서는 낮아지는 경향이 관찰되었다. 이러한 '사회적 서열과 지능의 연관성'은 인간을 넘어 동물에서도 확인된다. 대표적으로 침팬지의 경우, 서열 싸움에서 패배해 지위가 하락하면 인지 과제 수행 능력이 떨어지는 반면에 승리하여 지위가 상승하면 인지 능력이 향상되는 양상이 관찰되었다. 이처럼 동물의 서열 체계는 인간 사회의 불평등과 차별이 지능에 미치는 영향을 이해하는 유용한 프레임워크를 제공한다. 이러한 사회적 서열과 차별은 인간에게서도 지능과 학업 성취를 저하시키는 강력한 요인으로 작용한다. 학교에서 부모의 부나 사회적 지위라는 배경 때문에 차별받는 아이들이 성적이 떨어지는 현상은 유전적 열등함이 아니라 서열-차별 관계가 빚어낸 '가슴 아픈 결과'이다. 나아가 과도한 경쟁은 승자와 패자 간의 서열-차별을 구조화하여, 궁극적으로 사회 전체의 생산성과 행복감을 저하시킨다.

그렇다면 이런 반론이 제기될 수 있다. "경쟁의 승리자가 더 높은 지능(IQ)을 갖게 된다면, 그것이 오히려 사회 전체의 발전에 기여하는 길이 아닌가?"

이 질문은 일견 타당해 보이지만, 실상은 그렇게 낙관적으로만 흘러가지 않는다. 이는 '지능'을 하나의 단일한 능력으로 보는 관점에서 비롯된 오해에 가깝다. 신경심리학의 관점에서 보면 지능은 여러 하위 요소로 구성되어 있으며, 경쟁의 승리가 이 모든 요소를 고르게 발전시키는 것은 아니다. 예를 들어 작업 기억(working memory), 언어 유창성, 공간 지각력, 실행 기능(executive function), 공감 능력 등이 지능을 이루는 개별적인 요소들이다.

(1) 리더십의 양면성: 테스토스테론의 신경심리학

경쟁에서 승리하면 테스토스테론(testosterone)이 많이 생성된다.[15] 이 테스토스테론은 뇌와 신체의 활력을 높여 집중력이나 단기적인 문제 해결 능력과 같은 특정 인지 기능(즉, '실행 기능'의 일부)에는 도움이 된다. 그러나 동시에 이는 지배욕과 자부심(자만심)을 강화하여, 결국 타인의 마음이나 상황 변화를 읽어내는 능력을 저하시키는 단점으로 이어질 수 있다. 지나친 지배욕과 자부심은 오히려 '우월한 지능'의 순기능을 저지하는 아이러니를 만들 수도 있다. 결국 테스토스테론은 우수한 지도자를 배출하는 생물학적 요인이기는 하지만, 그 지도자를 몰락의 길로 내

---

15 테스토스테론은 남성만이 아니라 여성에게도 반드시 필요한 호르몬이다. 단지 보통 여성에게는 적게 생성될 뿐이다. 테스토스테론이 많이 생성되는 여성이 상대적 비중(%)은 적을지 몰라도 절대적인 숫자로는 결코 적지 않다. 그래서 여성 지도자도 배출된다.

모는 생물학적 요인이기도 하다. 물론 테스토스테론이 부여한 집중력과 추진력 같은 장점(우수한 지능)을 살리면서, 자만심이라는 단점을 억제한 유능한 지도자도 적지 않다.

(2) 인간의 본성에 내재된 공정성 본능

이제 공정성에 대해 살펴보자. 한국 사회는 공정성 그 자체가 하나의 도덕적 원칙임을 소홀히 할 뿐만 아니라 공정성이 경제적 부문의 생산성 향상과 삶의 만족도 미치는 지대한 영향마저도 전적으로 무시하는 "공정성이 결핍된 사회"라고 해도 과언이 아니다.

공정성에 대한 민감성은 인간이 유전자 수준에서부터 갖춘 "본성의 토대"를 가진다. 공정성은 비단 윤리 교육만으로 만들어지는 것이 아니라 이러한 생물학적 기반 위에서 발현된다. 때문에 이를 사회 구조적으로 경시하는 사회는 뭔가 비정상적인 심각한 문제가 있다고 진단할 수 있을 것이다.

공정성은 일부 사회적 동물에서도 나타나지만, 인류에게는 '우두머리 지배의 승자 독식'이라는 성향을 억제하도록 진화 과정에서 형성된 본성이라고 볼 수 있다. 대다수 동물은 '신체적 힘'의 차이에 따른 승자 독식의 지배 서열을 구축한다. 그런데 인류는 신체적 힘의 우위가 갖는 의미가 크게 퇴색됨에 따라 '승자 독식'적 지배 서열의 기반이 흔들리는 독특한 진화적 전환을 맞이하게 되었다.

초기 인류는 15~20명의 남성 성인 무리가 중심이 되어 집단을 이루어 사는 '사회적 동물'이었다. 인류는 수백만 년 동안 석기를 이용하면서 진화했고, 석기의 성능이 점차 좋아짐에 따라 신체적 힘의 차이로는 승자 독식의 지배를 불가능하게 만들었다. 왜냐하면 신체적 힘이 약하더라고 몇 사람이 공모해 석기를 들고 힘센 사람(수컷 알파)을 기습 공격하여 제압할 수 있기 때문이다. 석기 이용과 '무리 작전' 등의 사냥 기술이 발전함에 따라 무리의 동료들을 억압하면서 '특권'을 누리려는 독재자 우두머리(알파 수컷)가 나타나면, 무리의 여타 성인들이 단결하여 그 알파 수컷을 제압하거나 집단에서 배제했다. 이러한 '사회적 행동 양식'이 바로 진화 과정에서 형성된 '공정성의 본능'이다. 이 공정성 본능이 인류에게 수백만 년에 걸쳐 각인될 수 있었던 까닭은 집단의 협력을 극대화하고 내부 갈등을 최소화하여 가혹한 환경 속에서도 개개인의 생존 가능성을 높이는 최적의 생존 전략으로 자리 잡았기 때문이다.

공정성의 본능이란 무리 구성원이 서열 위계 없이 동등한 관계를 유지하려는 본능이며, 이러한 동등한 관계를 훼손하려는 알파 우두머리를 견제하고 '제거'하려는 본능이다. 즉, 공정성은 '지배자의 억압'을 떨쳐내려는 "동등한 인간 사이의 협력" 본능이다.

또한 공정성의 본능은 사냥한 사람이 고기 배분에서 상대적으로 좋은 몫을 차지하기는 하지만, 모든 구성원이 함께 나누어 먹는 "기여자를 존중하는 공동 분배의 본능"이기도 하다. 이는 동물 세계에서 나타나는, 기여도에 상관없이 강자가 음식 등의 자원을 폭력으로 독차지하는 '강자의 폭력적 독식'을 막으려는 본능이다. '공정한 본능'은 기여도 없이 권력만으로 자원(음식 등)을 독차지하려는 '권력자의 특권'을 배격하는 동시에, 기여도 없이 동일한 몫을 요구하는 '무임승차적 평등주의'도 거부한다.

이러한 특성을 지닌 공정성은 진화적으로 형성된 '인간의 본능'이기에 '이성적 민주주의 제도'라는 사회적 장치가 없던 원시사회에서조차 이 본능은 강력하게 표출될 수 있었다.

이 본능의 힘은 누군가 무리의 동등함을 위협할 때, 그를 단호하게 무리 밖으로 내모는 방식으로 작동했다. 스스로 뛰어난 자질이 있다고 자부하며 독재적 우두머리가 되려는 자는 무리의 공정한 질서에 대한 도전으로 여겨져 가차 없이 제거되거나 추방되었다. 또한 재산이나 권력을 상속하려는 권력자는 무리의 '기습 공격'에 의해 가차 없이 처단당했다. 반면에 우수한 지능으로 사냥도 잘하고 무리 내 갈등도 잘 해결하는 사람은 지도자가 되어도 '명망가'로 존경받았다. 인류학에서 '명망가'란 능력이 뛰어나 무리에 대한 기여도가 높아 존경은 받지만, 권력은 갖지 않은 사람을 지칭한다. 이와 대비되는 개념이 '권력자'로, 이는 명망과 관계없이 권력을 보유한 사람을 의미한다.

인류 역사는 인구가 증가하면서 '명망가 정치 시대'를 거쳐 족장이나 왕 같은 권력자가 등장하여 사회를 지배하는 '지배-피지배 체제'로 전환되어 갔다.

〈참고〉

공정성의 본성과 역사 교육의 문제

공정성 등 인간의 본성을 아는 것은 일상생활에 대단히 유익하다.
현대인의 삶에 작동하는 본성과 지능은 대부분 진화-원시시대에 형성되었다. 따라서 공정성 등 인간의 본성을 깊이 이해하는 것은 일상생활에 매우 유익하다. 결과적으로 '지배자의 역사시대' 연구보다 진화-원시시대에 관한 연구가 현대인의 삶에 더 큰 통찰과 이득을 줄 수 있다. 『총·균·쇠』, 『호모 사피엔스』 같은 진화-원시시대에 관한 책들이 선풍적인 베스트셀러가 된 이유는 이러한 본성 형성의 진화 과정을 보여주기 때문일 것이다.

그렇다면 한국의 인류학이나 역사학의 대중화, 사회적 기여도는 어느 정도일까? 각자 한번 평가해 보자. 진화-원시시대 인간의 삶과 그 변천 과정에 대한 우리 국민의 지식 수준—지식의 대중화 수준—은 어느 정도일까? 인간 본성에 대한 무지가 허위 이데올로기에 속아서 살 정도로 심하지 않을까?

"차별적 지배자의 역사시대"를 연구하는 국사학 등 역사학은 인간 본성을 이해하는 데 기여하고 있는가? 인간 본성의 여정이란 진실을 파헤치기보다는 지배자의 삶을 소개할 뿐이다. 좋은 지배자를 소개하기도 하고, 나쁜 지배자를 소개하기도 한다.

'지배-피지배 정치 시대'인 권력자의 시대에 문헌 기록이 등장하면서 역사시대가 열렸다. 권력자에게는 권력의 (정당성) 근거, 그리고 권력과 재산 목록의 기록이 필요했기 때문에 문헌 작성 방식이 나타나지 않았을까? 이러한 문헌 기록을 근거로 역사(인간이 살아온 여정)를 정리하는 것이 역사학의 방법이다. 이러한 역사학의 방법—권력자를 위해 작성한 문헌들에 기반한 서술—때문에 역사학은 기본적으로 권력자에게 유리한 학문이 아닐까?

이처럼 공정성의 본능은 '진화-원시시대'에 뿌리를 내렸지만, 족장-절대군주(왕)가 '차별적 지배자 권력'을 행사하던 역사시대에는 그 본능이 짓밟히거나 왜곡되기도 했다. 물론 이러한 '차별적 지배자 권력'의 역사시대에도 백성을 존중하고 백성을 위하는 '공정성의 통치'도 일정 정도는 유지되었다. 아마 공정성의 본능을 지나치게 억압할 경우 본능적 저항이 일어났기 때문일 것이다. 인구가 더욱 증가하고 인문주의 과학 문명이 발달함에 따라 "차별적 지배자의 역사시대"는 "공정성의 본성이 법과 제도에 의해 보장되는 역사시대"로 전환되었다.

그러나 '대중적 역사학'에서 나타나는 이러한 '지배자 중심의 프레임'은 스토리의 진실과 관계없이 세상은 지배자가 주도한다는 '편향'을 무의식적으로 심어줄 수 있다.

최근 대중적 스포트라이트를 받는 어느 역사 사교육 강사의 정치적 선동―폭압적 우두머리(알파 수컷)를 숭상하는 선동―은 사교육 강사 한 사람의 일탈로 '가볍게' 볼 수도 있겠지만, 지배자의 역사를 대중화하는 한국 역사학 흐름이 가져온 치명적 해악의 대표적 본보기일 수도 있다. 인류는 폭압적 우두머리(수컷 알파)를 제압하려는 '공정성의 본성'을 지닌 사회적 동물로 진화해 왔으며, 이 공정성의 본능이 폭발하여 내란의 쿠데타는 제압되었다. 그런데 대중적 인기를 누리는 역사 강사라는 사람이 이러한 인류 역사의 진실과는 100% 다른 허위 주장―"폭압적 우두머리(수컷 알파)를 지키고 숭상하는 것이 인간의 도리"라는 식의 주장―을 '전투적으로' 하고 있다. 그런데 이런 "수컷 알파의 추종자"가 왜 하필이면 "사교육 역사 강사"에서 나왔을까? 사교육 때문인가, 역사학 때문인가? 한국의 역사학자들은 답해야 할 것이다.

(3) 공정성과 유대감의 신경심리학

공정성 본성이 인간 지능(문제 해결 능력)에 어떻게, 얼마나 영향을 주는가를 신경심리학 관점에서 보자.

공정성은 '부모-자식의 유대감'처럼 유전자에 각인된 사회적 본성의 하나로, 그 본성이 충족되면 유전자가 활성화되어 뇌에서 옥시토신이라는 호르몬이 자동으로 생성된다. 옥시토신 호르몬은 자신감과 의욕, 창의력을 촉진하는 도파민(dopamine)과 엔도르핀(endorphin), 주의집중력을 강화하는 아세틸콜린(acetylcholine) 등등 지능에 관련된 신경생리적 뇌 부위를 활성화하고, 그 결과 목적지향적 시스템을 활발히 가동해 지능의 성능이 좋아진다.

반면에 공정성이 훼손되는 상황에서는 불안과 공포라는 스트레스가 발생한다. 이 스트레스는 뇌의 위협 감지 센터인 편도체의 활동을 활성화시키고, 동시에 이성과 판단을 담당하는 전전두엽(목적지향적 시스템의 생물학적 기반)의 편도체 통제 능력을 약화시킨다. 그 결과, 편도체가 주도하는 본능적 반응—즉, 투쟁-도피 같은 자동적 습관적 시스템—이 강화된다.

지능의 촉진(문제 해결 능력의 향상)에서 유대감(신뢰) 본성도 공정성과 마찬가지로 지능을 향상시킨다. 여기서 주목할 점은 공정성과 유대감(신뢰)이 지능을 촉진(문제 해결 능력의 향상)한다는 것은 이러한 가치들이 개인이 단독으로 문제를 해결할 때보다 여러 구성원이 협력하는 집단 맥락에서 인지 성과가 비약적으로 상승한다는 함의를 지닌다는 점이다.

이를 구체적으로 살펴보자. 어떤 사람이 연봉도 높고 현재의 신체 컨디션도 최상이라 일 처리를 잘하고 있다고 가정하자. 그런데 이 사람이 3~4명의 사람과 함께 일하면 혼자 일할 때보다 인지 능력의 성능이 더욱 좋아져 일의 성과가 더욱 좋아진다.[16] 이는 인간의 인지 능력이 단순히 개인 두뇌의 고유 기능에만 국한되지 않고, 협력 관계에서 형성되는 사회적 유대감의 질에 따라 그 성능이 결정되기 때문이다. 인간은 본능적으로 사회적 협력을 통한 유대감 속에서 심리적 안정을 얻으며, 이러한 안정감이 바로 뇌가 최적의 인지 성능을 발휘하는 토대가 된다.

'본능적 유대감'이 만들어내는 이러한 인지적 시너지는 조직의 생존을 걸고 맞서는 전쟁과 같은 극한의 환경에서 진가가 드러난다. 예를 들어 제2차 세계대전 당시 육군 보병(소총부대)의 전투력은 독일이 가장 우수했다. 그 이유는 독일의 소총부대는 동네 친구나 이웃사촌 등 유대감이 강한 사람으로 편성했기 때문이라고 한다. 반면에 미국은 전쟁에 참여하는 목적의 정당성(세계 평화, 흑백 인종의 평등 등)을 입증하기 위해 다인종으로 편성한 소총부대를 운영했다고 한다. 그 결과, 미국 소총부대의 전투력은 독일보다 뒤떨어졌다고 한다. 흔히 인간에게 이성적 도덕성이나 가치가 중요하다고 말한다. 그러나 '보편적 정의'나 '추상적 이데올로기'와 같은 이성적 가치보다 소속된 내집단에 대한 '본능적 유대감'이 개인의 헌신과 희생정신을 훨씬 더 강력하게 만드는 경우가 많다. 독일과 미국 소총부대의 사례는 이를 뚜렷이 입증한다.

인간에게 유대감은 공정성과 더불어 가장 본능적인 도덕성의 하나라

---

16 크류스 등(Curşeu et al., 2015)의 연구에서는 시너지를 내는 집단의 구성원들이 그렇지 않은 집단의 구성원들에 비해 더 높은 인지적 성과를 보였으며, 특히 집단 상호 작용을 통해 덜 합리적인 구성원들의 의사결정 능력이 현저히 향상되는 G-I 학습 전이(Group-to-Individual transfer) 현상, 즉 집단이 함께 문제를 해결하는 과정에서 구성원 개개인의 인지 능력이 발전하고, 이로 인해 개인이 혼자서도 더 높은 성과를 낼 수 있게 되는 현상으로, 이는 협력이 단순히 '일을 나누어서 하는 것'을 넘어, 개인의 두뇌 성장을 위한 자극이 된다.

할 수 있다. 이 유대감(및 그에 수반되는 소속감)은 인종 차별 금지나 '최대 다수의 최대 행복'과 같은 보편적 이성적 가치보다 직접 체감되는 관계적 차원에서 더욱 강력하게 작동한다.

바로 이러한 사회적 관계의 질이 인간의 인지적 기능, 나아가 지능 발달의 중요한 토대가 된다. 인간의 사고력은 고립된 두뇌의 산물이 아니라 관계적 경험 속에서 형성되고 확장되는 것이다. 이처럼 인간 인지의 작동 원리를 깊이 이해하려면, 그 본질적 구조인 '유동성 지능(fluid intelligence)'과 '결정성 지능(crystallized intelligence)'의 관점에서 접근할 필요가 있다.

4. 목적지향적 시스템: 능력 개발과 리더십 전략

1) 목표지향형 시스템이 답이다: 유동성 지능과 결정성 지능의 협력

구체적인 사례를 통해 알아보자. 오랜 기간 교육 지식을 쌓아온 교사가 (결정성 지능은 높으나) 실제 교실에서 벌어지는 갑작스런 문제를 유연하게 해결하지 못하는 (유동성 지능은 부족한) '마마보이 선생님' 사례를 생각해 보자. 이 사례는 지식 학습이 곧 지능 향상으로 이어지는 것은 아니라는 점을 보여준다. 이를 인지신경심리학의 개념으로 설명하면, 지능은 유동성 지능(Gf)과 결정성 지능(Gc)으로 구분된다.[17]

---

[17] 여기서 'Gf'는 일반 지능(General intelligence) 아래에 속하는 유동성(Fluid) 능력을, 반면에 'Gc'는 일반 지능 아래에 속하는 축적성(Crystallized) 능력을 나타내는 용어로, 심리학계에서 정립된 공식적인 학문적 기호이다. 이 장에서는 유동성 지능을 Gf로, 결정성 지능을 Gc로 표기한다.

유동성 지능 Gf는 기존 지식에 의존하지 않고, 새로운 문제에 대해 추론하고 해결하는 능력을 말한다. 핵심 기능은 자극→인식→비교→추론→반응의 각 단계를 빠르게 이어가면서 추론(reasoning) 및 패턴 인식(질서 찾기)을 하는 것이다. Gf는 청년기에 정점에 이르며 나이가 들면서 점차 감소된다. 처음 방문한 골프 코스에서 바람, 지형을 즉석에서 계산해 전략을 세우는 것은 주로 Gf 덕분이다.

결정성 지능 Gc는 학습, 경험에서 축적된 지식, 기술 등을 활용하는 능력이다. 핵심 기능은 경험을 통해 숙련된 기술이나 '비경험적 학습'으로 익힌 지식을 이용하는 능력이다. 오랜 경험으로 익힌 골프 스윙 기술을 이용하는 것, 책을 통해 얻은 조경 지식을 이용해 골프장 조경을 실행하는 것 등이 이에 해당된다. Gc는 나이가 들면서 오히려 좋아질 수도 있다.

두 지능 간의 관계를 보면, Gf는 학습을 통해 Gc로 전환될 수 있으며, 실제 의사결정 과정에서는 Gf(순간 추론)와 Gc(축적 지식)가 함께 작동하여 새로운 상황에 적합한 '전략적 행동'을 낳는다. 예를 들어 골프장에서 예상치 못한 악천후가 찾아왔을 때, 선수는 Gf를 통해 바람의 세기와 방향을 즉석에서 분석하고, 동시에 Gc에 저장된 다양한 클럽의 특성과 과거 비슷한 상황에서의 성공·실패 경험을 동원해 최적의 샷을 선택한다.

한 가지 명확히 해야 할 점이 있다. Gf(순간 추론)와 Gc(축적 지식)는 동물적 지능을 넘어서는 인간 고유의, 즉 인간만이 지닌 문제 해결 능력이라는 점이다. 인간만이 고유하게 지니고 있는 이 두 가지 지능의 뛰어난 성능(문제 해결 능력)은 오직 목적지향적 의사결정 시스템에서만 발휘되며, 파블로프식 시스템이나 습관적 시스템에서는 그 효용이 극히 제한

적이다. 앞서 언급한 마마보이의 난맥상도 목적지향적 의사결정 시스템에서 발생한 '고장'인 것이다. 물론 마마보이에게도 파블로프식 시스템과 습관적 시스템이 있으며, 이러한 무의식적-자동적으로 진행되는 의사결정 시스템은 '망설임 없이' 진행된다. 마마보이가 행동할 때 파블로프식 시스템이나 습관적 시스템에 의한 의사결정은 어머니의 '허락'이 개입할 여지가 없이 자동으로 진행되어 종결된다. 파블로프식 시스템은 자극에 대한(의식적으로 통제되지 않는) 자동 반사이므로 Gf/Gc가 개입할 여지가 거의 없다. 즉, 추론이나 패턴 인식, 지식이나 경험이 활용되지 않고 무시되는 것이다.

다만 파블로프식 반사 이후, 스스로에게 "나는 왜 그 순간 충동적으로 구매했을까?", "왜 그렇게 겁을 먹어 아무 대응도 하지 못했을까?"처럼 반문하는 순간, 목적지향적 시스템이 작동하기 시작한다. 이때 인간은 Gf와 Gc를 동원하여 그 반사적 행동의 원인을 분석하고, 같은 상황이 반복되지 않도록 스스로 해결책을 모색하게 된다.

파블로프식 반사 행동과 달리 습관적 시스템에는 그 형성 과정에 Gc의 '흔적'이 남아 있다. 습관이란 과거에 학습한 경험, 즉 Gc에 의해 형성되어 자동화된 행동 및 사고 패턴이다. 따라서 습관이 작동하는 단순 반복 상황에서는 Gf의 '개입'이 거의 없다.

그러나 습관이 깨지는 순간, 즉 환경이 급변(예: 호경기에서 불경기로 전환되어 기존 부킹 방법으로는 풀부킹을 이루기 어려워진 상황)하면 목적지향적 시스템이 가동되며 Gf가 동원된다. 이때 Gf는 '온라인 예약 패턴 분석', '새로운 고객 세그먼트 발굴' 등 새로운 접근법을 추론하고, 그 방법이 성과를 입증하면, 이는 다시 Gc로 흡수되어 향후 운영의 새로운 '노하우'가 된다.

목적지향적 시스템에서는 Gf와 Gc가 함께 적극적으로 작동한다. 이처럼 목적지향적 시스템이 올바른 판단과 해결책의 '표준'을 제공해야만 파블로프식 시스템과 습관적 시스템의 일처리 방식을 개선할 수 있다. 즉, 목적지향적 시스템이 작동 기준을 제시하기 때문에 인간에게 내재된 모든 의사결정 시스템은 학습과 경험을 통해 얼마든지 개선될 수 있다. 이를 통해 지능(문제 해결 능력)을 전반적으로 높일 수 있다. 이렇게 지능(문제 해결 능력)을 개발한다는 것은 단순화하자면 오로지 한 가지, '목적지향적 시스템의 성능 향상'으로 집중된다.

그렇다면 목적지향적 시스템의 성능을 높이려면 어떻게 해야 할까? 여기에는 그 시스템을 마비시키는 요인을 제거하고, 그 성능을 발휘할 수 있는 심리적 토대를 마련하는 일이 포함된다.

먼저, 지능의 성능을 좌우하는 기본 원리를 되짚어볼 필요가 있다. 지식은 Gc의 원천이며, 지식의 축적은 지능의 발달에 중요한 기여를 한다. 그러나 지능을 구성하는 것은 지식만이 아니다. 새로운 상황에 대처하는 Gf 역시 지능의 핵심 요소라는 점이다. 나아가 이러한 지능의 두 형태 모두 뇌의 생리적 상태와 같은 다른 요인들의 영향을 받는다. 예를 들어 병에 걸려 뇌의 전반적인 성능이 저하되면, 축적된 지식이나 문제 해결 능력(지능)이 있더라도 그것을 효과적으로 활용하지 못해 기억이 잘 나지 않거나 판단이 흐려진다. 즉, 질병은 Gc의 효용을 떨어뜨리는 요인이 된다. 또한, 몸이 피곤하거나 지나친 업무로 뇌의 인지 자원이 고갈되면, 뇌는 에너지를 많이 소모하는 목적지향적 시스템의 작동을 억제하고, 상대적으로 에너지 효율이 높은 파블로프식 시스템이나 습관적 시스템에 더 많이 의존하게 된다.

2) 실천적 리더십: 직원의 자신감과 신뢰-옥시토신 리더십

지능이 제대로 발휘되려면 특정 조건이 충족되어야 한다. 두려움과 걱정, 만성적 스트레스와 같은 심리적 요인, 신체적 피로와 질병 같은 생리적 요인, 그리고 소란스러운 환경과 같은 외부 요인은 모두 뇌의 인지 자원을 고갈시켜 지능의 성능을 떨어뜨린다.

이러한 원리는 리더십 상황에서도 똑같이 적용된다. 예를 들어 나는 골프장에서 "자신 없어 하는 직원들"을 보게 되면 업무 지시는 아침에 간략히 하고 나머지 시간에는 가급적 부담 없는 농담을 하거나 업무와 무관한 가벼운 화제로 대화를 한다. 퇴근 후에는 이런 직원들과 의도적으로 어울리며 나의 본모습, 즉 어수룩하고 실수도 많고 치밀하지 못한 '단점'을 솔직하게 보여준다. 창피하기도 하지만 직원들에게 자신감을 강화해 주려면 "사장처럼 어려운 상대"도 직원들이 편하고 격의 없이 대할 수 있는 심리를 가질 수 있도록 도와줘야 한다. 움츠러든 상태에서는 자신감을 갖기 힘들다. 때론 업무시간을 땡땡이치고 놀자고 유혹해서 밖으로 데리고 나가기도 한다. 자신감을 키우려면 땡땡이도 배짱 있게 쳐봐야 한다.

어떤 때는 "회사 위의 본사(!)"에서 금기시하는 비판이나 비난을 사장인 내가 앞장서서 하기도 한다. "연봉 어때? 형편없지? 이익만 챙기려는 나쁜 회사지? 직원식당 음식이 형편없는데 비판 한 번 못하는 내가 너무 쪼잔하지? 나만 살려고 하는 나쁜 사장이지? 미안해!" 이렇게 금기시된 말을 사장인 내가 서슴없이 한다. 직원들에게 자신감을 갖게 만들려면 사장부터가 위험을 돌파하겠다는 자신감을 보여줘야 한다. 직원들에게 자신감을 높여주려면 회사 비판도 하고, 반항하는 자세도 보여주어야 한다. 이것이 자신감이 부족해 업무 역량을 제대로 발휘하지 못하는 직원들에게 맞춤형 지능 개발을 하는 나의 '체험 교육'이다.

직원의 비판을 한 치도 허용하지 않는 회사—직원의 비판을 금기시하는 오픈 마인드가 전혀 없는 굳게 닫힌 회사—는 직원의 업무 역량을 끌어올릴 수 없고, 따라서 매출이 오를 리 만무하다는 것이 나의 경영전략이었다.

"회사의 성과"보다는 "개인의 이익과 지배욕"에 집착하는 CEO는 직원의 '인간적 마음'을 공감하는 '오픈 마인드'를 통해 포용하지 못하고, 결국 직원의 자신감을 약화시키며 회사 실적까지 저조하게 만든다는 것이 나의 믿음이었다. 이러한 믿음은 탁월한 경영 실적으로 확인되었다. 그러나 본사 임원진이 골프장(회사) 전체의 성과가 아닌 개인 이익을 먼저 챙기는 성향을 보일 경우에는 그들과의 불편한 관계가 길어지기도 했다.

골프장 업계에서 나는 호되게 질책하며 치밀하게 업무를 챙기는 사장으로 평판이 나 있었다. 맞는 평판이다. 업무는 직원들에게 시키고 자기만 편하려고 하거나, 사장 몰래 실적이나 이득을 챙기려는 간부나 본사 직원들에게는 그야말로 인정사정없는 '잔인한' 사장이었다. 그들을 '진압'하여 회사 내 '공정성'이 확실하게 작동된다는 점을 공개적으로 입증하는 것이 사장의 역할이고, 이럴 때만이 전 직원이 자신감과 신뢰를 갖고 업무에 최선을 다할 것이다. 이는 현재 유행하는 '신뢰-옥시토신 리더십(trust-oxytocin leadership)' 이론으로 설명할 수 있다. 이 이론은 리더가 구성원과의 신뢰 관계를 구축하면 옥시토신 분비가 촉진되어 구성원의 심리적 안정감을 높이고 불안과 방어적 태도를 줄임으로써 두뇌가 최적의 인지 성과를 발휘할 수 있는 환경을 조성한다고 본다. 이러한 신뢰 기반의 환경은 특히 자신감을 잃고 좌절과 상처로 '학습된 무기력'에 빠진 평직원들에게 더욱 절실하게 필요했다.

무엇보다 자신감을 잃고 좌절과 상처로 '학습된 무기력'에 빠진 평직원들에게는 각별한 주의를 기울였다. 이러한 회사 내 약자들에게 다시금 의욕을 불러일으키고 자신감을 키울 수 있도록 '맞춤형 능력 개발 방식'으로 자문하고 교육한 것이다.

제4장 기업 내 정치의 신경심리학
— 골프장 사내 환경이 마케팅 실행에 미치는 영향 시나리오 사례

제1장에서는 골프장이라는 특별한 공간에서 만난 '사람들'의 이야기를 했다. 아스퍼거 증후군이 의심되는 천재 직원부터, 나를 지켜준 '천사' 같은 동료들, 그리고 뜨거운 여름날 함께 고생한 캐디들까지. 그들은 단순한 직원이 아니라 각자의 아픔과 꿈을 가진 생생한 인간이었다.

제2장에서는 '화난 원숭이 실험'이 보여주듯, 전통과 관성이 어떻게 혁신을 가로막는지 목격했다. 본사의 경직된 시스템과의 갈등 속에서, 진정한 변화는 시스템이 아니라 '사람의 마음'에서 시작된다는 소중한 경험을 이야기했다.

제3장에서는 골프장 종사자들의 가슴 깊이 새겨진 좌절과 상처, 그리고 그들이 가진 특별한 능력들을 들여다보았다. 그들에게는 실패의 경험이 만들어낸 독특한 의사결정 방식이 있었고, 이것이 바로 골프장 경영의 성패를 좌우하는 핵심 요소임을 알게 되었다.

이러한 모든 통찰은 하나의 질문으로 요약된다:

"도대체 왜 우리는 서로를 오해하는가?"

"왜 유능한 사람들이 모인 조직이 실패하는가?"

"골프장에서 벌어지는 수많은 갈등과 협력의 비밀은 무엇인가?"

이번 장에서는 그 답을 우리 뇌의 구조에서 찾아보려 한다. 신경심리학이라는 렌즈를 통해 골프장의 일상적 사건들을 시나리오를 통해 정리한다면, 우리가 미처 몰랐던 인간 관계와 조직 갈등의 본질을 선명하게 깨달을 수 있을 것이다.

골프장 마케팅은 지역(지리적 환경)과 시기(사업 태동기, 성숙기, 쇠퇴기 등)에 따라서 그 전략이 다를 수밖에 없다. 골프장 인수 초기에 형성되는 사내 분위기가 마케팅에 어떻게 영향을 미칠까? 가상의 시나리오를 통해 진단해 보고 답을 찾아보자.

〈시나리오 1〉 골프장을 처음 인수·운영하는 상황의 풍경

한 중견기업이 골프장 사업에 처음 진출하기 위해 골프장을 인수·운영하는 시나리오다.

이 기업의 오너는 스스로 창업해 회사를 중견그룹으로 성장시킨 입지전적인 인물로, 평소 골프에 깊은 관심을 가져왔다. 그룹 내부에서는 위험 부담이 큰 골프장 인수에 대해 반대 의견이 적지 않았지만, 오너는 개인적 신념과 열정으로 사업 진출을 결정했다.

골프장 사업은 천억 원대의 거액이 투입되는 대형 프로젝트이자, 경험이 없으면 리스크가 큰 산업이다. 그러나 기업 내에는 관련 전문 인력조차 거의 없었다. 오너에게는 기대와 불안이 공존하는 불확실한 도전이었다.

실무를 맡은 본사 직원들 대부분은 골프장 현장을 경험해 본 적이 없다. 이를 보완하기 위해 오너는 업계에서 명성이 높은 전문경영인을 사장으로 영입했다.

인수 절차가 진행되면서, 인수 대상 골프장의 직원들과 인수 기업의 본사 직원들 간에 실무 협의가 이루어졌다. 이 과정에서 골프장 내부 간부 중 일부는 인수 기업 측과 비공식적으로 긴밀히 협력하며, 오너의 뜻에 적극 호응하는 '전향한 간부'로 변모했다. 오너는 이들의 보고를 신뢰하며 사업 전반을 직접 통제하려 했다.

한편, 인수 대상 골프장은 이미 매각 소문이 퍼져 직원 이탈이 심각했고, 신규 채용도 중단되어 인력난이 극심했다. 남아 있던 직원들 또한 기존 경영진에 대한 불신이 깊었고, 인수 기업에 대해서도 경계심이 강했다. 조직 분위기는 사실상 '파산 직전'의 불안과 냉소로 가득했다.

새로 부임한 전문경영인 사장은 오너의 의견에 무조건 따르기보다는, 특히 매출과 직결된 사안에서는 현실적인 대안을 제시하며 경영의 자율성을 지키려 했다. 그러나 본사 직원과 '전향한 간부'는 주요 사안들을 사장에게 보고하지 않고 오너에게 직접 보고하는 '직보 체계'를 형성했다.

오너는 이들의 보고를 신뢰하면서 사장을 통제하려 했고, 사장은 이에 반발하며 "사실관계의 왜곡과 오해가 있다"고 주장했다. 동시에 그는 본사 직원과 전향한 간부의 불투명한 업무 관행과 비협조적 태도를 문제 삼았다. 이렇게 오너와 사장 사이에는 긴장과 불신이 쌓이며 조직 내 권력 구도가 불안정해졌다.

이러한 상황에서 주요 이해당사자는 다섯 부류로 구분된다.

① 오너(최고 권력자), ② 월급받는 전문경영인 사장, ③ 본사 실무 직원, ④ 전향한 골프장 간부, ⑤ 대다수의 일반 직원들이다.

그렇다면 이 다섯 집단의 신경심리적 구조는 어떻게 형성되며, 그들 사이에는 어떤 신경심리적 갈등과 신뢰 메커니즘이 나타날까? 생물학적-사회문화적 상호구성주의 관점에서 해결 방안을 찾아본다.

■ 진단과 분석

1. 골프장 인수의 심리학: 뇌가 조직을 배우는 순간

1) 생물학적 기반: 위계와 불확실성의 뇌

인간의 뇌는 위계(hierarchy)를 감지하도록 진화했다. 그 이유는 단순하다. 사회적 동물에게 위계란 에너지의 예측 구조를 의미하기 때문이다. 누가 의사결정권자인지, 누가 나의 행동에 보상을 주거나 위협을 줄지를 빨리 파악해야 생존 확률이 높았다.

골프장을 인수한 오너의 뇌 역시 본능적으로 이 위계를 장악하려 한다. '통제 불가능한 상황'을 가장 두려워하기 때문이다. 그의 전두엽은 "위계의 확정"을 통해 불안을 진정시키려는 시도를 하고 있다. 그래서 그는 정보를 "자신의 통제 하에 있는 경로"로만 모으려 하고, 직접 명령-피드백의 회로를 구축하려 한다.

이것이 바로 생리적 항동성[18]의 유지 시도다. 즉, 오너의 뇌는 사업의 합리성보다 "예측 가능성"을 우선시하고 있다.

2) 월급쟁이 사장의 뇌: 전문성과 생존 사이의 갈등

반면 새로 채용된 사장은 전두엽이 만들어낸 '전문성의 논리'로 대응한다. 그의 신경 시스템은 "사회적 위계에 복종"하기보다 "결과적 효용과 사실 검증"을 기준으로 행동한다. 그의 뇌는 도파민적 보상 시스템이 '성과'에 묶여 있기 때문이다.

그러나 이 과정에서 그는 자신도 모르게 사회적 고립 신호(social exclusion signal)를 받는다. 편도체와 전측대상피질(ACC)은 자신의 의견이 무시되거나 왜곡될 때 '물리적 통증과 유사한 고통 신호'를 발생시킨다. 즉, 사장은 신체적으로 '아프다'. 이 통증이 반복되면 전전두엽의 억제 회로가 피로해지고, 논리 대신 방어적 감정이 개입한다. 그래서 그는 "정당한 반론"을 제시하면서도 표정과 어조에 감정적 긴장이 섞이게 된다.

3) 본사 직원의 뇌: 복종과 불안의 이중 루프

골프장 인수 실무를 맡은 본사 직원들은 오너와 직접 연결되어 있다는 사실에서 '도파민적 보상'을 느낀다. 그들은 오너의 인정을 받는 것을 생존 신호로 경험한다.

하지만 동시에, 골프장 운영이라는 낯선 생태적 환경에 노출되면서

---

18 항동성(Allostasis, 동적 항상성, Dynamic Homeostasis)은 단순한 균형 유지(항상성)가 아닌, 변화하는 환경에 적응하며 새로운 안정 상태를 창출하는 능동적 과정. 위기 상황에서 조직이 새로운 운영 방식을 찾아내는 것이 대표적 사례다. 이 책에서는 능동적 과정을 강조하기 위해 항상성 대신에 항동성(동적 항상성)이란 용어를 사용한다.

편도체는 지속적으로 불안을 신호한다.

이 불안을 해소하는 가장 손쉬운 방법은 '위계 내 복종'을 통해 에너지 소모를 줄이는 것이다. 즉, 비판적 사고보다 복종이 에너지 효율이 높은 상태로 뇌가 스스로 재조직되는 것이다. 그들은 '정확한 정보'보다 '예측 가능한 반응'을 선택한다.

4) 전향한 골프장 간부의 뇌: 생존을 위한 적응 전략

인수 대상 골프장의 전향한 간부 직원은 자신의 생존 전략으로 "권력 쪽으로의 정렬"을 택했다. 이것은 윤리나 성향의 문제가 아니라 사회적 뇌의 본능적 계산이다.

사회적 신경망은 항상 '소속의 보상'을 계산한다. 소속을 잃으면 도파민이 감소하고, 코르티솔이 증가해 생리적 스트레스가 심해진다. 따라서 그는 오너의 신뢰를 얻음으로써 자신의 생리적 안정을 되찾으려는 것이다.

하지만 이 전략에는 부작용이 있다. 그의 감정 체계는 자기 정체성의 분열을 경험한다. '골프장 직원으로서의 소속'과 '인수 기업의 협력자'라는 두 신경망이 충돌하면서 자기 내적 불안이 커진다. 그 불안은 결국 '과도한 충성'이나 '타인 비난' 형태로 표출된다.

5) 일반 직원들의 뇌: 불신의 전염

골프장의 대다수 직원들은 집단적 스트레스 상태에 있다. 불안, 불확실, 소문, 감시―이 모든 자극이 편도체를 자극하며 '경계 상태(alert mode)'를 유지하게 만든다.

이 상태에서는 전전두엽의 합리적 사고 기능이 억제되고, 감정의 전염이 빠르게 일어난다. 한 명의 부정적 발언이 순식간에 전체 분위기를 바꾸는 이유다. 뇌는 집단의 정서를 감시하는 거울신경계를 통해 '생리적 감정 동조'를 일으킨다.

결과적으로 직원들은 새로운 사장도, 본사도, 오너도 믿지 못하게 된다. 그들의 뇌는 "소속되지 않은 집단"으로서 존재적 위협을 느낀다.

6) 신경심리적 갈등의 구조

이 상황에서 다섯 집단의 뇌는 서로 다른 목표 함수를 가지고 있다.

주요 이해관계자들의 신경심리학적 지형

주체	주된 뇌 회로	행동 에너지의 방향	갈등의 본질
오너	통제·예측 회로 (전전두엽-편도체)	불확실성 제거	권력적 예측 통제 욕구
사장	성과·피드백 회로 (전전두엽-ACC-도파민)	현실적 효율	합리성 대 감정적 통제
본사 직원	복종·생존 회로 (편도체-시상-도파민 억제)	상사 신뢰 확보	정보 왜곡과 보고 체계의 폐쇄
전향 간부	소속·생존 회로 (옥시토신-편도체)	신뢰를 통한 보호	자기정체성 분열
일반 직원	사회적 경계 회로 (거울신경계-코르티솔)	집단 불안 확산	신뢰의 결핍과 도피 욕구

이 다섯 회로가 동시에 작동하면서 조직은 일종의 '신경망 간 간섭상태(neural interference state)'에 빠진다. 즉, 각자의 뇌는 생존적으로 합리적인 선택을 하지만, 집단 전체로 보면 비효율이 된다.

7) 상호구성주의적 통찰

이 사태의 핵심은 '누가 옳은가'가 아니라 '서로의 뇌가 어떻게 만들어지는가'이다. 생물학적 본능(불안, 위계, 예측)과 사회문화적 환경(신뢰, 제도, 언어)이 상호 작용하며 새로운 현실을 만든다.

오너의 권위적 통제는 본사 직원의 복종적 신경망을 강화시키고, 그 복종은 사장의 논리적 판단을 위축시키며, 그 위축은 일반 직원의 불안을 심화시킨다. 결국 오너가 원치 않던 혼란이 그의 통제 욕망으로부터 재생산된다.

이것이 바로 '상호구성적 신경심리학'의 역설이다 — 한 개인의 뇌가 다른 사람의 뇌를 변화시키며, 그 변화가 다시 개인의 감정과 판단을 바꾼다. 즉, 조직은 하나의 거대한 뇌.

8) 회복의 방향: 신뢰의 재훈련

이 구조를 회복시키려면 '통제'를 줄이고 '예측 가능한 안정감'을 나눠 가져야 한다. 사장은 오너에게 도전하는 대신, 그의 불안을 이해해야 한다. 오너는 반론을 억제하기보다 피드백을 통해 안정감을 재구성해야 한다. 즉, 서로의 뇌를 조율하는 학습이 필요하다. 신뢰란 감정이 아니라 신경학적 훈련의 결과다. 협력적 환경을 경험할 때 뇌는 점차 스트레스 호르몬인 코르티솔 대신 옥시토신을 분비하고, 이것이 다시 집단의 감정적 톤을 바꾼다.

9) 결론

이 골프장 인수 시나리오는 단순한 기업 사례가 아니라, '조직이라는 생물'의 진화적 실험이다. 오너, 사장, 직원들은 각자의 뇌에서 서로 다른 방식으로 항동성을 추구하지만, 결국 그들의 안정은 '관계의 재조율' 위에서만 가능하다. 즉, 지능은 개인의 것이 아니라 관계의 것이다. 조직이 성장한다는 것은 서로의 뇌가 새로운 균형을 배우는 과정이다.

〈시나리오 2〉 위기의 상황에서 리더십은 어떻게 형성될까?

골프장을 새로 인수하면서 앞의 시나리오에서 보여준, 불안과 불신, 상실의 위기 상황에서 마케팅의 지도력은 어떻게 형성되는가? 오너일까? 사장일까의 시나리오에 대한 해답을 찾아보자.

■ 진단과 분석

2. 불안 속의 리더십: 마케팅 지도력은 어디서 태어나는가

1) 권력으로는 마케팅을 이끌 수 없다

골프장 인수 초기의 조직은 '불안의 생태계'이다. 오너의 권위, 본사 직원의 불확실, 사장의 전문적 자존심, 현장 직원의 생존 불안—이 네 가지 감정이 서로 얽혀 만들어내는 것은 신뢰의 결핍이다.

이때 오너가 아무리 자본을 투입해도, 뇌의 보상 회로(도파민 시스템)는 작동하지 않는다. 보상은 돈이 아니라 '예측 가능성과 소속감'에서 발생하기 때문이다. 즉, 권력은 에너지를 주지 않는다. 신뢰가 에너지를 준다.

따라서 초기 위기 상황에서 마케팅 지도력은 오너의 지위가 아니라 사장이 현장의 감정을 재구성할 수 있는 능력에서 형성된다. 그 이유는,

마케팅이란 결국 "시장과 직원의 감정 기억(emotional memory)"을 설계하는 일이기 때문이다.

2) 사장의 뇌가 리더십의 중심으로 이동한다

오너의 통제는 위계적이지만, 마케팅은 감정적이다. 현장에서 고객의 표정, 직원의 긴장, 서비스의 뉘앙스를 관찰하며 '감정-인지의 미세한 차이'를 조율할 수 있는 사람은 오직 현장에 있는 사장뿐이다.

즉, 오너는 시스템의 뇌(전전두엽적 통제)이고, 사장은 감정의 뇌(전측대상피질과 편도체의 조절자)이다. 초기 위기 상황에서는 감정의 뇌가 우세해야 조직이 살아난다.

사장이 직원과 고객의 감정 패턴을 읽어내고, 이를 '작은 성취 경험'으로 변환할 때 직원들의 도파민 회로가 다시 작동하기 시작한다. 예컨대, "우리가 어제보다 예약이 5건 늘었다"는 아주 작은 변화도 신경학적 보상 체계에서는 커다란 회복 신호가 된다. 이것이 바로 '마케팅의 신경심리학적 리더십'이다. 즉, 불안을 통제하는 자가 아니라 불안 속에서 의미를 재구성하는 자가 리더가 된다.

3) 오너의 리더십은 '통제'에서 '의미'로 전환되어야 한다

그러나 오너의 뇌가 불안에서 벗어나지 못하면 사장의 신경심리학적 리더십은 작동하지 못한다. 오너가 사장을 신뢰하지 않으면, 사장의 언어는 도파민 신호가 아니라 스트레스 호르몬인 코르티솔 신호로 전환된다. 따라서 진정한 지도력의 분기점은 '오너의 두려움이 어떻게 조절되는가'에 달려 있다.

생물학적-사회문화적 상호구성주의 관점에서 보면, 오너의 불안은 사장의 행동을 통해 완화되고, 사장의 안정은 오너의 신뢰를 통해 재구성된다. 둘은 상호조절적 신경계다. 이 관계가 안정되면 본사 직원과 골프장 직원의 감정 회로도 점차 안정된다. 즉, 마케팅 지도력은 한 개인의 의지가 아니라 상호조절된 뇌들의 공명 상태(co-regulation state)에서 탄생한다.

4) 불신의 생태계를 바꾸는 첫 신호: '작은 성공'의 공유

심리학적으로 불신의 조직에서 가장 먼저 회복되어야 하는 것은 '공유된 성취 기억(shared success memory)'이다.

사장이 주도해 고객의 긍정적 반응이나 작은 예약 성과를 전 직원과 함께 공유할 때, 모두의 뇌는 미세한 옥시토신 방출을 경험한다. 이 미세한 쾌감이 반복될 때 조직의 감정적 네트워크는 재구성된다.

이때 오너는 감시자가 아니라 '성취의 증인' 역할을 해야 한다. 그 순간, 오너의 전두엽도 안정되고 조직의 감정 회로는 하나의 신호에 공명하게 된다.

이것이 '신경심리학적 마케팅 리더십'의 형성 순간이다―누가 명령을 내렸느냐가 아니라, 누가 불안의 에너지를 안정의 에너지로 전환시켰느냐가 리더를 결정한다.

5) 결론: 위기의 뇌는 통제가 아니라 공명을 원한다

결국 이 상황에서의 마케팅 지도력은 오너가 아니라 사장에게 형성된다. 그러나 사장이 독립적으로 군림해서는 안 된다. 오너의 불안, 직원의 생존감, 고객의 신뢰 욕구가 서로의 뇌 안에서 '공명(resonance)'할 때 비로소 조직은 감정적으로 하나의 생명체로 작동한다. 그때부터 마케팅은 숫자가 아니라 "감정-인지-행동"의 유기적 순환이 된다.

이것이 바로 상호구성주의적 리더십의 뇌 모델이다. 리더는 태어나는 것이 아니라, '공유된 불안의 조절' 속에서 만들어진다. 그리고 그 조절이 곧 마케팅의 시작이다.

〈시나리오 3〉 인수 직후의 위기 상황: 사장의 선택은?

인수 직후의 위기 상황에서 사장이 취할 수 있는 문제 수습 방식을 생각해 보자.

첫째, 시간이 다소 걸리더라도 오너와 충분히 협의하고 동의를 얻은 후, 상호 신뢰를 기반으로 한 방안을 추진하는 방법이 있다. 둘째, 월급쟁이 사장의 입장에서 오너의 오해나 반발을 감수하더라도, 본인이 확신하는 위기 수습책을 신속하고 전면적으로 실행하는 방법이 있다.

셋째, 단기간에 매출을 급격히 끌어올릴 수 있는 사안에 대해서는 사장이 주도적으로 추진하되, 그 외의 부분은 오너와의 갈등을 피하기 위해 일단 보류하거나, 오너의 뜻대로 하도록 "방치"하는 방법도 있다.

그렇다면 인수 직후의 불신과 위기 상황 속에서, 월급쟁이 사장이 선택할 수 있는 최선의 방안은 과연 위의 세 가지 중 어느 것일까?

나아가, 이 세 가지 방식보다 더 효과적인 위기 극복 방안은 존재할까?

■ 진단과 분석
3. 위기에서의 선택: 사장의 세 가지 길과 뇌의 균형

1) 위기 상황에서의 의사결정은 '논리'보다 '예측 가능성'의 문제다

위기 시의 조직은 정보가 부족해서가 아니라, 뇌의 예측 기능이 붕괴되어 혼란에 빠진다. 따라서 "무엇이 옳은가?"보다 "무엇이 예측 가능한가?"가 더 중요하다.

사장이 어떤 길을 택하든, 그 결정이 예측 가능해야 오너의 불안한 전전두엽이 진정되고, 본사 직원의 코르티솔 수치가 떨어진다.

2) 세 가지 선택지의 신경심리학적 해석

방안 ① "시간이 걸리더라도 협의와 동의로 간다": 신경학적 안정, 그러나 느린 회복

이 방식은 조직의 코르티솔 억제 효과가 크다. 오너의 전전두엽이 '예측 가능한 통제'를 경험하기 때문이다. 하지만, 문제는 시장 리듬이 뇌보다 빠르다는 점이다. 골프장 인수 초기의 현장은 감정적 붕괴 속도가 매우 빠르다. 고객 평판은 하루, 직원 사기 저하는 한 주 만에 급격히 변한다. 따라서 협의-합의 프로세스만으로는 "소비자의 이탈"을 막기 어렵다. 생리적으로 안정적이지만, 시장 감각의 회복이 늦다.

방안 ② "오너의 오해를 감수하고 독자적으로 전면 추진한다": 신속하나, 신경심리적 붕괴 위험

이 방식은 행동계(ACC-전전두엽)의 도파민 방출을 촉진한다. 사장 개인의 의욕과 판단이 명료해지고, 현장의 생명감이 되살아난다. 그러나 동시에, 오너의 편도체 위협 반응을 자극한다. 오너의 불안은 곧 '권력 손실 공포'로 인식되어 통제 욕구를 더욱 강화시킨다. 결론적으로 단기적 성과는 낼 수 있으나, '심한 내부 갈등'이 발생해 조직이 두 개의 뇌로 분열될 위험이 있다.

방안 ③ "단기 매출은 사장이 주도, 나머지는 오너에 위임(또는 방치)": 이중 뇌의 공존 전략

이 선택은 가장 현실적이고 신경심리학적으로 효율적이다. 왜냐하면, 인간의 뇌는 한 번에 모든 시스템을 바꿀 수 없기 때문이다.

도파민(행동 에너지)과 코르티솔(불안 억제)을 동시에 조절하려면, '부분적 통제'와 '부분적 위임'의 병행이 필요하다. 즉, 사장은 감정 에너지가 가장 높은 영역(고객, 매출, 현장 분위기)에서 주도권을 잡고, 정책·예산·인사 등 권위적 영역은 일시적으로 오너에게 위임한다.

이렇게 하면, 오너는 "내가 여전히 통제 중이다"라는 인지적 안정감을 유지하고, 사장은 "내가 현장을 살리고 있다"는 도파민 보상을 경험한다. "두 뇌의 공존 전략", 즉 위계와 자율의 병행 모델이다. 이 방식이 위기의 조직에서 가장 높은 생리적 회복 가능성을 가진다.

3) 세 가지를 넘어선 제4의 해법: '상호조절형 리더십'

그러나 더 근본적인 해법이 있다. 그것은 세 가지 중 어느 한쪽의 선택이 아니라, '감정 회복 순서'를 고려한 시나리오형 리더십이다.

■ **1단계: 오너의 불안을 안정시켜라(1~2주차)**

오너에게 보고할 때는 "이견"이 아니라 "안정 계획"으로 프레임을 전환한다. "대표님, 현장은 혼란스럽지만, 지금은 고객 감정 회복 단계를 설계 중입니다." 보고의 초점을 "성과 예측"이 아니라 "리스크 완화"로 둔다. "이번 주 매출이 아니라, 고객 불만이 얼마나 줄었는지를 보고드리겠습니다." 오너의 뇌는 '통제 가능성'을 느끼며 편도체가 안정된다.

■ 2단계: 현장의 감정을 회복하라(3~4주차)

사장은 직원들과 함께 '작은 성공 내러티브'를 만든다. "이번 주 예약률 2% 상승은 우리가 신뢰를 회복하고 있다는 증거예요." 감정 공유 미팅을 짧게, 자주 가진다. 회의 시간보다 '표정과 리듬'을 맞추는 것이 목적이다. 직원들의 ACC(공감 회로)와 도파민 시스템이 회복된다.

■ 3단계: 오너와 사장의 인식 동기화를 시도하라(5~6주차)

이때부터 사장은 공동 프레임 회의를 제안한다. "대표님, 현장 피드백을 공유드릴 때 함께 해결책을 시각화해 보면 어떨까요?" 현장 영상을 짧게, 객관적으로 공유한다. 오너의 판단이 감정이 아닌 '시각적 근거'로 이동하면서 신경심리적 방어가 약화된다.

4) 결론: 위기 리더십의 본질은 '속도'가 아니라 '리듬'이다

이 세 가지 중 최선의 길은 단기적으로는 방안 ③(부분적 병행), 장기적으로는 '상호조절형 리더십'이다. 왜냐하면, 위기의 조직은 한 번의 결정으로 회복되지 않고, 리더의 리듬으로 회복되기 때문이다.

오너의 불안한 리듬, 사장의 추진 리듬, 직원들의 생존 리듬—이 세 리듬이 공명할 때 조직의 감정 네트워크는 다시 하나의 뇌로 통합된다.

요약하면, 위기의 조직에서 사장이 취할 최선의 선택은 '누구의 말을 따를 것인가'가 아니라 '누구의 뇌를 먼저 안정시킬 것인가'의 문제다. 통제와 자율의 경계를 지혜롭게 병행하며, 신뢰의 리듬을 회복하는 리더가 진정한 회생의 주체가 된다.

〈시나리오 4〉 경영 안정 이후의 또다른 갈등의 씨앗, 식당 운영 및 기숙사 사례

현실에서는 언제나 예상치 못한 변수가 나타난다. 단기 2~3개월 사이에 매출이 놀랄 만큼 증가하면, 성과는 곧 조직 전체에 긍정적인 영향을 미친다. 본사와 사장 간 관계도 점차 개선되고, 현장 직원들의 자신감과 안정감이 강화되며 조직 전체의 신뢰가 회복된다. 매출과 업무 효율성 역시 함께 상승하며, 이제 매출 증대라는 협소한 관점에서 벗어나 그동안 보류되었던 여러 사안을 포함해 골프장 전체 차원에서 혁신을 추진할 수 있는 여건이 형성된다.

그러나 이러한 안정 국면에서도 새로운 변수가 등장한다. 처음에는 사소해 보이거나 개인 선호의 차이처럼 보이는 쟁점이지만, 본사와 사장이 그 중요성을 서로 다르게 평가하면서 갈등의 씨앗이 싹튼다. 이는 다른 시각에서 보면, '본사 경영권 강화 방침'이 골프장 성과에 미치는 부정적 영향에 대한 인식 차이라고 볼 수 있다.

대표적인 사례가 식당 운영 문제다. 본사는 식당 운영에서 수익이 약간 감소하더라도 본사 경영권의 안정화를 위해 그룹의 별도 자회사(법인)가 운영하고, 사장은 식당 운영에 직접 관여하지 않아야 한다고 본다. 반면, 사장은 식당 운영이 단순히 수익의 문제만이 아니라 골프장 고객 만족과 직원 동기 부여에 직접 영향을 주는 중요한 요소라 판단한다. 실제로 식당이 골프장 개장 시간에 문을 닫거나, 과거보다 음식의 질과 정성이 떨어진다면, 그 영향은 단순한 수익 감소를 넘어 직원의 업무 동기와 고객 경험에 타격을 줄 수 있다. 사장이 간섭을 자제하더라도, 직원들은 사장에게 직접 개입을 요청하는 입장을 표명할 수 있으며, 사장은 잘못된 부분을 바로잡아야 직원들의 신뢰와 업무 동기를 유지할 수 있다고 생각한다. 그러나 본사는 본사 체계의 안정을 위해 이러한 '식당 사태'를 사장이 용인해야 한다고 보고, 사장은 이제 겨우 안정화되어 가는 상황에서 직원 불신이 발생하면 골프장 전체 매출에 악영향을 줄 수 있으며, 결과적으로 본사 경영권에도 부정적 영향을 미칠 수 있다고 판단한다.

비슷한 갈등은 기숙사 문제에서도 나타날 수 있다. 본사는 비용 절감을 이유로 '1실 2인 체제'를 확실히 유지하라는 지침을 내릴 수 있고, 사장은 여유가 있다면 '1실 1인 체제'도 허용하자는 입장을 가질 수 있다. 요컨대 본사와 사장 간에는 사소한 문제에서도 불신과 갈등이 쌓일 가능성이 있다. 본사는 사장이 본사의 명령을 경시하며 직원의 요구를 과도하게 수용한다고 생각하고, 사장은 본사가 수면 등 직원 복지와 인간적 대우가 업무 효율에 미치는 영향을 간과하고 있으며, 허위 정보에 영향을 받는다고 판단할 수 있다. 본사는 골프장 직원의 역량 부족을 핵심 문제로 보고, 사장은 본사 직원의 특권적 태도와 편향된 정보 의존을 최우선 문제로 인식할 수도 있다.

결과적으로, 사소해 보이는 문제에 대한 입장 차이와 본사·현장 직원 간 능력 및 판단에 대한 차이가 쌓이면, 오해와 불신의 골이 깊어질 가능성이 있다.

이러한 상황을 생물학적 사회문화적 상호구성주의 관점에서 대안을 모색해 본다.

■ 진단과 분석

4. 성과 이후의 위기: 조직은 왜 다시 분열되는가
― 생물학적·사회문화적 상호구성주의 관점에서 본 '두 번째 위기'

1) 성공 이후의 뇌는 새로운 불안을 만든다

흥미롭게도 인간의 뇌는 위기보다 안정 이후에 더 불안해진다. 성과가 나타나면 도파민 시스템은 일시적으로 폭발한다. 그러나 이 보상 신호는 오래 지속되지 않는다.

짧은 시간 후, 뇌는 다시 "다음 위협"을 탐색하기 시작한다. 이것이 진화적으로 내재된 예측 뇌(prediction brain)의 본성이다.

골프장 조직의 매출이 급상승하고 사기가 회복되었을 때, 오너와 사장, 본사와 현장은 모두 일시적 도파민 상승을 경험한다. 그러나 이 상승은 곧 '예측의 불안정'으로 전환된다. 뇌는 "잘되고 있다"보다 "얼마나 오래 유지될까?"를 더 민감하게 계산한다. 성과 이후, 조직의 각 주체들은 다시 자기 나름의 '안정 모델'을 추구한다. 그 순간, 동일한 성공 경험이 오히려 서로 다른 방향의 신경심리적 패턴을 강화하기 시작한다.

2) 본사의 뇌: 통제의 재강화와 '위계적 항상성'의 복귀

본사는 성공의 원인을 "시스템의 복귀"로 해석한다. 즉, "이제 구조를 다시 본래 체계로 되돌릴 때"라고 인식한다. 그들의 전전두엽은 '예측 가능성'을 통제 복귀를 통해 회복하려 한다. 이것은 '위계적 항동성'이다.

본사 입장에서 식당·기숙사 문제는 단순히 시설 운영이 아니라, "통제의 복원력"을 시험하는 상징적 영역이다. 그들의 신경계는 불확실성을 줄이기 위해 감정적 요소(직원 복지, 사기)보다 규칙의 일관성에 반응한다. 즉, 본사의 뇌는 '통제의 감각'을 보상으로 삼는다. 그들에게 식당 자회사는 예측 가능성의 도구이고, 1실 2인 기숙사는 위계의 질서를 확인하는 신경심리적 장치다.

본사는 생리적으로 안정성을 회복하려 하지만, 그 방식이 조직의 감정 네트워크에는 불안 신호로 작용한다.

3) 사장의 뇌: 관계적 항동성과 '공감 기반 효율성'의 회복

반면 사장의 신경망은 성공의 원인을 "정서적 신뢰 회복"에서 찾는다. 그의 뇌는 성과의 본질을 인간적 공감과 현장 분위기로 인식한다. 그래서 사소한 복지나 서비스의 문제를 '작은 것 같지만 전체 신경망의 균형을 깨는 요인'으로 감지한다. 즉, 사장의 뇌는 '관계적 항동성'을 추구한다. 그에게 식당 문제는 단순한 식사 문제가 아니라, 직원 감정의 순환 루프—즉, 도파민-옥시토신-성과의 피드백 회로의 균열로 보인다.

그는 경험적으로 알고 있다. 식당의 음식 질 저하나 기숙사의 불편은 '감정적 피로-주의력 저하-고객 서비스 저하'로 이어진다는 사실을. 그래서 그는 본사의 지침보다 현장의 감정을 우선시한다. 사장은 조직의 감정 네트워크의 항동성을 지키려 하지만, 그 방식이 통제 네트워크(본사)에는 불안 신호로 작용한다.

4) 두 신경망의 불일치: '위계적 항동성 vs 관계적 항동성'

이때 조직은 마치 두 개의 뇌가 서로 다른 주파수로 작동하는 것과 같다.

본사 시스템과 사장-현장 시스템의 조직적 특성

구분	본사 시스템	사장-현장 시스템
항동성 형태	위계적 항동성(**통제 기반**)	관계적 항동성(**공감 기반**)
주요 회로	전전두엽-편도체	전측대상피질(ACC)-거울신경계
안정 신호	규칙, 통제, 보고	공감, 신뢰, 감정적 피드백
보상 자극	"예측 가능한 절차 유지"	"의미 있는 관계의 지속"
위협 자극	비공식적 행동, 규칙 이탈	비인간적 지시, 감정 단절
갈등 결과	통제 강화 → **현장 긴장**	공감 강화 → **위계 저항**

결국 두 개의 뇌는 서로의 안정 시도를 '위협'으로 인식한다. 본사는 "사장이 왜 이렇게 감정적으로 움직이는가?"를 의문시하고, 사장은 "본사는 왜 인간을 몰라보는가?"를 느낀다.

이것이 바로 상호구성주의적 갈등의 역설이다. 각자는 생물학적으로 합리적인 선택을 하고 있지만, 그 선택이 서로의 불안을 자극하여 관계적 비합리성을 만든다.

5) 생물학적-사회문화적 상호구성주의 관점에서 본 핵심

이 사태는 '두 종류의 안정 시스템이 충돌하는 과정'이다. 생물학적 측면에서 보면, 본사는 에너지 효율의 예측성을, 사장은 감정 에너지의 지속성을 중시한다.

사회문화적 측면에서 보면, 본사는 제도적 안정성을, 사장은 공동체적 연대성을 지향한다. 양자는 서로를 위협으로 오인하지만, 사실은 '다른 차원의 항동성을 지키려는 두 진화적 시스템'일 뿐이다. 생명은 두 시스템이 주기적으로 긴장하고, 다시 통합되며 학습한다.

6) 상호구성주의적 해법: "통제"에서 "조율"로

이 위기 국면의 해결은 어느 한쪽의 승리가 아니라, 두 신경망의 동시적인 안정화(co-regulation)이다.

① 공동 리듬의 복원

양측이 동일한 시간대에 동일한 현장 데이터를 공유해야 한다. 동일한 감각 자극(냄새, 소리, 현장 분위기)을 함께 경험하면 감정적 해석 차이가 빠르게 줄어든다.

② '서열 보고'가 아닌 '감정 리포트' 체계 구축

사장은 보고서에 다음과 같은 감정 항목을 포함시킨다. "이번 주 현장 감정 온도: 70점 → 고객 응대 친절도 5% 상승." 본사는 그 데이터를 절차적 통제 대신 예측 안정 모델의 변수로 수용한다.

③ '감정 피드백 예산제' 도입

본사 경영권을 유지하되, 직원 복지나 서비스 품질에 대한 '감정 예산(감정 자원)'을 별도 책정한다. 이렇게 하면 본사의 "절차 안정 욕구"와 사장의 "정서 안정 욕구"가 동시에 충족된다.

7) 결론: 성공 이후의 진짜 리더십은 "공명"이다

이 시기의 조직은 더 이상 위기 초기의 혼돈이 아니다. 지금의 위기는 "두 개의 뇌가 다른 리듬으로 뛰는 상태"이다. 한쪽은 안정, 한쪽은 의미를 찾는다. 진정한 리더십은 이제, 누가 옳은가가 아니라, 누가 더 진지하게 경청하는가의 문제다.

사소한 식당 문제, 기숙사 문제는 사실 '뇌의 감정 공명 회로'를 다시 세팅하는 기회이다. 이 시점에서의 리더는 "관계의 조율자(regulator of resonance)"로서 생물학적·사회문화적 균형을 동시에 조절해야 한다.

요약하면, 성공 이후의 갈등은 실패의 징후가 아니라, 조직의 뇌가 '새로운 단계의 통합'을 시도하는 징후이다. 생물학적 항동성과 사회문화적 의미 시스템이 서로를 다시 조율하는 과정에서 진정한 성숙이 탄생한다.

제2부

뉴로마케팅으로 본 골프장 마케팅

제1장 신경심리학이 만드는 골프장 마케팅 혁명

골프장 마케팅의 패러다임이 바뀌고 있다. 이제 고객의 '뇌'가 선택하는 골프장으로 설계해야 할 시점이 되었다. 골프장 마케팅은 심리학의 단계를 넘어, 고객의 무의식적 뇌 반응을 해석하고 예측하는 '뉴로마케팅(neuro-marketing)'[19] 시대로 진입했다.

이 장에서는 신경심리학적 분석을 바탕으로 골프장 고객을 4가지 유형으로 세분화하고, 부킹 결정을 좌우하는 4가지 핵심 요인—거리, 그린피, 코스, 캐디—를 뇌과학의 관점에서 살펴본다. 나아가 거버넌스 제약 하에서도 풀부킹을 달성하고, 그린피 인상 전략을 성공적으로 실행하기 위한 뉴로마케팅 실전 방안을 제시한다.

---

[19] 뉴로마케팅이란 신경심리학을 응용한 마케팅을 말한다.

1. 골프 고객 세그먼트: 효용 기준·정체성 기준·통합 메트릭스
― 고객은 '개인적 효용'과 '사회적 정체성'의 두 축으로 움직인다

1) 골프장 선택의 두 가지 논리: 효용과 정체성 사이에서

고객의 선택은 단순한 합리적 계산의 결과가 아니다. 그것은 정체성의 표현이다. 골프장은 단순한 운동 시설이 아니라 개인의 생활 방식과 관계, 사회적 지위를 드러내는 상징적 공간으로 기능한다.

이러한 관점에서 고객 행동을 이해하려면 "얼마나 싸고 좋은가?"라는 효용의 질문과 "이곳은 나와 어울리는가?"라는 정체성의 질문을 동시에 고려해야 한다. 골프장 이용 동기는 이처럼 효용(utility)의 논리와 정체성(identity)의 논리가 교차하는 지점에서 형성된다.

2) 뉴로마케팅 관점의 고객 세분화: 효용형과 정체성형의 8가지 프로필

고객의 의사결정은 두 가지 상이한 뇌 회로에서 비롯된다. 하나는 '얼마나 합리적인가'를 계산하는 효용의 뇌(전전두엽-선조체)라면, 다른 하나는 '이것이 나를 어떻게 드러내는가'를 묻는 정체성의 뇌(안와전두 피질-편도체)이다. 이제 골프장 고객을 단일한 집단이 아닌, 이 두 유형의 뇌 회로의 활성화 정도에 따라 세분화된 8가지 유형으로 파악할 필요가 있다. 다음 표는 합리적 선택을 넘어서 감정과 정체성에 반응하는 고객의 심층적 프로필을 분석한 것이다.

(1) 효용 기준 세그먼트: "비용 대비 효율, 거리 대비 편리함"이 핵심

효용형 세그먼트는 가격, 거리, 시간 등 객관적 효율성을 중심으로 의사결정을 내린다. 이들은 합리적 판단자이자 편의 추구자이다.

구분	세그먼트 명칭	주요 특성	마케팅 포인트	대표 문장
①	가격 민감형 (Price Sensitive)	할인·그린피·쿠폰 중심	할인 이벤트, 동시간대 비교	"싸면 가고, 비싸면 안 간다."
②	거리 편의형 (Proximity Seeker)	거리·접근성·이동시간 중시	지역 광고, 교통 정보, 내비 연동	"멀면 아무리 좋아도 안 간다."
③	시간 효율형 (Time Maximizer)	예약 간편성, 빠른 라운드 선호	앱 예약 시스템, 대기 없는 운영	"대기 없이 빨리 치고 싶다."
④	시설 실속형 (Facility Pragmatist)	코스 품질·가격의 균형 강조	코스 정비 정보, 효율적 운영 이미지	"가성비 좋은 곳이면 돼."

효용형 고객은 경제적 효율과 물리적 접근성을 최우선 가치로 삼으며, 브랜드 충성도보다 가격과 편리성에 더 민감하게 반응한다. 이들을 위한 마케팅 메시지는 '더 가깝게, 더 싸게, 더 빨리'라는 핵심 가치를 전달해야 한다. 즉, 효용형 고객은 라운드의 질적 수준보다 라운드의 효율성 자체를 구매하는 것이다.

(2) 정체성 기준 세그먼트: "나는 어떤 골퍼로 보이고 싶은가"

정체성형 세그먼트는 사회적 상징, 소속감, 감정적 만족을 중심으로 판단한다. 이들은 단순한 이용객이 아니라 자신의 정체성을 표현하고 확인하려는 소비자이다.

구분	세그먼트 명칭	주요 특성	마케팅 포인트	대표 문장
①	엘리트 지위형 (Prestige Seeker)	사회적 지위·상징성 중시	브랜드·회원제·전용 공간	"내가 어디서 치느냐가 나를 말해 준다."
②	관계 네트워크형 (Network Builder)	비즈니스·인맥 중심	VIP 멤버십, 네트워킹 행사	"여기선 비즈니스가 된다."
③	가족 소속형 (Family Affiliation)	가족·세대공유·힐링	가족 코스, 연령 통합 프로그램	"아이와 부모가 함께 즐길 수 있어야 한다."
④	라이프스타일형 (Lifestyle Expression)	감성·취향·자기표현	브랜드 경험, 문화 결합	"골프는 내 일상의 일부야."

정체성형 고객에게는 "어디서 얼마에 치느냐"보다 "어떤 사람들과, 어떤 의미로 치느냐"가 더 중요하다. 그들의 의사결정에는 옥시토신을 통한 신뢰와 유대감의 보상, 그리고 자기 정체성을 강화하려는 욕구가 핵심적으로 작용한다. 이들은 골프장이 제공하는 이미지와 상징성을 구매하는 것이다.

(3) 정체성-효용 통합 메트릭스: "합리적 품격, 실속 있는 자부심"의 시대

현대 소비자는 '가성비'만으로, 또는 '품격'만으로 쉽게 움직이지 않는다. 그들은 점점 더 효용과 정체성이 조화된 "실속 있는 품격"을 추구한다.

구분	효용↓ / 정체성↓	효용↑ / 정체성↓	효용↓ / 정체성↑	효용↑ / 정체성↑
세그먼트 명칭	무관심층	실속형 고객	품격형 고객	전략형 핵심층
대표 유형	일시 방문객, 초보	가격·거리형 (효용중심)	VIP 회원, 기업 오너	프리미엄 실속층 (양축 통합형)
핵심 욕구	정보 부족, 일회성	접근성·편리성	이미지·소속감	효율 + 품격 동시 만족
주요 감정	무관심·탐색	만족·합리감	자부심·소속감	자존감·안정감
마케팅 전략	인지도 캠페인	프로모션, 할인	감성 브랜딩, 프리미엄	CRM 기반의 가치 브랜딩
대표 문장	"가끔 치는 곳이면 돼."	"가까워서 편해."	"이곳은 나의 품격이다."	"효율적이고 품격 있는 나의 코스."

서울 근교 한 신규 골프장은 "가까운 거리와 스마트 예약 시스템(효용)"을 강조하면서 동시에 "품격 있는 이용자만을 위한 라운지(정체성)"를 결합한 사례를 보여준다. 이 같은 접근은 실속형과 품격형 사이의 '전략형 핵심층'을 효과적으로 공략한 성공 사례이다. 효용과 정체성의

통합, 즉 "합리적 품격"을 제안할 수 있는 브랜드만이 오늘날 골퍼의 마음을 사로잡을 수 있다.

3) 효용과 정체성의 통합, 골프 마케팅의 새로운 패러다임

효용은 고객을 유치하는 동력이라면, 정체성은 고객을 머물게 하는 힘이다. 효용 중심 마케팅은 "예약 버튼을 누르게" 하지만, 정체성 중심 마케팅은 "그 코스를 사랑하게" 만든다. 성공적인 골프장 브랜드는 이 두 가지 요소의 유기적 통합에서 나온다.

효용이 단기적 이용을 결정한다면, 정체성은 장기적 충성도를 창출한다. 효용이 거래를 발생시키면, 정체성은 관계를 구축한다. 미래 골프 마케팅의 핵심은 '효율적 자존감(efficient pride)'을 설계하는 데 있을 것이다.

2. 골프장 선택의 4대 결정 요인의 뉴로마케팅

한국 골프 고객의 부킹 결정에 영향을 미치는 4가지 중요한 변수, 즉 ① 거리(이동시간), ② 그린피(비용), ③ 코스, ④ 캐디 만족도는 한국 골프 시장의 고객 행동을 분석한 여러 연구에서 핵심적인 요인으로 언급되고 있다. 신경심리학적 관점에서도 이러한 요인들이 고객의 의사결정 과정에서 뇌의 특정 영역을 활성화하며 중요한 영향을 미치는 것으로 설명될 수 있다.

1) 4가지 변수의 타당성 및 신경심리학적 해석

(1) 거리(이동시간): 시간 가치, 편리성 추구, 손실 회피

① 타당성
한국은 땅이 넓지 않고 수도권에 인구가 집중되어 있어, 골프장까지의 이동 시간은 매우 중요한 고려사항이다. 특히 주말이나 성수기에는 교통 체증으로 인해 이동 시간이 더 길어질 수 있어 접근성은 고객 만족도에 직접적인 영향을 미친다.

② 신경심리학적 해석
— **시간 가치**(전전두엽 피질): 뇌는 미래의 보상보다 현재의 보상, 그리고 가까운 보상을 더 가치 있게 평가하는 경향이 있다. 짧은 이동 시간은 '시간 손실'을 줄여주고 '빠른 보상(라운드)'에 대한 기대를 높인다. 긴 이동 시간은 뇌가 '비용'으로 인식하는 스트레스 요인이 된다.
— **편리성 추구**(보상 회로): 인간의 뇌는 본능적으로 에너지를 덜 소모하는 방향(최소 노력)으로 의사결정을 하려는 경향이 있다. 가까운 거리는 이러한 노력 최소화 원칙에 부합한다.
— **손실 회피**(편도체): 불필요한 이동 시간은 '시간 낭비'라는 손실로 인식될 수 있어, 뇌의 손실 회피 메커니즘을 자극한다.

③ 연구 사례
한국 골퍼를 대상으로 한 연구에서 '접근성(accessibility)'이 고객 만족도

및 재방문 의사에 긍정적인 영향을 미친다는 결과가 다수 보고된다.

(2) 그린피(비용): 경제적 합리성, 가치 평가, 공정성 지각

① **타당성**
그린피는 골프 비용의 가장 큰 부분을 차지하며, 한국은 해외 골프장에 비해 그린피가 높은 편이어서 가격 민감도가 특히 높다.

② **신경심리학적 해석**
— 가치 평가(복측 선조체, 전전두엽 피질): 고객의 뇌는 지불하는 그린피(비용) 대비 골프장에서 얻을 수 있는 '가치'(코스 품질, 서비스, 경험 등)를 끊임없이 평가한다. 이 평가가 긍정적일 때 도파민 보상 회로가 활성화된다.
— 손실/이득(편도체, 복측 선조체): 그린피는 '손실'로 인식되지만, 그 가격에 합당한 '이득'이 있다고 판단될 때 구매 결정으로 이어진다.
— 공정성 지각(뇌섬엽, 전전두엽 피질): 고객은 그린피가 시장 상황과 골프장의 서비스 품질에 비해 '공정하다'고 느낄 때 만족도가 높다. 불공정하다고 느끼면 뇌 섬엽이 활성화되어 불쾌감을 느낀다.

③ **연구 사례**
한국 골프 소비자 만족도 연구에서 '가격(price/cost)'은 고객 만족도와 재방문 의사에 중요한 영향을 미치는 요인으로 일관되게 나타난다.

(3) 코스: 성과 추구, 심미적 만족, 도전 욕구

① 타당성
코스 레이아웃, 관리 상태(페어웨이, 그린 상태), 풍경 등은 라운드 경험의 핵심을 이룬다. 특히 한국 골퍼들은 난이도와 도전적인 요소를 중요하게 생각하는 경향이 있다.

② 신경심리학적 해석
- **도전과 성취**(도파민 보상 시스템): 도전적인 코스에서 좋은 샷을 성공시키거나 목표를 달성했을 때 뇌의 도파민 보상 시스템이 활성화되어 쾌감을 느낀다. 이는 재방문 동기가 된다.
- **심미적 만족**(시각 피질, 보상 회로): 아름다운 경관, 잘 관리된 조경, 자연 친화적인 코스는 시각 피질을 통해 뇌에 긍정적인 자극을 주고, 전반적인 행복감을 높인다.
- **예측과 보상**(전전두엽 피질): 코스 공략 계획을 세우고, 그것이 성공했을 때 뇌는 예측된 보상을 얻었다고 인식하여 만족감을 느낀다.

③ 연구 사례
한국 연구에서 '코스 관리', '코스 레이아웃', '코스 난이도' 등이 고객 만족도에 유의미한 영향을 미치는 것으로 분석된다.

(4) 캐디 만족도: 사회적 유대감, 서비스 품질, 감정적 지지

① 타당성

한국 골프 문화에서 캐디는 단순히 경기를 보조하는 것을 넘어, 고객 경험의 질을 결정하는 핵심적인 인적 서비스 요소이다. 캐디의 친절도, 전문성, 소통 능력은 고객 만족도에 지대한 영향을 미친다.

② 신경심리학적 해석
— **사회적 유대감 및 신뢰(옥시토신)**: 캐디와의 긍정적인 상호 작용, 친절하고 공감적인 태도는 고객의 뇌에서 옥시토신 분비를 촉진하여 유대감과 신뢰를 형성한다. 이는 고객의 심리적 안정감에 기여한다.
— **감정 조절 및 지지(전전두엽 피질, 편도체)**: 캐디가 고객의 플레이를 격려하고, 실수를 했을 때 감정적으로 지지해 주는 것은 고객의 스트레스(편도체 활성)를 줄이고 긍정적인 감정 상태를 유지하도록 돕는다.
— **기대 충족(도파민)**: 숙련된 캐디의 전문적인 조언과 도움이 고객의 기대치를 충족시키거나 초과할 때, 뇌는 보상을 경험한다.

③ 연구 사례
한국 골프장의 서비스 품질 요인 연구에서 '캐디 역량', '직원 서비스'가 고객 만족도에 가장 큰 영향을 미치는 요인 중 하나로 일관되게 보고되고 있다.

2) 실제 연구 사례
위에 제시된 각 변수에 대한 타당성은 실제로 한국 골프 시장을 대상으로 한 다양한 학술 연구에서 뒷받침되고 있다. 몇 가지 예시를 들자면 다음과 같다.

① 서비스 품질이 고객 만족도에 미치는 영향 연구

한국 골프장에서 서비스 품질(캐디, 접근성, 물리적 환경, 비용, 코스 난이도, 직원 서비스 등)이 고객 만족도에 미치는 영향을 분석한 연구들에서 캐디 역량, 접근성, 코스 관리, 비용 등이 중요한 요인으로 자주 언급된다.

② 골프장 선택 속성 연구

한국 골퍼들이 골프장을 선택할 때 고려하는 속성에 대한 연구에서도 가격, 코스 관리, 접근성 등이 핵심적인 선택 기준으로 나타난다.

③ 해외 골프 여행객 행동 연구

한국 골프 여행객의 해외 골프장 선택 요인에 대한 연구에서도 코스 관리, 가격, 운영 관리, 숙박 등이 고객 만족도에 영향을 미치는 것으로 분석되었다.

이러한 연구들은 주로 설문조사, 통계 분석(회귀 분석, 요인 분석 등)을 통해 이루어지며, 고객의 '인지된' 중요도와 만족도를 측정한다. 직접적인 신경심리학적 측정(fMRI 등)을 통해 골프 부킹 의사결정을 연구한 사례는 아직 드물지만, 위에 제시된 요인들이 뇌의 보상, 감정, 인지 회로와 밀접하게 관련되어 있음은 분명하다.

3. 골프 경험의 뉴로마케팅
― 4가지 요인에 따른 소비자 가치 평가 및 만족도에 대한 신경심리학적 분석

1) 서론: 뉴로마케팅이 골프 산업을 혁신하는 이유

여기에서는 최첨단 신경과학이 골프장 고객의 마음에 뛰어난 통찰력을 제공하는지 설명하겠다.

(1) 소비자 행동 이해에 있어 뉴로마케팅의 힘

뉴로마케팅은 신경과학 원리와 기술을 마케팅 전략 및 연구에 적용하는 분야로 정의된다. 그 핵심 목표는 뇌 활동, 생리적 반응, 그리고 잠재의식적 의사결정 과정을 연구하여 소비자 행동을 이해하는 것이다. 설문조사나 포커스 그룹과 같은 명시적인 자기 보고 데이터에 주로 의존하는 전통적인 마케팅과 달리, 뉴로마케팅은 자극에 대한 암묵적이고 무의식적인 반응을 측정하여 감정적 및 인지적 반응에 대한 더 깊은 이해를 제공한다.

인간의 의사결정은 의식적 과정과 무의식적 과정의 복잡한 상호 작용이며, 무의식적 정보가 의사결정 과정에 상당한 영향을 미친다. 실제로 구매 결정의 최대 95%가 잠재 의식 수준에서 발생한다고 알려져 있다. 이러한 현상은 골프 소비자의 의사결정에서 잠재 의식의 지배적인 역할을 시사한다. 소비자가 특정 골프장을 선택하는 이유를 의식적으로 합리화할 수 있지만(예: "가까워서 이 골프장을 선택했어요"), 실제 결정은 브랜드에 대한 무의식적인 감정적 연결, 가치(효용)에 대한 잠재 의식적 인식, 또는 명시적으로 표현하지 않을 수 있는 깊은 지위 욕구에 의해 주도될 수 있다. 따라서 뉴로마케팅 도구는 이러한 깊이 있고 종종 명시되

지 않는 골프 소비자 행동의 동인을 밝히는 데 필수적이다.

이러한 접근 방식은 기능적 자기 공명 영상(fMRI), 뇌 전도(EEG), 시선 추적 및 피부 전기 반응 측정과 같은 첨단 신경과학 도구를 사용하여 마케팅 자극에 대한 뇌 활동 및 생리적 반응을 실시간으로 관찰한다. 이 도구들은 마케팅 자극에 대한 주의, 인지, 감정 및 기억을 측정할 수 있다. 뉴로마케팅은 전통적인 시장 조사 기술보다 특정 경우에 시장 수준 예측에서 우수하다는 증거를 보여주고 있다. 이는 소비자가 무엇을 말하는지에만 의존하는 것과 그들의 뇌가 드러내는 것 사이의 근본적인 간극을 해소하는 데 중요하다. 골프 맥락에서, 소비자가 가격을 우선시한다고 말할 수 있지만, 그들의 뇌 활동은 더 높은 비용에도 불구하고 프리미엄 브랜딩이나 독점적인 편의 시설에 대한 더 강한 감정적 반응을 보일 수 있다. 암묵적 반응을 측정함으로써 골프장 사업체는 잠재적으로 편향된 자기 보고를 넘어 선택과 만족도를 진정으로 이끄는 요소에 대한 더 정확한 통찰력을 얻을 수 있다.

이는 더 정밀한 타겟팅, 최적화된 마케팅, 궁극적으로 더 깊고 무의식적인 수준에서 공명하는 더 효과적인 캠페인으로 이어져 실제 시장 행동을 더 정확하게 예측할 수 있다.

(2) 골프 소비자 통찰력의 이해에서 신경심리학이 핵심인 이유

뇌와 행동 간의 관계를 탐구하는 과학 분야인 신경심리학은 뉴로마케팅의 이론적 기반을 형성한다. 이는 행동경제학 및 신경과학 연구에서 얻은 지식을 바탕으로 선택이 어떻게 이루어지는지에 대한 기계론적 설명을 제공한다. 소비자 선택의 신경생물학적 기반을 이해함으로써 골프장 사업체는 선호도와 행동에 영향을 미치는 방법에 대한 새로운 예측

을 생성할 수 있다.

여가, 스포츠, 사회적 상호 작용, 그리고 상당한 재정적 투자가 혼합된 골프 산업은 신경심리학적 통찰력을 적용하기에 풍부한 환경을 제공한다. 골퍼가 특정 거리를 이동하고, 특정 그린피를 지불하며, 코스나 캐디에 만족하는 데 영향을 미치는 잠재 의식적 동인을 이해하는 것은 상당한 경쟁 우위를 확보할 수 있다.

2) 골프에서의 거리(이동 시간)의 가치 평가: 신경심리학적 관점

뇌가 이동의 '비용'을 어떻게 인식하고 평가하는지 이해하는 것은 골프장, 특히 멀리 떨어진 곳에 위치한 골프장에게 매우 중요하다.

(1) 뇌의 노력, 비용 및 시간 할인율 인식

소비자 선택은 본질적으로 사용 가능한 옵션의 주관적 가치(또는 효용) 비교에 의해 주도된다. 이 가치 기반 선택 모델에서, 각 옵션의 두드러진 속성에는 주관적 가치가 할당되며, 동적 통합 과정을 통해 결정이 이루어진다. 이동 시간과 거리는 골프 경험의 전반적인 주관적 가치에 부정적으로 기여하는 상당한 '노력 비용' 또는 '금전적 비용'(예: 연료, 차량 마모)을 나타낸다.

가치 평가 과정 자체는 '시간적으로 먼 보상의 가치를 할인하는' 경향과 같은 예측 가능한 특징을 가진다. 이는 인지된 보상(골프 플레이)이 시간적으로 멀리 떨어져 있을수록, 특히 즉각적인 노력이나 비용(이동)이 필요할 경우, 그 가치가 감소한다는 것을 의미한다. 골퍼는 이동에 드는 인지된 비용(시간, 노력, 연료, 그리고 그와 관련된 감정적 부담)을 골프 경험의 인지된 가치에서 암묵적으로 차감한다. 긴 이동 시간이나 힘들거나 좌절감을 주는 것으로 인식되는 이동은 합리적일 뿐만 아니라 감정적으로도 더 크게 '손실로 인식'한다.

(2) 인지 편향이 인지된 이동 부담에 미치는 영향

이동에 대해 명시적으로 자세히 설명되지는 않았지만, 손실 회피와 같은 인지 편향의 일반적인 원리는 골퍼가 이동 부담을 인식하는 방식에 상당한 영향을 미칠 수 있다. 사람들은 무언가를 얻는 것보다 잃는 것에서 두 배 더 많은 고통을 겪는다. 따라서 이동에 소요된 시간이나 돈의 '손실'은 골프 경험 자체의 '이득'보다 더 큰 영향을 미치는 것처럼 느껴질 수 있으며, 특히 그 경험이 예외적일 것이라고 보장되지 않는 경우 더욱 그렇다.

프레이밍 효과 또한 역할을 한다. 이동 시간이 제시되는 방식은 인지된 부담을 바꿀 수 있다. 예를 들어 '도시로부터의 탈출'로 프레이밍하는 것과 "2시간 운전"으로 프레이밍하는 것의 차이이다.

(3) 인지된 이동 비용 완화를 위한 뉴로마케팅 전략

뉴로마케팅 도구는 이동 관련 자극에 대한 잠재적 감정 및 인지 반응을 측정할 수 있다. 시선 추적을 통해 골퍼가 이동 정보(예: 지도상의 거리)에 얼마나 주의를 기울이는지 확인함으로써 인지된 마찰을 파악할 수 있다. EEG 또는 fMRI는 이동이 제시될 때 노력, 혐오(예: 편도체), 또는 보상 기대와 관련된 뇌 영역의 활성화를 잠재적으로 측정할 수 있다.

이동에 대한 부정적인 인식을 완화하기 위해 골프 코스는 뉴로마케팅을 활용하여 이동을 '비용'에서 '경험의 구성 요소'로 재구성하는 메시지를 테스트할 수 있다. 단순히 거리를 명시하는 대신, '탈출의 여정'

이나 기대를 불러일으키는 '경치 좋은 드라이브'를 강조할 수 있다. 이동 자체와 관련된 긍정적인 감정(예: 도시를 떠나는 평온함, 풍경의 아름다움)을 불러일으키는 몰입형 시각 자료와 설명적인 언어를 사용할 수 있다. 옵션이 '현재 순간에 두드러지는' 것이 선택을 결정한다는 점을 고려할 때, 여정의 긍정적인 측면을 두드러지게 하거나 이동을 전체 '경험' 내러티브에 통합함으로써 인지된 부담을 줄일 수 있다. fMRI와 같은 뉴로마케팅 도구는 이동 정보가 다르게 프레이밍될 때 뇌 활동(예: 보상 경로 대 혐오 센터)을 비교하여 잠재적인 억제 요소를 골프 나들이의 매력적인 부분으로 전환하는 가장 효과적인 접근 방식을 식별할 수 있다.

3) 골프에서의 그린피(가격) 가치 평가의 신경심리학

가격에 대한 인식은 합리적이지 않으며, 잠재 의식적 과정, 감정 및 인지 편향에 크게 영향을 받는다.

(1) 가격 처리 및 보상의 신경 메커니즘

가격 책정 및 뉴로마케팅은 신경과학, 심리학 및 경제학을 혼합하여 뇌가 구매 결정을 내리는 방식으로 이해한다. 관련된 주요 뇌 영역에는 전전두엽 피질(의사결정, 충동 제어), 측좌핵(보상 시스템, 즐거운 자극에 의해 활성화됨), 그리고 편도체('지불의 고통'과 관련된 감정, 특히 두려움과 불안을 처리함)가 포함된다. 내측 전전두엽 피질의 활동은 제품 가격 책정의 시장 성공을 예측하는 것으로 나타났다.

뇌의 "보상 예측 오류 모델"은 예상된 보상과 실제 보상 간의 차이로부터 학습하여 미래 결정에 대한 예측을 업데이트한다고 제안한다. 이는 반복적인 비즈니스에 매우 중요하다. 골프 경험의 인지된 가치(보상)

가 그린피(비용)를 크게 초과하면 미래 결정은 긍정적으로 편향된다.

(2) 감정적 유발 요인 및 인지 편향이 가격 인식에 미치는 영향

연구에 따르면 감정적 반응이 구매 결정의 최대 70%를 좌우하며, 심지어 B2B 거래와 같은 '합리적인' 구매에서도 합리적인 분석을 압도하는 경우가 많다. "지불의 고통"은 돈을 지불할 때 경험하는 상당한 심리적 불편함이다. 뇌는 '기분 나쁘게 느끼지 않는 한' 제품에 더 많은 돈을 지불할 의향이 있다. 수많은 인지 편향이 가격 인식에 깊은 영향을 미친다.

- **앵커링 편향**: 처음 제시된 가격이 고객의 가치 인식과 지불 의향에 영향을 미친다.
- **손실 회피**: 인간은 무언가를 얻는 것보다 잃는 것에서 2배 더 많은 고통을 겪는다. 이는 "X달러를 잃는 것을 피하라"는 식으로 구성된 할인이 "X달러를 절약하라"는 것보다 더 강력할 수 있음을 의미한다.
- **프레이밍 효과**: 가격이 제시되는 방식(예: "50% 할인" 대 "반값", 또는 멤버십의 가치를 일일 비용으로 표현)은 인식에 상당한 영향을 미칠 수 있다.
- **매력 가격**: 반올림된 숫자 바로 아래로 가격을 설정하는 것(예: 100달러 대신 99.99달러)은 가격을 더 매력적으로 보이게 한다.
- **가격-품질 휴리스틱**: 고객이 고가 제품이 더 좋은 품질이라고 가정하는 정신적 지름길이다. 이는 뇌의 인식을 변화시켜 더 비싼 옵션을 선호하게 만들 수도 있다.
- **디코이 효과**: 덜 매력적인 옵션을 도입하여 목표 옵션을 비교하여

더 매력적으로 보이게 하는 가격 책정 전략이다.
- **이중 시스템 모델**: 의사결정은 시스템 1(빠르고, 자동적이며, 직관적이고, 감정적인 처리) 또는 시스템 2(느리고, 신중하며, 합리적인 처리)에 의해 주도된다. 충동적이거나 자발적인 구매는 종종 시스템 1에 의해 주도된다.

이러한 인지 편향의 전략적 활용은 인지된 가치와 구매 경향을 향상시키는 데 중요하다. 이는 단순히 이러한 편향의 존재를 아는 것을 넘어, 소비자의 인식을 형성하기 위해 의도적이고 전략적으로 적용하는 것을 의미한다. 예를 들어 앵커링은 항상 프리미엄의 더 높은 가격 옵션을 먼저 제시하여(예: '플래티넘 멤버십') 이후의 더 일반적인 옵션(예: '골드 멤버십', 표준 그린피)이 비교적 합리적이고 가치 있게 보이도록 한다. 손실 회피는 제한된 시간 제안이나 조기 할인 혜택을 "X달러를 절약할 기회를 놓치지 마세요"와 같이 구성하여 뇌가 손실에 더 강하게 반응하는 것을 활용한다. 가격-품질 휴리스틱은 프리미엄 브랜딩, 코스 상태 또는 독점적인 편의 시설로 정당화될 경우 더 높은 그린피가 무의식적으로 더 높은 품질의 경험으로 인식될 수 있음을 시사한다. 이는 프리미엄 포지셔닝을 지원한다.

(3) 최적의 가격 커뮤니케이션을 위한 뉴로마케팅 기술

시선 추적 연구에 따르면 소비자는 가격에 크게 집중하며, 무의식적으로도 다른 라벨링 측면보다 여러 번 더 오래 가격을 본다. 이는 가격이 표시되는 방식의 중요성을 강조한다.

뉴로마케팅 도구는 다양한 가격 책정 전략에 대한 뇌 활동(EEG, fMRI)

및 생리적 반응(안면 코딩)을 평가할 수 있다. 예를 들어 가격 프레이밍 기술은 보상 관련 뇌 영역의 활동을 증가시킬 수 있다. 동적 가격 책정은 편도체 및 전방 대상 피질과 같은 영역을 활성화하여 긴급성과 희소성을 유발할 수 있다.

이러한 무의식적 반응을 측정함으로써 마케터는 메시지를 개선하고, 의사결정 과정을 단순화하며, 전략적 기본값을 사용하고, 선택 과부하를 줄여 가격 책정을 잠재 의식적 선호도 및 동기와 일치시킬 수 있다.

골프 구매 결정에서 감정적 처리가 합리적 처리보다 우세하다는 점은 중요하다. 연구에 따르면 "감정적 반응은 논리적 분석보다 구매 결정에서 훨씬 더 중요한 역할을 하며, 심지어 표면적으로는 '합리적인' 구매를 한다고 할 때도 그렇다." 이중 시스템 모델(시스템 1: 감정적, 빠름; 시스템 2: 합리적, 느림)은 충동적이거나 자발적인 구매가 시스템 1에 의해 주도된다는 점을 시사한다. 이는 골퍼가 코스 상태, 편의 시설 또는 명성(시스템 2 합리적 분석)을 기반으로 그린피를 의식적으로 평가할 수 있지만, 실제 구매 결정은 근본적인 감정(시스템 1)에 크게 좌우된다는 것을 의미한다.

마케터는 논리적일 뿐만 아니라 감정적으로 공명하는 가격 메시지를 만들어야 한다. 예를 들어 "프리미엄 경험" 메시지는 보상 센터와 긍정적인 감정적 연관성을 활성화하여 순전히 합리적인 가격 비교를 우회할 수 있다. 뉴로마케팅은 어떤 가격대와 제시 스타일이 바람직한 감정적 반응(예: 흥분, 인지된 가치)을 유발하고 부정적인 반응(예: 불안, 사기당했다는 느낌)을 유발하지 않는지 식별하여 더 효과적인 판매를 가능하게 한다.

골프 가격 책정의 주요 인지 편향

인지 편향	신경심리학적 기반	골퍼의 가격 인식에 미치는 영향	골프 관련 예시
앵커링 편향	전전두엽 피질의 초기 정보 처리 및 참조점 설정	첫 번째 제시된 가격이 이후 가격의 가치 인식에 영향을 미침	최고가 멤버십(예: 연간 1,000만 원)을 먼저 제시하여, 500만 원짜리 일반 멤버십이 훨씬 합리적으로 보이게 함
손실 회피	편도체 및 뇌의 보상 시스템 활성화, 손실에 대한 더 강한 부정적 반응	잠재적 손실을 피하는 것이 잠재적 이득을 얻는 것보다 더 강한 동기 부여	"이번 주말까지 예약하지 않으면 5만 원 할인을 놓치게 된다!"(손실 강조) 대 "이번 주말까지 예약하면 5만 원 할인!"(이득 강조)
프레이밍 효과	전전두엽 피질의 정보 처리 및 맥락 의존적 가치 평가	가격 제시 방식(언어, 시각)이 인지된 가치를 변화시킴	"그린피 50% 할인" 대 "그린피 반값" 또는 "월 10만 원으로 무제한 라운드" (연간 총액보다 부담 감소)
매력 가격	뇌의 빠른, 직관적 시스템 1 처리	가격이 반올림된 숫자보다 저렴하게 느껴지게 하여 더 매력적으로 인식	100,000원 대신 99,900원 또는 199,000원
가격-품질 휴리스틱	뇌의 인지적 지름길 사용, 경험에 기반한 기대 형성	고가 제품이 더 좋은 품질이라는 무의식적 가정	더 높은 그린피를 통해 코스 관리, 서비스, 명성이 우수할 것이라는 기대 형성. 실제로 비싼 와인을 더 맛있다고 느끼는 것과 유사
지불의 고통	편도체 활성화 및 부정적 감정 반응	돈을 지불할 때 발생하는 심리적 불편함이 구매를 방해	라운드 후 단일 결제 대신, 카트비/식사 등을 포함한 패키지 상품을 제공하여 개별 지불의 불편함 감소

4) 코스 만족도의 신경심리학: 코스 경험의 감정적 및 감각적 동인

(1) 경험 가치 평가에서 감정의 본질

감정은 개인의 주관적 안녕과 관련된 사건에 대한 복합적인 반응으로 생리적 변화, 행동(표정 포함), 그리고 주관적 경험을 포함한다. 감정은 자동적으로 유발될 수 있으며, 심지어 사람이 이러한 자극을 의식하기 전에도 유전적으로 프로그램될 수 있다. 사람들은 순수한 정신 활동("내가 어떻게 느끼는가?" 휴리스틱)을 통해 감정을 예상하고 되살릴 수 있으며, 이는 다시 신체적 반응으로 이어질 수 있다.

(2) 다감각 통합과 감정적 유대

덴마크 출신의 브랜드 전략과 뉴로마케팅 분야의 선구자인 린드스트롬(Lindstrom)의 '브랜드 센스' 연구는 우리의 감각들 사이에 긍정적인 시너지가 더 많이 형성될수록, 송신자와 수신자 사이에 더 강한 감정적 관계가 형성된다고 말한다.[20] 이는 더 많은 감각이 활성화될수록 사람들이 해당 브랜드를 가장 좋아하는 선택으로 만들 가능성이 더 높다는 것을 의미한다. 코스 만족도는 단순히 그린 상태에만 국한되지 않고, 신선하게 깎인 잔디 냄새, 새소리, 클럽의 감촉, 클럽하우스 음식의 맛, 시각적 미학 등 모든 감각적 입력을 포괄하는 총체적인 경험이다. 골프 코스 운영자는 전반적인 감각 경험을 설계하여 감정적 유대를 강화해야 한다.

코스 만족도를 위한 다감각 경험의 중요성은 감정적 만족의 기반이 된다. 이는 만족이 단순히 코스 조건에 대한 합리적인 평가를 넘어 풀 냄새, 새소리, 클럽의 촉감, 클럽하우스 음식의 맛, 시각적 아름다움 등 모든 감각적 경험의 총합에 뿌리를 두고 있다는 것을 의미한다.

골프 코스 운영자는 총체적인 감각 경험을 설계하여 감정적 유대감을 강화해야 한다. 뉴로마케팅은 EEG와 같은 도구를 사용하여 코스 시각

---

20 마틴 린드스트롬 저, 최원식 역, 2006, 『세계 최고 브랜드에게 배우는 오감 브랜딩』, 랜덤하우스코리아.

자료, 자연 소리, 심지어 클럽하우스의 주변 향기와 같은 다양한 감각 자극에 대한 감정적 참여를 측정할 수 있다. 이는 어떤 감각 요소가 가장 강력한 긍정적 반응을 유발하는지 식별하는 데 도움이 된다.

또한, 코스 경험은 특정 긍정적인 감정을 육성하여 지속적인 만족과 충성도를 이끌어낼 수 있다. 린드스트롬의 '느낌 배터리'는 욕망, 평온, 만족, 기쁨, 지배력, 흥분과 같은 특정 감정을 나열한다. 이는 단순히 일반적인 '긍정적인 느낌'이 아니라 만족에 기여하는 뚜렷한 감정 상태이다. 예를 들어 고요한 풍경은 '평온'을, 도전적인 홀이나 경쟁 이벤트는 '흥분'을, 숙달감이나 독점성은 '지배력'을 불러일으킬 수 있다. 뉴로마케팅은 어떤 코스 특징이나 마케팅 메시지가 뇌의 이러한 특정 감정 센터를 활성화하는지 식별하여, 더 목적지향적이고 효과적인 경험 설계를 가능하게 한다. "내가 어떻게 느끼는가?" 휴리스틱은 플레이어가 자신의 감정적 경험을 정신적으로 검토할 것이며, 이는 전반적인 만족도와 미래 선택에 영향을 미친다는 것을 시사한다.

(3) 코스 만족도 측정을 위한 뉴로마케팅 접근 방식

뉴로마케팅 기술은 fMRI 및 EEG와 같은 도구를 사용하여 코스 요소(예: 경치 좋은 전망, 도전적인 홀)에 대한 뇌 활동을 관찰할 수 있다. 시선 추적은 특정 코스 특징에 대한 주의를 파악하는 데 사용될 수 있다. 이러한 도구는 코스 경험과 관련된 감정적 참여 및 기억 유지도를 평가하는 데 도움이 된다.

5) 캐디 만족도의 신경심리학: 사회적 상호 작용, 신뢰 및 감정적 연결

(1) 사회적 자극으로서의 캐디

캐디와의 상호 작용은 골퍼에게 직접적인 사회적 경험이다. 뉴로마케팅 연구에 따르면, 사용자는 사회적 필요를 충족하고, 인정을 받으며, 네트워크에 좋은 인상을 남기기 위해 다른 사람들의 감정과 행동에 크게 의존하여 행동한다. 신뢰는 구매 결정의 핵심 감정적 동인이다. 캐디는 단순히 코스 지식이나 클럽 운반과 같은 합리적인 역량만을 제공하는 것이 아니라 사회적 상호 작용의 중요한 원천이다.

캐디 만족도는 단순히 캐디의 역량(합리적 측면)에만 국한되지 않고 사회적 및 감정적 경험에 깊이 뿌리내리고 있다. 격려를 제공하고, 유머를 나누며, 유용한 팁을 주고, 유대감을 형성하는 캐디는 골퍼의 사회적 필요를 충족시키고 인정감을 제공한다. 뉴로마케팅은 다양한 사회적 행동을 보이는 캐디와 플레이어가 상호 작용할 때 사회적 보상(예: 복측 선조체) 또는 신뢰(예: 옥시토신 관련 경로, fMRI/EEG로 직접 측정은 어렵지만 사회적 상호 작용 연구에서 암시됨)와 관련된 뇌 활동을 측정할 수 있다. 이는 캐디 훈련 프로그램이 단순히 기술적 측면을 넘어 정서적 지능과 대인 관계 기술을 강조하도록 안내할 수 있다.

(2) 사회적 유대 및 서비스 품질의 상관관계

긍정적인 사회적 상호 작용은 커뮤니티 구성원과의 상호 작용과 유사하게 긍정적인 감정을 유발한다. 감성적 내용이 담긴 메시지(사회적 상호 작용과 같은)는 사용자 반응을 증가시킨다.

(3) 캐디 서비스 우수성을 위한 사회적 역학 및 명성 활용

사회적 증거는 소비자 행동의 가장 강력한 동인 중 하나로 부상했으며, 동료 추천 및 사회적 검증은 구매 결정에 상당한 영향을 미친다. 소비자들은 판매자의 이야기보다 다른 소비자들의 의견을 매우 중요하게 생각한다. 따라서 진정한 고객 후기를 활용하고, 활발한 소셜 커뮤니티를 구축하며, 사용자 생성 콘텐츠를 장려하고, 사회적 증거 요소를 구현하며, 브랜드 옹호자를 육성하는 것이 중요하다.

골프 클럽은 캐디에 대한 긍정적인 피드백을 적극적으로 장려하고 강조해야 한다. 이는 긍정적인 사회적 증거 루프를 생성한다. 고객 후기, 온라인 리뷰, 또는 캐디를 위한 내부 인정 프로그램은 캐디의 인지된 가치와 신뢰를 높일 수 있다. 뉴로마케팅은 다양한 형태의 캐디 고객 후기 또는 평가에 대한 뇌의 반응을 분석하여 인지된 서비스 품질 및 신뢰에 대한 최대 영향을 위해 제시 방식을 최적화할 수 있다. 긍정적인 사회적 상호 작용의 감정적 부담은 만족도를 더욱 강화할 것이다.

6) 결론 및 제언: 최적의 골프 경험 설계를 위한 뇌과학적 통찰

골프장의 이동 시간, 그린피, 코스 만족도, 캐디 만족도에 걸쳐 잠재의식, 감정, 인지 편향이 골프 소비자 행동에 미치는 광범위한 영향을 명확히 보여준다. 전통적인 시장 조사 방법론이 소비자가 무엇을 말하는지에 초점을 맞추는 반면, 뉴로마케팅은 뇌 활동을 통해 소비자가 무엇을 느끼고 실제로 어떻게 반응하는지에 대한 더 깊은 통찰력을 제공함으로써 '말과 행동의 간극'을 해소한다. 이는 더 정확한 예측을 하고 마케팅 전략을 최적화할 수 있도록 하는 고유한 예측력을 제공한다.

4. 골프 마케팅을 위한 신경심리학적 실행 전략 제언

1) 이동 시간 및 거리 가치 평가 최적화
- **여정 재구성**: 이동을 단순한 비용이 아닌, 골프 경험의 즐거운 시작으로 재구성하는 마케팅 메시지를 개발한다. 예를 들어 "경치 좋은 드라이브" 또는 "일상 탈출의 여정"과 같은 표현을 사용하여 이동 자체에 대한 긍정적인 감정적 연관성을 구축한다.
- **즉각적인 보상 강조**: 도착 시 즉각적인 혜택(예: 환영 음료, 빠른 체크인, 아름다운 클럽하우스 전망)을 강조하여 이동의 "고통"을 상쇄하고 뇌의 보상 시스템을 활성화한다.
- **패키지 상품 개발**: 이동 비용을 포함하는 "스테이 앤 플레이" 패키지나 기타 번들 상품을 제공하여 단일 비용으로 인한 심리적 부담을 줄인다.

2) 그린피(가격) 가치 평가 전략 강화
- **'지불의 고통' 완화**: 월별 멤버십, 번들 상품(그린피+카트+식사 등) 또는 선불 패키지와 같이 지불 과정을 단순화하고 개별 거래의 심리적 불편함을 줄이는 가격 구조를 탐색한다.
- **인지 편향의 전략적 활용**
  - 앵커링: 항상 최고가 또는 프리미엄 옵션을 먼저 제시하여 다른 옵션들이 더 합리적으로 보이도록 만든다.
  - 손실 회피: "지금 예약하지 않으면 X원 할인을 놓치게 된다"와 같이 잠재적 손실을 강조하는 메시지를 통해 긴급성을 부여한다.
  - 가격-품질 휴리스틱: 코스 관리, 편의 시설, 서비스의 우수성을 일

관되게 강조하여 프리미엄 그린피가 높은 품질의 경험을 반영한다는 인식을 강화한다.
- **감정적 가치 강조**: 가격을 단순히 숫자로 제시하는 것을 넘어, 골프 경험이 제공하는 독점성, 명성, 성취감, 휴식과 같은 감정적 가치를 강조하는 메시지를 개발한다.

3) 코스 만족도 향상을 위한 경험 설계
- **다감각 경험 창조**: 시각(경치), 청각(자연의 소리), 후각(신선한 잔디 냄새), 촉각(잘 관리된 그린), 미각(클럽하우스 식음료) 등 모든 감각을 자극하는 총체적인 코스 경험을 설계한다.
- **특정 긍정적 감정 유발**: 코스 설계, 서비스 제공 및 마케팅 메시지를 통해 플레이어에게 "평온함"(고요한 분위기), "흥분"(도전적인 홀), "지배력"(성취감)과 같은 특정 감정을 의도적으로 유발한다. 이러한 감정적 경험은 만족도를 심화하고 충성도를 구축한다.

4) 캐디 만족도 증진을 위한 사회적 상호 작용 최적화
- **사회적 연결 및 신뢰 우선시**: 캐디 훈련 프로그램에 기술적 역량뿐만 아니라 골퍼와의 유대감 형성, 격려, 유머, 개인화된 상호 작용 등 사회적 및 감정적 지능 요소를 포함한다.
- **사회적 증거 및 명성 활용**: 긍정적인 캐디 후기, 온라인 평가, 또는 내부 인정 프로그램을 적극적으로 홍보하여 캐디 서비스의 인지된 가치와 신뢰도를 높인다. 이는 골퍼들이 캐디 서비스를 선택하고 만족도를 높이는 데 중요한 역할을 한다.

결론적으로, '마케팅의 신경심리학'은 골프 산업에 소비자의 무의식적 동기와 감정적 반응을 이해할 수 있는 강력한 렌즈를 제공한다. 이러한 신경심리학적 통찰력을 활용함으로써, 골프장 사업체는 단순히 표면적인 선호를 넘어 소비자의 뇌에 깊이 공명하는 전략을 개발하여 궁극적으로 고객 만족도를 높이고 시장 경쟁에서 우위를 점할 수 있다.

제2장 뉴로마케팅 실행 전략
―골프장 운영 실무에 적용하는 신경심리학

뉴로마케팅은 더이상 이론이 아니다. 고객이 예약 버튼을 클릭하는 순간부터, 코스를 걷고, 클럽하우스에서 퇴장하는 마지막 순간까지―모든 행동에는 뇌와 감정이 작동한다. 이 순간을 설계하는 것이 바로 실전 뉴로마케팅이다.

이 장에서는 부킹, 홈페이지, 초입 공간, 클럽하우스, 코스 관리, 캐디 서비스, 식당, 퇴장 등 8대 핵심 영역을 분석한다. 각 단계에서 고객의 무의식적 의사결정을 이해하고, 이를 기반으로 감정 경험과 연결하는 구체적 전략을 제시한다.

1. 부킹(예약) 뉴로마케팅

1) 뉴로마케팅의 기본 원리
― 사람은 '예약'을 클릭하는 게 아니라 '기대'를 클릭한다

(1) 예약은 이미 경험의 시작이다

많은 사람들은 예약을 '행동의 시작점'이라 생각한다. 하지만 신경심리학적으로 예약은 이미 경험의 일부이다. 고객이 "예약 완료" 버튼을 누르는 순간, 뇌의 복측피개영역(VTA)에서는 도파민 예측 신호가 분비된다. 이것은 실제로 라운드나 여행을 즐길 때 느끼는 쾌감과 거의 동일한 반응이다. 즉, 예약이란 '행동의 준비'가 아니라 '쾌감의 전조'이다. 따라서 뉴로마케팅에서 예약의 본질은 '예약을 늘리는 기술'이 아니라 고객의 뇌 속에서 '기대의 감정을 얼마나 정교하게 점화'하느냐에 있다.

(2) 클릭 직전 5초: 감정의 전투가 벌어진다

고객이 예약 버튼을 누르기까지 걸리는 시간은 평균 3~5초. 그 짧은 순간에 뇌는 다섯 개의 영역을 동시에 작동시킨다.

단계	심리 작용	마케팅 대응	뇌 영역
① 감각 인식	색감·이미지 해석	안정감 있는 첫인상 디자인	시각 피질
② 가치 판단	이득·손실 계산	"지금 예약해야 하는 이유" 제시	복측선조체
③ 감정 평가	불안 vs 기대	신뢰 문구로 불확실성 완화	편도체
④ 자기 일치	"이건 나다운 선택인가?"	브랜드 정체성과 감정 일치	내측 전전두엽
⑤ 실행	행동 전환	CTA(Call to Action) 문구의 설계	전운동피질

이처럼 클릭은 단순한 반응이 아니라 기대와 불안의 균형을 조율하는

감정적 결정이다. 결국 고객의 손가락을 움직이는 것은 합리가 아니라 감정이다.

(3) '기대감'은 가짜 보상이지만, 뇌는 진짜로 느낀다

도파민 시스템은 실제 보상보다 예상되는 보상에 더 크게 반응한다. 즉, 고객은 예약 직후 이미 '라운드를 떠나는 상상' 속에서 쾌감을 얻는다. 이 감정은 아직 실현되지 않은 즐거움이지만, 뇌는 이를 실제 보상으로 착각한다.

따라서 성공적인 부킹 페이지는 예약의 행동을 유도하기보다 기대의 감정을 설계해야 한다.

- ■ 예시 문구:
- — "지금 예약하면, 내일의 라운드가 기다립니다." → 현재 행동을 미래의 감정과 연결하여 도파민을 자극한다.

(4) 부킹 디자인은 '신뢰의 신호'로 읽힌다

고객의 뇌는 색상, 여백, 문구를 단순한 시각 정보로 처리하지 않는다. 그것들을 '안전 신호'와 '위험 신호'로 해석한다.

- — 파랑·녹색 계열의 버튼 → 안정감·신뢰 회로(OFC) 활성
- — 불필요한 단계 축소 → 통제감(ACC) 강화
- — "취소 가능" 문구 → 불안 완화, 도파민 유지

따라서 예약 페이지의 핵심은 디자인이 아니라 심리적 신호 체계이다. 사용자의 뇌가 "이건 안전하다"고 판단해야 손이 움직인다.

(5) 예약은 '기대-기억 루프'를 형성한다

예약이 완료되면, 고객의 뇌는 하루 동안 그 경험을 상상하며 미세한 도파민을 반복 분비한다. 이것이 바로 기대-기억 루프(Anticipation-Memory Loop)이다.

한 번의 예약 경험→반복 상상→실제 경험→감정적 기억이 순환이 반복되면, 고객의 뇌는 '이 브랜드=좋은 예측 감정'으로 학습한다. 결국 예약 경험이 브랜드 충성도의 씨앗이 되는 것이다.

(6) 기다림의 미학: 느린 쾌감의 설계

신경경제학 연구에 따르면 사람은 즉시 보상보다 기다림 속의 상상을 더 오래 즐긴다.

- 즉시 보상→빠른 도파민 폭발→금세 감소
- 지연 보상→완만한 분비→지속적 만족

따라서 예약 과정은 기대감을 지속적으로 유지시키는 장치로 설계되어야 한다.

감정 유지 장치	심리 효과
예약 완료 후 '준비 중' 메시지	통제감+도파민 유지
D-1 리마인드 메시지	예측 쾌감 강화
잔잔한 자연 이미지	세로토닌 안정 효과

이 모든 장치는 고객의 뇌가 '기대감'을 조금 더 오래 머물게 한다.

(7) 결론: 클릭은 손이 아니라 뇌가 누른다

사람은 예약 버튼을 클릭하는 것이 아니라 자신의 기대를 클릭한다.

부킹의 본질은 기술이 아니라 감정의 시나리오이다. 예측(기대)→신뢰(안정)→실행(행동)→기억(만족). 이 감정의 4단계가 완성될 때, 고객은 시스템이 아닌 브랜드를 믿는다. 부킹은 정보를 파는 일이 아니다. 뇌 속의 기대를 설계하는 일이다. 부킹은 기술이 아니라 감정이다. 고객은 예약을 클릭하는 순간, 이미 여행을 시작하고 있다.

2) 부킹 업무의 신경심리적 설계: 클릭의 기술이 아닌 감정의 시나리오

(1) 부킹의 기본 수단: 95%가 두 가지 경로에서 일어난다

오늘날 골프장의 부킹(예약)은 거의 두 가지 경로에서 이뤄진다. ① 골프장 자체 홈페이지를 통한 예약, ② 부킹 대행사를 통한 예약. 이 두 가지 방법이 전체 예약의 95% 이상을 차지한다.

- **홈페이지 부킹**은 골프장이 직접 고객에게 노출되는 자체 통제형 플랫폼이다.
- **대행사 부킹**은 여러 골프장의 정보를 비교 노출하는 시장형 플랫폼이다.

두 방법 모두 표면적으로는 단순한 예약 경로이지만, 뉴로마케팅 관점에서 보면 고객의 뇌를 자극하는 방식이 전혀 다르다. 홈페이지는 감정적 유도(emotional priming)에 강하고, 대행사는 가격 인지(value anchoring)에 강하다.

(2) 부킹의 기획: 한국 골프장 마케팅의 '제로 차원 전략'

대부분의 골프장은 여전히 부킹을 '부킹 타임'과 '그린피'를 안내하는 표 형태의 정보 게시(booking table)로만 인식한다. 이는 인지 계층(cognitive hierarchy)의 최하단, 즉 정보 수준(0차원)에 머문 사고이다.

즉, '무슨 시간이 비었고, 얼마인지'만 제시할 뿐, 고객의 감정·정체성·기대감을 설계하지 못한다. 이는 곧 "사람의 뇌를 움직이지 못하는 마케팅"이다.

(3) 대안: 감정의 뉴로마케팅 기획

현대의 부킹 전략은 단순한 정보 제공이 아니라 '이미지+가격'의 통합 감정 구조로 설계해야 한다.

감정 유도 순서의 예시
- **■ 시각적 감정 자극**

─부킹 페이지 상단에 타깃층의 감정을 자극하는 이미지 삽입.
- 예: 남성 고객의 경우→여성 골퍼가 시원하게 샷을 날리는 이미지.
- 이유: 남성의 보상 회로(도파민)는 '경쟁·성과·동경' 자극에 강하게 반응.

─반면에 여성 타깃이라면→ '여유, 휴식, 우정'을 자극하는 따뜻한 색조 이미지.

- **■ 이후 가격 제시(그린피 테이블)**

이미 감정 회로가 활성화된 상태에서 가격 정보를 제시하면 가격이 '지불'이 아니라 '기회'로 인식된다.

이 순서를 역전(즉, 가격부터 제시)하면 뇌는 방어적으로 반응(편도체의 손실회피 작용)하기 때문에 "비싸다"는 감정이 먼저 생성된다. 따라서 '감정→가격'의 순서가 뉴로마케팅의 핵심 구조이다.

부킹 페이지의 팝업 구조는 이를 구현하기에 가장 효과적이다. 이미지+문장("지금, 완벽한 티타임을 예약하세요") → 그 뒤에 그린피 테이블 표시.

부킹 대행사의 시스템(단순 가격 게시형)에서는 이 감정 설계가 불가능하다.

(4) 부킹: 그린피 테이블의 뉴로디자인 원칙

단순히 "시간+가격" 표로 보이지만, 그 테이블의 배열 순서와 시각 구성이 고객의 뇌를 움직인다.

① 정체성의 이용: 시간대에 감정을 부여하라

구분	시간대 이름	감정 프레이밍
새벽 타임	"힐링 라운드"	자신만의 리셋 시간, 성취감 자극
낮 타임	"VIP 전용 시간대"	품격, 사회적 지위의 상징
오후 타임	"친교 라운드"	관계·연결의 감정 자극

시간대 명칭에 '정체성 언어'를 부여하면, 그 시간은 단순한 숫자가 아니라 자기 이미지의 선택지가 된다.

② 효용의 극대화: 뇌의 '희소성 반응'을 자극하라

■ **선택지 제한**: 잔여 타임이 90개라도 실제 표시를 10~15개로 축소. → 선택의 피로 방지+희소성 강화.

■ **번개 이벤트**: 1~3개만 할인 타임으로 제시. → ACC(주의-감시 회로)를 자극해 긴장·흥분 유도.

- **기준가 병기**: 기존가와 현재가를 명확히 병렬.→ "절약했다"는 보상감 도출(도파민 보상신호).
- **미끼(decoy) 가격 구성**:→ 중간 가격대의 선택률을 높이는 '프레이밍 효과' 활용.

이 구조는 단순한 가격 전략이 아니라 고객의 보상 예측 회로(reward prediction circuit)를 조작하는 감정 설계이다.

결론적으로 "번개 할인"은 언제나 이중 할인 구조(실제 할인+감정적 할인)이다. 미끼 항목이 주변의 가격 인식을 왜곡시켜 감정적 구매 충동을 유발한다.

(5) 부킹대행사의 이용: 신뢰 중심의 관계 마케팅

골프장들은 보통 비선호 시간대(저가 타임)의 예약을 대행사에 맡긴다. 이는 수익 보존의 효율적 전략이다.

하지만 중요한 것은 '거래의 인간적 신뢰감'이다. 대행사 관계를 단순히 계약이 아닌 감정적 신뢰 자산으로 관리해야 한다.

— 성수기(5~6월, 9~11월)에도 일정 타임을 배정→ 상호 존중 시그널
— 긴급 예약 대응이나 협조 시→ '감사 커피 선물' 등 감정 강화
— 단기 이익보다 장기 협력의 심리적 안정성 확보

이러한 관계는 단순히 예의가 아니라 감정 신뢰 기반의 협력 회로(전전두엽-OFC 연결망)를 강화하는 뉴로마케팅적 신뢰 관리이다.

본사 경영진은 종종 이를 '비합리적 친분 거래'로 의심하지만, 실제로는 이 신뢰 네트워크가 위기 시 예약률을 방어하는 핵심 자산이다.

(6) 부킹 담당 직원의 관리: 기술보다 감정이 먼저다

부킹 직원은 두 가지 축으로 관리되어야 한다.

구분	요인	핵심 교육 포인트
인간적 요인	자신감, 신뢰, 적극성	감정 전염 효과: 긍정 감정은 고객 응대 속도보다 강력한 구매 촉진 요인
기술/실무 요인	마케팅 기법, 데이터 응용력	미끼·희소성·타깃 감정 유도 기법 이해

이 두 가지 중 더 중요한 것은 인간적 요인이다. 감정의 신뢰가 기술을 작동시킨다. 직원이 자신감 있고 CEO를 신뢰할 때, 그 감정은 고객 응대 톤으로 전이된다. 부킹 마케팅의 첫 번째 도구는 엑셀이나 웹툴이 아니라 직원의 감정 상태이다.

(7) 기획과 성과의 관리: '매출 중심'이 아니라 '방법 중심'

전통적 성과 관리 방식은 이렇게 되어 있다. "이번 달 목표 매출은 ○○억 원. 달성 못 하면 평가 하락."

이 방식은 직원의 뇌에서 불안-회피 시스템(편도체-HPA 축)을 과활성화시킨다. 결과적으로 집중력·창의력·기대감이 모두 감소한다. 대신에 단기적·방법 중심의 관리 체계가 이상적이다.

관리 유형	평가 기준	신경심리 효과
장기·매출 중심	금액 달성 여부	불안·스트레스 증가, 도파민 억제
단기·방법 중심	1일 목표 달성 방식, 시도 다양성	도파민 강화, 창의성·흥미 증가

즉, 매출이 아니라 시도한 전략의 질과 다양성을 평가할 때 직원의 뇌는 '성취의 게임'을 즐기며 발전한다.

(8) 결론: 부킹은 기술이 아니라 감정의 설계이다

예약은 시스템이 아니라 감정이다. 부킹 업무의 모든 순간은 감정의 리듬—기대, 신뢰, 보상, 기억—으로 구성된다.

고객의 뇌는 이미지를 통해 기대를 만들고, 직원의 감정은 신뢰를 형성하며, 가격의 구조는 보상의 착각을 설계한다. 좋은 부킹 시스템은 클릭 수가 아니라 고객의 뇌 속에서 "기분이 좋다"는 감정을 만들어낸다. 부킹은 정보를 파는 일이 아니다. 뇌 속의 기대를 설계하는 일이다. 좋은 부킹은 기술이 아니라 감정이다. 고객의 클릭은 손끝이 아니라 마음에서 시작된다.

2. 골프장 마케팅의 핵심 수단, 홈 페이지의 뉴로마케팅

1) 골프장 예약 욕구를 강력하게 자극하는 신경심리학 기반 웹사이트 기획

여기에서는 신경심리학 및 뉴로마케팅 원리를 활용하여 골프장 웹사이트를 기획하고 디자인함으로써 고객의 예약 욕구를 강력하게 자극하는 전략적 프레임워크를 제시한다. 전통적인 마케팅 방식을 넘어 소비자의 잠재 의식적 동인에 집중하여, 웹사이트 방문자를 열정적인 고객으로 전환하는 것을 목표로 한다. 주요 권고사항으로는 감성적 공명의 우선순위화, 인지적 편안함을 위한 사용자 경험(UX) 최적화, 인지적 편향의 전략적 적용, 그리고 커뮤니티 의식 함양을 통한 전환율 및 충성도 증진 등이 포함된다.

2) 잠재 의식 속 골퍼: 온라인 예약에서 신경심리학이 중요한 이유

(1) 소비자의 의사결정에서 감성적·잠재 의식적 동인에 대한 이해

구매 결정의 압도적인 부분, 최대 95%가 잠재 의식 수준에서 이루어지며, 감성적 반응은 이러한 결정의 최대 70%에 영향을 미쳐 종종 합리적 분석을 압도한다. 이는 사람들이 "감성적으로 구매하고 논리로 정당화한다"는 사실을 명확히 보여준다. 뉴로마케팅은 신경심리학 및 신경과학의 통찰력을 적용하여 이러한 잠재 의식적 과정을 직접적으로 들여다볼 수 있는 기회를 제공한다. 이는 전통적인 설문조사 방식이 놓치거나 잘못 해석할 수 있는 주의, 기억, 감성적 몰입 등을 측정하는 데 효과적이다.

인간의 의사결정은 두 가지 시스템을 통해 이루어진다. 시스템 1은 직관적이고 무의식적이며 노력이 적고 빠르며 감성적이다. 반면에 시스템 2는 의도적이고 의식적인 추론을 포함하며 느리고 노력이 많이 든다. 충동적이거나 즉흥적인 구매는 주로 시스템 1에 의해 주도된다. 골프장 예약과 같은 결정은 비록 항상 충동적이지는 않더라도, 시스템 1의 영향을 받아 쉽고 감성적으로 유도될 때 예약 전환율이 높아질 수 있다.

- **감성적 요소의 디지털 참여 우선순위**: 여러 자료는 감성적 콘텐츠가 순수하게 합리적인 메시지보다 더 높은 효과와 바이럴리티(virality)를 얻는다는 점을 일관되게 강조한다. 이는 웹사이트가 단순한 정보 전달 매체를 넘어 방문객의 감정을 움직이는 데 주력해야 함을 의미한다. 골프 코스의 특징(홀 수, 파)을 나열하기보다는, 완벽한 스윙의 느낌, 동반자와의 유대감, 일상으로부터의 탈출과 같은 감성적 '이유'를 전면에 내세워야 한다. 웹사이트의 전반적인 콘텐츠 전

략과 시각적 디자인은 정보 전달 중심의 브로슈어에서 벗어나, 방문객이 경험을 느끼도록 설계된 감성적 내러티브로 전환되어야 한다.

(2) 욕구의 과학과 예약 의도 자극에서의 역할
욕구는 유전적으로 프로그램되어 있으며 의식적인 인지 과정 없이도 자동으로 유발될 수 있는 근본적인 인간 감정이다. 뉴로마케팅은 욕구를 유발하는 과정과 개인이 그 욕구에 따라 행동하도록 동기를 부여하는 요소를 이해하는 데 중점을 둔다. 뇌의 보상 시스템, 특히 측핵(nucleus accumbens)은 즐거운 자극에 의해 활성화된다. 이러한 시스템을 활용하는 경험을 디자인함으로써 욕구와 긍정적인 연관성을 직접적으로 자극할 수 있다.

3) 골프장 웹사이트를 위한 뉴로마케팅 핵심 원칙

(1) 감성적 공명 및 스토리텔링
감성적으로 직접적으로 호소하는 광고 콘텐츠는 순수하게 합리적인 메시지보다 더 높은 효과와 바이럴리티를 얻는다. 감정은 개인의 주관적인 행복과 관련된 사건에 대한 복잡한 반응으로, 생리적·행동적·주관적 변화를 수반한다. 사람들은 순수한 정신 활동("내가 어떻게 느끼지?" 휴리스틱)을 통해 감정을 예상하고 되살릴 수 있으며, 이는 신체적 반응으로 이어질 수 있다. 스토리텔링을 통해 감성적 연결을 만들고, 근본적인 감성적 요구를 충족시키며, 일관성을 통해 신뢰를 구축하는 것이 감성적 의사결정 동인을 활용하는 데 있어 최선의 방법이다. 좋은 스토리텔링은 비판적 방어 기제를 낮추고, 참여도를 높이며, 메시지를 더 신뢰할 수 있고 오래 지속되게 만든다.

① 예약 욕구를 위한 예상 즐거움 조성

사람들은 "순수한 정신 활동을 통해 감정을 예상하고 되살릴 수 있다"는 점은 골프장 웹사이트에 중요한 의미를 가진다. 이는 웹사이트가 단순히 정보를 제공하는 것을 넘어, 사용자가 라운드를 미리 경험하고 상상하도록 적극적으로 도와야 한다는 것을 의미한다. 방문자가 플레이의 즐거움, 만족감, 흥분을 생생하게 상상할 수 있다면, 이러한 예상 즐거움은 예약을 유도하는 강력한 동기가 된다. 이는 티타임 그 자체보다는 꿈을 파는 것에 가깝다. 웹사이트 콘텐츠(이미지, 비디오, 설명 텍스트)는 코스에서의 감각적·감성적 경험을 불러일으키도록 제작되어야 하며, 방문자가 정신적으로 라운드를 '플레이'하고, 관련 긍정적 감정을 느끼도록 하여, 그 정신적 경험을 현실로 만들고자 하는 욕구를 증가시켜야 한다.

② 잠재 의식적 감성 유발자로서의 '분위기'

웹사이트의 '전반적인 분위기'를 미세 조정하여 올바른 감성적 반응을 이끌어내는 것이 중요하다. 이 '분위기'는 개별 요소들의 총체적인 상호 작용으로 형성되는 인상이다. 웹사이트의 일관된 미학, 어조, 사용자 흐름이 원하는 감성적 상태(예: 고급스러움, 휴식, 도전, 커뮤니티)를 일관되게 불러일으킨다면, 이러한 일관된 분위기는 강력한 잠재 의식적 감성 유발자로 작용한다. 이는 경험에 대한 암묵적인 약속을 생성한다. 개별 디자인 요소를 넘어, 웹사이트 전반에 걸쳐 응집력 있고 일관된 브랜드 분위기를 조성하는 데 집중해야 한다. 모든 시각적 요소, 문구, 상호작용이 골프 코스에 대한 원하는 감성적 인식을 형성하도록 기여함으로써 잠재 의식적 브랜드 연관성과 욕구를 강화한다.

(2) 시각 및 사용자 경험(UX) 최적화: '도파민 디자인' 적용 및 인지 부하 최소화

① **도파민 디자인 원칙**
이 접근 방식은 뇌의 보상 시스템이 어떻게 활성화되는지에 대한 통찰력을 활용하여 더 매력적이고 감성적인 사용자 경험을 만든다.
— **대담하고 생생한 색상 팔레트**: 밝은 색조는 감성적 중추를 자극하여 흥분과 낙관주의를 유발한다. 클릭 유도 버튼에는 고대비의 활기찬 색상을 사용해야 한다.
— **움직임**: 부드러운 전환, 재미있는 미세 상호 작용, 스크롤 트리거 애니메이션은 호기심을 자극하고, 도파민을 방출하며, 주의를 유도한다.
— **초점 악센트 및 기능적 기발함**: 예상치 못한 또는 기발한 요소는 호기심과 즐거움을 유발하여 사용자가 다시 방문하고 싶게 만든다.
— **개인화**: 개인적인 연관성이나 기억을 불러일으키는 콘텐츠는 감성적 편안함과 좋은 느낌을 제공한다.
— **사려 깊은 조명 사용**: 균형 잡힌 조명은 기분을 좋게 하고, 스트레스를 줄이며, 집중력을 높일 수 있다.
— **균형과 조화**: 대담함이 주의를 사로잡는 동안에도, 응집력은 과부하를 방지하고 경험을 혼란스럽기보다는 즐겁게 유지한다.

② 인지 부하 최소화를 통한 쉬운 탐색

인지 부하는 정보를 처리하는 데 필요한 정신적 노력의 양이다. 높은 인지 부하는 정신적 피로, 압도감, 오류, 그리고 이탈로 이어진다. 뇌는 노력을 피하려 하며, 혼란스럽거나 불분명한 인터페이스는 사용자가 떠나게 만든다. 높은 인지 부하의 주요 원인으로는 복잡한 정보, 복잡한 작업, 방해 요소/시각적 혼란, 그리고 부실한 내비게이션이 있다. 잘 디자인된 UX는 인지 부하를 최소화하여 자연스러운 상호 작용을 가능하게 한다. 여기에는 명확한 시각적 계층 구조, 일관된 레이아웃, 그리고 선택의 수를 줄이는 것(힉의 법칙)이 포함된다. 버튼 변경이나 애니메이션과 같은 즉각적인 피드백은 성공적인 상호 작용을 확인시켜 도파민을 방출하고 즉각적인 만족감을 생성한다. 진행률 표시줄이나 완료 확인 표시와 같이 '진행의 순간'을 만드는 UX는 도파민을 방출하고 행동을 강화한다.

③ 도파민으로 강화되는 '노력 없는 흐름'

인지 부하를 줄이는 것이 사용자 만족도와 유지율에 강하게 연결되어 있다. 뇌는 노력을 피하고, 혼란스러운 인터페이스는 이탈로 이어진다. 동시에, 즉각적인 피드백과 진행의 순간은 도파민을 방출하여 "흐름"과 "승리"의 느낌을 만든다. 이는 예약 과정을 포함한 전체 사용자 여정이 노력이 없는 것처럼 부드럽게 느껴지도록 설계되어야 함을 의미한다. 티타임 선택부터 결제 확인까지 각 단계의 매끄러운 상호 작용은 작고 만족스러운 도파민 보상을 제공하여 긍정적인 사용자 경험을 강화하고 사용자를 한 단계 앞으로 나아가게 해야 한다. 골프장 웹사이트 디자인은 미학적 매력뿐만 아니라 극도의 사용성과 인지적 유창성을 우선시해야 한다. 예약 과정의 모든 단계는 간소화되고 직관적이며 즉각적인 긍정적 강화를 제공하여, 잠재적으로 지루한 작업을 일련의 보람 있는 작은 성취로 전환하고 완료를 유도해야 한다.

④ **힉의 법칙(Hick-Hyman law)과 예약에서의 선택 마비**

'선택의 수가 많을수록 의사결정 시간이 길어진다'는 힉의 법칙에 따라 "선택의 수를 줄여라." 사용자에게 더 많은 옵션을 제공할수록 의사결정에 더 많은 정신적 노력을 기울여야 한다. 선택을 제한하면 인지 부하를 줄이고 사용자가 더 빨리 결정을 내릴 수 있다. 힉의 법칙이 좋은 예이다.

골프장의 경우, 너무 많은 티타임 옵션, 패키지 변형 또는 추가 기능을 동시에 제시하면 사용자가 압도되어 이탈할 수 있다. 예약 프로세스는 각 단계에서 제시되는 선택의 수를 줄여 단순화해야 한다. 명확한 기본값을 구현하고, 점진적 공개(필요할 때만 더 많은 세부 정보 표시)를 사용하며, 단일하고 복잡한 양식보다는 단계별 예약 흐름을 통해 사용자를 안내해야 한다.

(3) **전환을 위한 인지적 편향 활용**

인지적 편향은 사람들이 정보를 인식하고 해석하며 행동하는 방식에 영향을 미치는 정신적 지름길이다. 이는 시스템 1 사고를 활성화하는 강력한 심리적 지렛대이다.

— **희소성 편향**: 어떤 것이 희소하거나 제한적일 때 더 가치 있다고 인식하는 경향이다. 이는 긴급성을 생성하고 빠른 행동을 유도한다. "단 3자리 남음!" 또는 "기간 한정 특가"와 같은 예시가 있다. 동적

가격 책정 또한 긴급성과 희소성을 만들 수 있다.
―**사회적 증거**: 사람들은 불확실할 때 타인의 행동과 의견에 따라 행동하는 경향이 있다. 고객 후기, 성공 사례, 고객사의 로고 또는 인기 지표(예: "가장 인기 있는 티타임")를 보여주는 것은 신뢰도를 높이고 행동을 유도한다. 동료 리뷰는 구매 가능성을 최대 270%까지 증가시킬 수 있다.
―**손실 회피**: 이득을 얻는 것보다 손실을 피하는 것을 선호하는 경향이다. 잠재적 손실은 동등한 이득보다 두 배 더 고통스럽게 느껴진다. 행동하지 않음으로써 고객이 잃을 수 있는 것을 강조하는 메시지(예: "황금 시간대 티타임을 놓치지 마세요")는 이득에 초점을 맞추는 것보다 더 동기 부여가 된다.
―**앵커링 편향**: 의사결정 시 처음 접하는 정보에 의존하는 경향이다. 프리미엄 서비스 패키지를 먼저 제시하면 다른 옵션들이 더 저렴하게 느껴질 수 있다.
―**확증 편향**: 기존 신념에 부합하는 정보를 선호하는 경향이다. 대상 고객의 가치와 신념에 메시지를 맞추면 고객은 이해받고 있다는 느낌을 받는다.

■ **편향 적용의 윤리적 의무**: 인지적 편향은 행동에 영향을 미치는 강력한 도구이지만, 여러 자료는 윤리적 책임을 강조한다. '항상 진정성 있고 공정하게, 결코 조작적이지 않게' 사용해야 한다. '조작하는 것이 아니라 명확하고 신뢰할 수 있으며 가치 지향적인 상호 작용을 촉진하는 것'에 중점을 두어야 하며, '사용자의 지능과 자율성을 존중해야 한다.' 이는 중요한 구분점이다. 편향을 활용하는 것은 의사결정의 마찰을 줄이거나 실제 가치를 강조함으로써 사용자에

게 진정으로 이익이 되어야 하며, 그들을 속여 구매하도록 유도하는 것이 아니다. 골프장 웹사이트에서 신경심리학적 원리와 인지적 편향을 적용하는 것은 투명하고 윤리적이어야 하며, 단기적 이득을 위해 취약점을 악용하기보다는 사용자의 정보에 입각한 의사결정 과정을 향상시키는 데 초점을 맞춰야 한다. 장기적인 신뢰 구축이 가장 중요하다.

주요 인지적 편향 및 골프장 웹사이트 적용 방안

인지적 편향	작동 원리 설명	골프장 웹사이트 적용 예시
희소성 편향	제한된 기회나 공급이 가치를 높인다고 인식하는 경향. 놓칠까 봐 두려워 빠른 행동을 유도함	실시간 티타임 잔여석 표시("오늘 오후 2시 티타임: 단 1자리 남음!"), 한정 기간 할인 프로모션("이번 주말 특별 그린피 할인: ~5/31까지!"), 특정 패키지 한정 판매 알림
사회적 증거	타인의 행동이나 의견을 따라하려는 경향. 특히 불확실한 상황에서 신뢰도를 높임	고객 리뷰 및 평점 섹션 강조, "가장 인기 있는 티타임" 표시, 최근 예약자 알림("김OO 님, 방금 오전 티타임 예약 완료!"), 유명인 또는 프로 골퍼의 추천사
손실 회피	이득을 얻는 것보다 손실을 피하는 것을 선호하는 경향. 잠재적 손실 메시지가 더 강력한 동기가 됨	"지금 예약하지 않으면 황금 시간대 티타임을 놓칠 수 있습니다!", "멤버십 혜택 종료 임박: 이 기회를 놓치지 마세요!", "최대 할인 혜택이 곧 사라집니다!"
앵커링 편향	처음 제시된 정보(앵커)가 이후의 판단에 영향을 미치는 경향	가장 비싼 프리미엄 패키지(예: VIP 멤버십)를 먼저 제시하여 다른 일반 패키지가 상대적으로 저렴하게 느껴지도록 함, 정가와 할인된 가격을 함께 표시하여 할인 폭 강조
확증 편향	자신의 기존 신념이나 가치관에 부합하는 정보를 선호하고 받아들이는 경향	웹사이트 콘텐츠를 특정 골퍼 세그먼트(예: 비즈니스 골퍼, 가족 골퍼, 초보 골퍼)의 관심사와 가치에 맞춰 구성, "최고의 비즈니스 네트워킹 코스" 또는 "가족 친화적 골프 경험"과 같은 메시지 강조

(4) 신경심리학적 카피라이팅 및 메시지 전략

카피라이팅은 부분적으로 예술이지만, 심리학이라는 과학에 기반을 둔다. 구매 결정의 95%가 잠재 의식적으로 이루어지므로, 카피가 감성적 동인을 자극하지 못하면 효과를 내기 어렵다. 신뢰, 두려움, 긴급성은 행동을 결정하는 중요한 요소이다.

① 손실 회피를 통한 동기 부여

잠재적 손실은 동등한 이득보다 2배 더 고통스럽게 느껴진다. "매년 300달러를 창밖으로 버리는 것을 멈추세요"와 같은 메시지가 "연간 300달러를 절약하세요"보다 더 효과적인 이유이다. 골프장 예약에 있어 단순히 비용을 지불하는 것이 아니라 경험을 얻거나 황금 시간대 티타임을 놓치지 않거나, 웰빙/지위에 투자하는 것으로 프레이밍해야 한다. "완벽한 주말 휴가를 확보하세요", "한정된 봄철 요금을 놓치지 마세요", "잊을 수 없는 라운드에 투자하세요"와 같은 문구를 사용하여 예약으로 얻을 수 있는 긍정적인 결과나 피할 수 있는 부정적인 결과를 강조해야 한다.

② 긴급성 및 희소성 활용

"금요일 마감", "이번 주 단 3자리 남음"과 같은 시간 기반 긴급성이나 가용성 희소성을 사용한다. "자리가 빠르게 채워지고 있습니다"와 같은 암시적 경쟁을 주입할 수도 있다. 중요한 것은 신뢰성이다. 가짜 긴급성은 신뢰를 훼손할 수 있다.

③ 명확성 우선

업계 전문 용어 대신 일상적인 언어를 사용하고, 짧은 단락, 글머리 기호, 스캔 가능한 서식을 사용하여 메시지를 명확하고 이해하기 쉽게 만든다.

④ **이로움 중심의 메시지 전달**
골프장의 특징보다는 이로움에 초점을 맞춰 사용자가 얻게 될 가치를 명확히 전달한다.

⑤ **카피라이팅의 신경심리학적 도구화**
카피라이팅은 단순한 텍스트를 넘어 직접적인 신경심리학적 도구로 기능한다. 단어 자체가 시스템 1 반응을 유발하고, 편도체(놓칠까 봐 두려움)를 활성화하거나, 보상 시스템을 자극할 수 있다. 손실 회피, 긴급성, 이로움 중심의 프레이밍과 같은 심리적 유발 요소를 전략적으로 사용하여 잠재 의식적 의사결정에 직접적으로 영향을 미치고 예약을 유도하는 전환 중심의 카피라이팅에 투자해야 한다.

(5) 가격 책정의 신경심리학: 가치 인식 및 결제 고통 완화

뇌는 나쁜 느낌을 받지 않는 한 제품에 더 많은 비용을 지불할 의향이 있다. 잠재 의식은 수학을 싫어하고 의사결정에서 단순함을 선호한다. 숫자는 의사결정에 영향을 미칠 수 있다.

① **가격 프레이밍**
가격이 제시되는 방식은 고객의 가치 인식과 지불 의향에 영향을 미친다. "50% 할인" 대 "반값"과 같은 프레이밍 효과를 활용한다.

② 매력적인 가격

$9.99와 같이 정수보다 약간 낮은 가격을 설정하여 가격이 더 매력적으로 보이게 한다.

③ 미끼 효과

덜 매력적인 옵션을 도입하여 대상 옵션이 비교를 통해 더 매력적으로 보이게 하는 가격 전략이다.

④ 가격-품질 휴리스틱

고객이 고가 제품이 더 좋은 품질이라고 가정하는 정신적 지름길이다. 가격이 우리의 인식을 변화시켜 더 비싼 제품을 선호하게 만들 수 있다.

⑤ 결제 고통 완화

돈을 지불할 때 경험하는 심리적 불편함은 번들링이나 구독 가격 책정 등의 기술로 완화될 수 있다. "골프+카트+점심"과 같은 패키지 거래는 개별 항목보다 더 매력적일 수 있다.

⑥ 다각적인 가치 강조

선택은 옵션의 주관적 가치에 의해 주도된다. 가치 원천은 유형(예: 음식), 사회적(예: 승인), 자기 관련적(예: 일관성) 범주로 나눌 수 있다. 골프의 경우, 코스 자체와 같은 유형적 이점뿐만 아니라 사회적 이점(친구들과의 플레이, 네트워킹) 및 자기 관련적 이점(스트레스 해소, 기술 향상, 지위)도 강조해야 한다. 또한, 뇌는 시간적으로 먼 보상의 가치를 할인하는 경향이 있으므로 즉각적인 보상을 강조하는 것이 중요하다. 웹사이트는 골프 코스 플레이의 다양한 가치 제안을 명확하게 표현하고 시각적으로 나타내야 하며, 예약과 관련된 즉각적인 만족이나 보상을 강조해야 한다.

4) 예약 전환을 위한 웹사이트 구조 및 기능 최적화

(1) 모바일 최적화 및 로딩 속도

모바일 UX는 전환율에 55%의 긍정적인 영향을 미치며, 로딩 속도는 32%의 영향을 미친다. 골프장 웹사이트는 모바일 기기나 태블릿에서 빠르게 로드되고 적절하게 포맷되어야 한다. 기술적 웹사이트 최적화(로딩 속도, 모바일 반응성) 및 개인화를 우선시해야 한다. 이러한 기초 요소는 잠재 의식적 부정적 신호를 최소화하고 긍정적 신호를 극대화함으로써 신경심리학적 마케팅 전략의 효과를 크게 향상시킨다.

(2) 명확한 CTA(call to action) 및 시각적 계층 구조

사용자는 클릭 여부를 몇 초 내에 결정한다. 명확한 시각적 계층 구조, 핵심 요소 간의 높은 대비, 여백은 눈과 사고를 유도하여 정신적 마찰을 줄이고 의사결정을 쉽게 만든다. "지금 예약하기", "티타임 확인"과 같이 시각적으로 눈에 띄고 명확한 CTA를 사용하여 사용자가 다음 단계를 쉽게 식별하고 클릭하도록 유도해야 한다. 화살표나 선과 같은 방향성 시각적 신호를 통합하여 사용자를 주요 행동으로 안내하고, 눈을 마주치는 사람들의 이미지를 사용하여 신뢰를 구축한다. 예를 들어 "상담 예약" 버튼 옆의 웃는 얼굴은 미묘하게 클릭을 유도한다.

(3) 예약 과정의 간소화 및 도파민 강화

예약 과정은 직관적이고 쉬워야 한다. 인지 부하를 최소화하기 위해 단계 수를 줄이고, 명확한 진행률 표시줄을 제공하며, 각 단계에서 즉각적인 긍정적 피드백을 제공한다. 예를 들어 티타임 선택 시 시각적 확인, 예약 완료 시 축하 메시지 등은 도파민을 방출하여 긍정적인 경험을 강화하고 이탈을 줄인다.

5) 장기적 관계 구축: 커뮤니티 및 충성도

(1) 고객 세분화 및 개인화된 경험

고객 세분화는 인구 통계, 행동, 요구 사항 및 선호도와 같은 공유 특성을 기반으로 고객을 그룹으로 나누는 핵심 마케팅 전략이다. 뉴로마케팅은 행동적·인구 통계적·심리 통계적 관심사를 고려하여 브랜드와의 일대일 대화 및 연결을 만든다. 고객 세분화를 통해 마케팅 메시지와 제안을 특정 고객 세그먼트에 맞춤화하고, 고객 경험을 개선하며, 판매 및 유지율을 높일 수 있다. 첫 방문객, 재방문객, 캐주얼 골퍼, 진지한 플레이어 등 사용자 세분화에 따라 동적 콘텐츠 또는 A/B 테스트를 구현하여 개인화된 감성적 호소를 제공해야 한다.

(2) 사회적 상호 작용 및 커뮤니티 구축

사용자는 사회적 욕구를 충족하고, 인정을 찾고, 네트워크에 좋은 인상을 주기 위해 소셜 네트워크를 사용하며, 이는 주로 타인의 감정과 행동에 기반한 행동을 장려한다. 웹사이트는 단순한 예약 포털이 아니라 골프 커뮤니티의 디지털 확장이어야 한다. 멤버 스포트라이트, 이벤트 갤러리, 코스 업데이트나 팁이 담긴 블로그와 같은 기능을 통합하여 골퍼들 사이에 커뮤니티 의식을 조성하는 것이 충성도를 구축하고 반복 예약 및 추천을 장려하는 데 효과적이다. 고객 유지는 고객 확보보다 비용이 적게 든다.

6) 결론: 고객의 뇌를 설계하는 웹사이트

골프장 웹사이트를 신경심리학적 관점에서 재구성하는 것은 단순한 디자인 개선을 넘어선 전략적 투자이다. 소비자의 의사결정이 대부분 잠재 의식적이고 감성적이라는 점을 이해하고, 이를 웹사이트 경험 전반에 걸쳐 통합함으로써 고객의 예약 욕구를 강력하게 점화할 수 있다. 효과적인 재구성을 위해 다음 다섯 가지 원칙에 집중할 것을 제안한다.

① 감성적 몰입의 극대화

웹사이트의 모든 콘텐츠는 골프 경험의 감성적 이점(휴식, 성취감, 사회적 유대)을 중심으로 구성되어야 한다. 고품질의 시각 자료, 몰입형 비디오, 그리고 오감을 자극하는 서술적 카피라이팅을 통해 방문자가 코스에서의 즐거움을 미리 경험하도록 유도해야 한다. 일관된 "분위기"를 조성하여 브랜드에 대한 잠재 의식적이고 긍정적인 연관성을 강화하는 것이 중요하다.

② 사용자 경험의 도파민 최적화

웹사이트 탐색 및 예약 과정을 최대한 간소화하고 직관적으로 만들어 인지 부하를 최소화해야 한다. 명확한 시각적 계층 구조, 최소한의 선택지, 그리고 각 상호 작용에 대한 즉각적이고 긍정적인 피드백(예: 미세 애니메이션, 진행률 표시)을 제공하여 사용자에게 '성공'의 느낌을 지속적으로 부여하고 도파민 보상을 통해 긍정적인 경험을 강화해야 한다.

③ 인지적 편향의 윤리적 활용

희소성, 사회적 증거, 손실 회피와 같은 인지적 편향을 전략적으로 사용하여 예약 행동을 유도해야 한다. 실시간 잔여석 정보, 고객 후기, 기간 한정 혜택 등을 명확하고 진정성 있게 제시하여 긴급성과 신뢰를 구축해야 한다. 이때, 모든 적용은 사용자의 이익을 최우선으로 고려하고 투명하게 이루어져야 한다.

④ 가격 책정의 심리적 최적화

가격을 단순한 비용이 아닌, 가치 있는 경험에 대한 투자로 프레이밍해야 한다. 번들링, 매력적인 가격, 그리고 다양한 가치 원천(유형적·사회적·자기 관련적 이점)을 강조하여 결제에 대한 심리적 저항을 줄이고 가치 인식을 높여야 한다.

⑤ 커뮤니티 중심의 관계 구축

웹사이트를 단순한 예약 플랫폼을 넘어 골퍼 커뮤니티의 허브로 발전시켜야 한다. 고객 세분화를 통해 개인화된 콘텐츠를 제공하고, 멤버십 혜택, 이벤트 갤러리, 골프 관련 블로그 등을 통해 소속감과 충성도를 함양하여 장기적인 고객 관계를 구축하고 반복 예약을 유도해야 한다.

이러한 신경심리학적 접근 방식은 골프장 웹사이트가 단순한 정보 제공 도구를 넘어, 고객의 마음을 사로잡고 예약 욕구를 강력하게 자극하는 핵심적인 마케팅 자산으로 거듭날 수 있도록 할 것이다. 지속적인 데이터 분석과 사용자 행동 연구를 통해 이러한 전략을 미세 조정한다면, 경쟁 우위를 확보하고 지속적인 성장을 달성할 수 있을 것이다.

3. 골프장 초입 마케팅의 신경심리학적 이해와 서비스 개선

골프장에서 고객의 감정은 출입 순간부터 이미 형성되기 시작한다. 이는 단순한 심리적 기분 문제가 아니라 신경생리학적 항동성의 변화 과정과 직결된다. 인간은 일상적 환경에서 벗어나 새로운 공간으로 진입할 때, 뇌와 자율신경계가 환경 변화를 감지하고 내부 균형을 새롭게 맞추기 위해 일정한 조정 시간을 필요로 한다. 보통 이 조정에는 약 20~30분 정도의 생리적 시간 지연(physiological lag)이 따른다. 이 시점에서 형성되는 감정과 인지는 이후의 모든 서비스 경험에 '기준점'이 되어 서비스 만족도를 좌우하는 결정적 요인으로 작용한다.

즉, 고객이 진입 초기에 느끼는 기분 좋음 혹은 불쾌감은 단순한 순간적 인상이 아니라 뇌의 주의력 체계와 감정 평가 회로를 통해 이후의 자극을 해석하는 '감정의 필터'로 작용한다. 따라서 초입에서의 감정적 경험은 전체 체류 시간 동안 느끼는 만족도의 방향을 사실상 결정짓는다. 이것이 바로 골프장의 "초입 마케팅(entry marketing)"이 갖는 신경심리학적 의미다.

1) 초입 공간의 감정 설계: '생활로부터의 탈피'
첫 인상은 시각적 자극에서 출발한다. 골프장 진입로와 간판, 초입부의 조경 디자인은 단순한 미적 요소가 아니라 '일상의 긴장 상태를 해제하고 새로운 감정 모드로 전환시키는 신호'이다. 즉, 도심과 명확히 구분되는 색채·조형·조경이 필요하다. 시각적 대비가 강할수록 뇌의 감정 중추(특히 편도체와 시상하부)는 "환경이 바뀌었다"고 인식하고, 교감신경에서 부교감신경으로의 전환을 유도해 이완과 기대의 감정을 만든다.

따라서 초입부는 기능적 진입로가 아니라 '도시적 긴장→자연적 회복'으로 감정 상태를 변환시키는 감정의 관문(emotional gateway)으로 설계되어야 한다. 잔디의 색 대비, 나무의 향, 새소리나 바람 소리 같은 감각 자극은 모두 이러한 변화를 촉진한다. 이 구간에서의 감정적 환기가 제대로 이루어지지 않으면 고객은 여전히 '일상 모드'에 머물러 있으며, 이후 서비스의 세밀한 품질도 긍정적으로 인식하지 못하게 된다.

2) 초입 서비스의 신경심리학: 감정적 주도권 확보의 3분

차량이 멈추고 백 서비스를 받는 순간, 고객은 '이 골프장은 나를 어떻게 대하는가'를 감정적으로 평가하기 시작한다. 이때 백을 나르는 담당자의 표정, 목소리 톤, 손동작의 부드러움은 단순히 친절함의 문제가 아니라 고객의 자율신경계 반응을 조절하는 신호로 작동한다.

밝은 표정, 자연스러운 시선, 간결하고 단정한 제스처는 상대방의 편도체 긴장을 완화시키며 "환영받고 있다"는 감정적 안전감을 생성한다. 반대로 무표정하거나 기계적인 동작은 '위험 신호'로 해석되어 감정의 방어적 반응(defensive affect)을 유발한다. 이처럼 초기의 3분간 주고받는 비언어적 상호 작용이 고객의 만족도 전체를 예비 결정(pre-decision)한다는 점이 초입 마케팅의 핵심이다.

3) 프런트 데스크의 감정 조율: 표정이 곧 브랜드

프런트는 단순한 행정적 공간이 아니다. 그곳은 고객 감정의 '두 번째 전환점(second switch)'이다. 부킹 확인, 결제, 안내 과정에서 담당자의 얼굴 표정, 인사 속도, 목소리 톤은 '서비스 정확성'보다 훨씬 강력하게 기억된다. 심리학적으로 인간은 "정확한 언어보다 감정적 신호를 더 오래 기억"하는 경향이 있기 때문이다.

따라서 프런트 직원은 정보 전달자가 아니라 고객 감정의 조율자(emotional conductor)가 되어야 한다. 밝은 인상, 명확한 눈맞춤, 약간의 유머와 따뜻한 어조는 뇌의 ACC와 복내측 전전두엽(vmPFC)을 활성화시켜 고객의 신뢰감과 사회적 개방감을 증가시킨다. 이때 형성된 긍정적 감정은 이후 식당, 캐디, 코스 관리 서비스까지 모두 "좋게 해석되는 경향(positivity bias)"을 만들어낸다.

4) 서비스 개선의 방향: 밝은 표정은 관리가 아니라 문화이다

골프장 초입에서의 서비스 품질은 결국 '인간적 대우의 일상성'에서 비롯된다. 직원이 회사 안에서 존중받고, 따뜻한 관계 속에서 일한다면 그의 얼굴에는 억지로 만든 미소가 아니라 무의식적 긍정 표정(implicit positive expression)이 나타난다. 이 표정은 훈련으로는 완벽히 만들어지지 않는다. 이는 직원이 경험하는 조직의 정서적 환경(emotional climate)에서 자연스럽게 나온다.

따라서 기업의 서비스 품질 개선은 유니폼이나 매뉴얼 이전에 직원 스스로가 '감정적으로 존중받는 사람'이라는 경험을 일상적으로 갖게 하는 조직 문화를 만드는 일에서 시작해야 한다. 이때 직원의 내적 긍정감은 곧바로 고객 감정의 거울이 된다. 결국 고객이 골프장의 초입에서 느끼는 "따뜻함"은 시설의 디자인이 아니라 사람의 마음결이 만든 마케팅 효과인 것이다.

5) 초입은 단순한 웰컴(wellcome)이 아니다

골프장의 초입 마케팅은 시각·촉각·후각의 환경 디자인, 그리고 직원의 감정 신호를 통해 이루어지는 무의식적 감정 설계(emotional design)이다. 이 첫 20~30분의 경험이 생리적 기준점을 형성하며, 그 기준점이 하루 전체의 서비스 만족도를 좌우한다. 따라서 초입의 경험은 단순한 '웰컴'이 아니라 '감정의 기준점을 설계하는 과학적 마케팅'이어야 한다. 첫인상은 미소로 끝나지 않는다. 그것은 뇌의 항동성을 바꾸는 시작점이다.

4. 클럽하우스의 뉴로마케팅

1) 공간의 마케팅 역할: 인간은 가격을 숫자로 인식하지 않는다

(1) 가격은 '숫자'가 아니라 '감정의 기준점'이다

많은 사람들이 가격을 "낮다-보통-높다"라는 단순한 숫자 축으로 이해한다. 하지만 인간의 뇌는 가격을 수학적으로 계산하지 않는다. 대신 '기준점(reference point)'을 중심으로 한 감정의 함수로 인식한다. 즉, 뇌는 가격을 다음처럼 평가한다.

- "이건 싸다." → 긍정 감정
- "이건 기준이다." → 중립 감정

- "이건 비싸다." → 손실 감정

이때 '비싸다'는 단순한 판단이 아니라 손실 회피 편향에 의해 편도체가 즉각적으로 불쾌·혐오 반응을 일으키는 정서적 사건으로 작동한다. 다시 말해, 고객은 '높은 가격' 자체보다 "손실로 느껴지는 가격"에 강하게 반응한다. 이것이 바로 가격 인식의 비대칭 구조이다.

(2) '기준점'은 어디서 오는가: 두 개의 뇌적 요인

가격에 대한 기준점은 고정되어 있지 않다. 뇌는 다음 두 가지 요인을 결합해, 매 순간 새로운 기준점을 만든다.

구분	기준점 형성 요인	신경심리 메커니즘
환경적 요인	공간의 청결, 정돈, 조명, 분위기	외부 감각 자극이 '품질 신호(quality cue)'로 해석됨
기억적 요인	과거의 구매·이용 경험	해마(기억)-전전두엽 회로가 비교·판단 수행

즉, 사람의 뇌는 '이 공간이 주는 인상'+'내가 과거에 경험한 비슷한 장소의 기억'을 더해 현재의 가격을 '싼지 비싼지'가 아니라 '괜찮은지 아닌지'로 평가한다.

결국 공간은 곧 가격의 언어이다. 공간이 주는 첫인상이 '품질이 좋다'면, 같은 금액도 훨씬 자연스럽게 받아들여진다.

(3) 클럽하우스는 '가격의 심리적 프레임'을 만든다

골프장의 클럽하우스는 단순한 휴게 공간이 아니다. 고객의 뇌 안에서 그린피(가격)의 기준점을 설정하는 심리적 무대이다.

- **청결하고 정돈된 공간**은 '기준가'를 상향시킨다. → 고객은 동일한 가격을 "적정하다" 혹은 "당연하다"고 느낀다.

- **어수선하거나 낡은 공간은 '기준점'을 낮춘다. → 같은 가격이라도 "비싸다", "손해 본다"는 감정이 강화된다.**

이때 작동하는 것은 전두엽의 합리적 사고가 아니라 편도체의 정서적 평가 시스템이다. 즉, 고객은 공간을 '보는' 것이 아니라 공간을 통해 가격을 '느끼는' 것이다. 깨끗한 로비와 정리된 진열대는 단순한 인테리어가 아니라 뇌 속에서 "이곳은 신뢰할 만한 곳"이라는 신호로 작용한다.

(4) 기준점의 이동: 공간은 가격을 바꾼다

흥미로운 사실은, 같은 골프장이라도 클럽하우스의 분위기 변화만으로 그린피에 대한 감정적 기준이 달라진다는 점이다. 예를 들어

- 밝은 조명, 조용한 음악, 향기 있는 공간 → '기준 가격'이 상향 이동
- 어두운 조명, 잡음, 정돈되지 않은 테이블 → '기준 가격'이 하향 이동

이는 실제 금액의 변화가 아니라 감정적 기준점의 재조정(emotional recalibration)이다. 뇌는 감각 정보를 바탕으로 "이 공간이 고급인가 아닌가"를 판단하고, 그에 맞춰 가격의 감정 반응 곡선을 새롭게 그린다. 즉, 공간이 바뀌면 가격의 함수 자체가 변한다.

(5) 클럽하우스 유지관리: '보이지 않는 가격표'

클럽하우스의 유지·보수 상태는 곧 그린피의 심리적 신뢰 지표이다.

상태	고객의 감정 반응	가격 인식 변화
깨끗하고 정렬된 환경	신뢰, 안도, 긍정적 예측	기준점 상승(가격 수용 확대)
어수선하거나 낡은 시설	불안, 의심, 손실감	기준점 하락(가격 저항 증가)

결국 클럽하우스의 청결, 조명, 향, 소리, 색감은 모두 '보이지 않는 가

격표'로 작동한다. 이 요소들이 무너지면, 그린피 할인율을 아무리 조정해도 고객의 감정적 저항은 줄어들지 않는다. 공간은 가격보다 먼저 신뢰를 판다. 신뢰가 형성되면, 뇌는 가격을 합리화한다.

(6) 결론: 가격의 전쟁은 공간에서 시작된다

가격 경쟁은 숫자의 싸움이 아니라 기준점의 싸움이다. 그 기준점을 만드는 첫 번째 무대가 바로 클럽하우스이다.

사람은 '높은 가격'을 거부하는 것이 아니라 "기준점보다 높은 감정적 손실"을 거부한다. 그리고 그 기준점을 결정짓는 것은 가격표가 아니라 공간이 주는 감정적 신호이다. 따라서 클럽하우스는 단순한 시설이 아니라 브랜드 가치와 가격 인식의 심리적 설계장치이다. 깨끗한 공간, 정돈된 조명, 향기 있는 공기—이것이 곧 뇌가 계산하는 '적정가'의 근거다. 공간은 가격의 언어이다. 클럽하우스의 청결과 분위기가 고객의 뇌 속 기준가를 결정한다.

2) 클럽하우스의 뉴로마케팅
― 공간은 그린피를 바꾸는 가장 강력한 가격 전략이다

(1) 가성비에 만족하게 만드는 리모델링: '기준점'을 다시 세워라

앞서 살펴본 것처럼 인간은 가격을 절대값으로 평가하지 않는다. 항상 기준점을 중심으로 "싸다-적정하다-비싸다"를 판단한다. 따라서 '그린피 인상'은 단순히 가격표를 올리는 문제가 아니라 고객의 심리적 기준점 자체를 올리는 과정이다.

예를 들어 "허름하고 망가져 평판이 나빴던 골프장"을 인수했다면 우

선적으로 해야 할 일은 가격이 아니라 공간의 감정 복원이다.

― 클럽하우스를 적절히 리모델링하고,

― 청결·정돈·조명·향기를 재설계해,

― "달라졌다", "가성비 최고다"라는 감정 기억을 고객에게 새롭게 심어야 한다.

그때 고객의 뇌는 '이제 이곳은 예전의 싸구려 골프장이 아니다'라는 새로운 기준점을 형성한다. 이 감정적 프레이밍이 다시 이루어져야 비로소 그린피 인상 전략이 통한다.

공간의 변화 없이 가격을 올리면, 고객의 뇌는 "손실"로 인식한다. 그러나 공간이 바뀌면, 같은 가격도 "보상"으로 인식된다.

(2) 리모델링의 관점: 기능보다 감정이 우선이다

리모델링은 단순히 시설을 고치는 작업이 아니다. 그것은 고객의 감정을 다시 설계하는 과정이다. 물론 화장실을 편리하게 하고, 로비를 깨끗하게 하는 것은 기본이다. 하지만 그것만으로는 충분하지 않다. 만약 기능은 좋아졌지만, 공간이 '기품 있고 존귀한 고객'의 정체성에 어울리지 않는다면, 그 개선은 매출 향상으로 이어지지 않는다. 기능은 만족을 준다. 그러나 감정은 충성심을 만든다.

결국 리모델링의 목표는 '기능적 편의성'+'감정적 정체성'이 모두 충족된 상태를 만드는 것이다.

구분	기능 중심 리모델링	감정 중심 리모델링
관점	"편해졌다"	"품격이 느껴진다"
뇌 반응	편도체 안정, 단기 만족	OFC(쾌감 회로) 활성, 장기 충성
효과	단기 재방문	지속적 이미지 상승

따라서 골프장의 리모델링은 '감정의 품격'을 높이는 작업이어야 한다. 그 공간이 고객으로 하여금 "나는 수준 있는 사람이다"라는 감정적 자기 인식을 불러일으킬 때, 가격 저항은 사라지고 오히려 자부심이 생긴다.

(3) 졸부 인상의 골프장: 비싼 자재가 감정을 살리진 않는다

한국의 많은 골프장은 고급화를 시도하면서도 고객에게 '졸부 인상'을 남긴다. 이유는 간단하다. 비싼 자재=고급스러움이라는 잘못된 등식 때문이다.

―클럽하우스 앞에 비싼 나무를 수두룩하게 세워 시야를 막아버리고,

―코스 내 조경에 고가의 수목을 촘촘히 심어 '답답함'을 준다.

겉보기엔 돈이 많이 들었지만, 뇌의 감정 시스템에서는 오히려 '압박감·폐쇄감·두려움'으로 해석된다. 편도체는 좁은 시야·어두운 색감·복잡한 형태에 '위협 신호(threat signal)'를 보낸다. 그 결과 고객은 "뭔가 불편하다", "답답하다"는 막연한 감정을 느끼게 된다. 비싼 나무와 자재가 오히려 감정적 만족을 낮추는 역효과를 내는 것이다.

(4) 감정이 고급스러움을 만든다: 기품, 여유, 지성의 공간

진정한 고급스러움은 자재가 아니라 감정의 인상이다.

- **시각적으로**: 탁 트인 개방감, 단순하지만 정돈된 선(line)
- **후각적으로**: 은은한 우드 향, 청결한 공기의 감정
- **청각적으로**: 잔잔한 배경음, 적절한 잔향
- **촉각적으로**: 부드러운 질감, 손끝의 안정감

이러한 감각의 조합이 뇌의 보상 회로(OFC)를 자극하여 "이곳은 우아하다, 품격 있다, 신뢰할 만하다"는 정서적 결론을 만든다.

결국 고객은 가격을 계산하지 않는다. 그들은 '이 공간에서 내가 어떤 사람처럼 느껴지는가'를 평가한다. 진짜 고급스러움은 돈이 아니라 고객의 자존감을 고양시키는 감정의 경험이다.

(5) 기준가를 높이는 조경: 감정의 밸런스를 설계하라

조경은 단순한 장식이 아니라 그린피의 기준점을 은밀히 조정하는 감정적 변수이다.

요소	잘못된 설계	올바른 설계	뇌의 감정 반응
시각	수목 과다, 폐쇄적 시야	개방적 구조, 조화된 선	안정감, 통제감
후각	인공 향, 자극적 냄새	자연향, 흙·나무 향	기억 강화(해마 활성)
색감	진한 대리석, 금속광	우드·내추럴 톤	휴식·신뢰 유도
소리	잔향 없는 공간	잔잔한 잔향, 자연음	몰입감, 감정적 연결

이렇게 감각이 조화를 이루면 고객의 뇌는 '이 가격이라면 납득된다'는 감정적 기준을 스스로 형성한다. 조경은 단순한 장식이 아니라 '가격 저항'을 없애는 심리적 완충장치이다.

(6) 결론: 공간이 바뀌면, 가격의 뇌가 바뀐다

골프장의 가격 전략은 "얼마를 받느냐"보다 "어떤 감정을 팔고 있느냐"의 문제이다. 허름한 골프장을 인수했다면 가장 먼저 손봐야 할 것은 요금표가 아니라 공간의 감정 구조이다. 고객이 '이제 달라졌다, 가성비 최고다'라고 느끼면, 그 말 한마디가 이미 가격 인상 전략의 성공을 의미한다.

공간은 고객의 뇌 속 기준가를 리셋하는 장치이다. 리모델링은 벽을 고치는 것이 아니라 감정의 기준점을 다시 세우는 일이다. 시설의 변화가 아니라 감정의 변화가 가격을 바꾼다. 공간은 가성비의 기준점을 재설계하는 가장 정교한 마케팅 도구이다.

5. 코스 관리의 뉴로마케팅

1) 코스 관리의 개념과 정의

코스 관리(course management)는 단순한 잔디나 시설 유지가 아닌, 골프 코스의 물리적 환경(잔디, 해저드, 조경 등)을 최상의 상태로 유지하고 설계자의 의도를 보존하며, 고객에게 안전하고 일관된 플레이 경험을 제공하는 전반적 활동을 의미한다.

그러나 뉴로마케팅 관점에서 본 코스 관리는 한 단계 더 확장된다. 즉, 코스 관리는 플레이어가 심리적 몰입(flow) 상태에 진입할 수 있도록 돕는 경험 기반 환경 설계(experience-based environmental design) 행위이다.

이를 통해 플레이어의 인지 부하를 줄이고, 감각적 보상을 극대화하여 긍정적인 감정과 성취감을 지속적으로 유발한다.

2) 뉴로마케팅 관점에서 본 코스 관리의 본질

'몰입하는 라운드'는 미하이 칙센트미하이가 제시한 몰입 개념과 일치한다. 신경심리학적으로 이는 뇌의 보상 시스템이 도파민을 최적 수준으로 분비하는 과정이다.

따라서 골프 코스 관리는 단순한 시각적 아름다움의 유지가 아니라 플로우 상태 진입을 위한 물리적·감각적 기반 조성이다. 먼저, 잔디 품질의 일관성은 플레이어가 예측 가능한 피드백을 받도록 해 도파민 보상 회로를 안정화시킨다. 한결같은 잔디와 정돈된 코스는 '즉각적 보상'을 제공하며, 이는 성취감과 재도전 욕구를 강화한다. 다음으로 소음의 최소화와 시각적 청결은 전전두피질(PFC)의 인지 부담을 줄여, 오직 게임에만 집중하도록 돕는다. 외부의 방해 요소가 제거되면 두뇌의 에너지 소비가 효율화되어 몰입감이 향상된다.

또한, 자연의 색채·향·소리 같은 감각 자극은 스트레스 호르몬(코르티솔)을 낮추고 평온함을 제공한다. 이러한 감성적 연관성(affective priming)은 '자연과 하나가 되는 경험'을 강화하여 고객 만족을 넘어 정서적 충성도까지 높인다.

마지막으로, 전략적 해저드와 다양한 티박스 설계는 플레이어의 기술 수준에 맞는 도전 수준, 즉 '골디락스 존(goldilocks zone)'을 형성해 통제감과 몰입을 동시에 유도한다.

3) 코스 관리의 신경심리학적 핵심 포인트

첫째, 감각 환경의 최적화가 중요하다.

코스의 모든 감각적 자극은 뇌의 정보 처리와 감정 반응에 직접적인 영향을 미친다. 유지·보수 장비의 소음이나 외부 잡음은 플레이 집중도를 떨어뜨리므로, 저소음 장비 사용과 정해진 시간대의 관리 작업은 몰입 경험을 위한 필수적 투자가 된다. 또한 균일한 잔디 질감과 정돈된 시각 환경은 불필요한 인지적 에너지 소모를 줄여 플레이어가 '거리·라인' 판단에 집중하게 만든다.

둘째, 인지적 마찰(friction)을 제거하고 즉각적인 피드백을 제공해야 한다.

예를 들어 그린의 완벽한 롤링과 일정한 속도는 퍼팅 결과에 대한 정확한 감각적 피드백을 제공하여, 도파민 순환을 유지시킨다. 이처럼 행동과 결과가 예측 가능하게 연결된 환경은 뇌의 학습 회로를 강화하며, 플레이어로 하여금 "나는 이 코스를 이해한다"는 통제감을 형성하게 한다.

셋째, 첨단 기술은 '보이지 않는 손'으로 작동해야 한다.

IoT 및 AI 기반의 스마트 센서, 습도·토양 분석 시스템은 플레이어의 인지적 흐름을 방해하지 않으면서도 코스를 최상의 상태로 유지한다. 이는 플로우를 방해하지 않는 기술적 개입, 즉 몰입의 '무장애 환경'을 보장하는 사전 예방적 투자이다.

4) 관리 및 서비스 혁신 전략

(1) 사회적 교감을 강화하는 감성적 코스 관리

플레이어의 만족은 단순히 성과가 아니라 정서적 교감의 경험에서 비롯된다. 각 홀에 '도전', '협력', '완성'과 같은 주제를 부여하거나, QR코드를 통해 홀의 스토리나 메시지를 제공하면 감성적 몰입이 깊어진다.

또한, 코스 곳곳에 벤치와 다과를 비치한 '소통의 쉼터'를 마련하고,

"오늘 가장 기억에 남는 샷은 무엇인가요?" 같은 질문 카드를 두면 동반자 간 대화가 자연스럽게 촉진된다.

이러한 사회적 상호 작용은 옥시토신과 도파민 분비를 유도하여 사회적 보상을 극대화한다.

(2) 인지 효율성을 높이는 코스 운영

플레이어가 코스를 예측하고 판단할 수 있도록 정보의 일관성을 제공하는 것은 뇌의 안정성을 높인다.

모든 그린의 스피드를 표준화하고, 홀별 공략 포인트와 위험 요소를 명확히 안내하면 인지 부하를 줄이고 통제감을 강화할 수 있다. 또한 다양한 티박스 선택지를 제공함으로써 각 플레이어가 자신의 수준에 맞는 난이도를 선택할 수 있도록 해야 한다.

이는 '과도한 긴장'과 '지루함'의 중간 지점에서 몰입이 가장 잘 일어나는 골디락스 존을 구현하는 방법이다.

(3) 라운드 중 사회적 보상과 정서 강화

라운드 중의 칭찬, 격려, 가벼운 내기는 모두 긍정적 감정을 유발하는 강력한 신경자극이다.

좋은 샷에 대한 즉각적 칭찬은 상대의 도파민 분비를 촉진하고, 이를 목격한 동반자 역시 거울 신경세포(mirror neuron)를 통해 같은 즐거움을 공유한다. 라운드 후에는 작은 기념품이나 SNS 그룹을 통해 추억을 재활성화함으로써 '기억에 남는 감정'을 장기적 관계로 확장할 수 있다.

(4) 도파민 루프를 유지하는 게임 설계

라운드의 즐거움은 '도전-성취-보상-재도전'의 도파민 순환(dopamine loop) 속에서 강화된다. 베스트 스코어에 집착하기보다 "3퍼트 없이 끝내기"와 같은 구체적이고 달성 가능한 목표를 설정하면 작은 성공 경험이 반복적으로 쌓인다. 또한 '복불복 클럽 사용'이나 '베스트 드레서 시상'처럼 예측 불가능한 보상을 추가하면, 변동적 보상(variable reward)이 만들어내는 흥분과 몰입이 커진다.

(5) 고령자·심신 쇠약자를 위한 치유형 라운드

뉴로마케팅은 치유와 회복의 경험에도 적용된다. 녹색 환경은 알파파를 증가시켜 스트레스와 불안을 줄이고, 사회적 라운드는 옥시토신 분비를 통해 고독감을 완화한다. 거리 계산, 샷 선택 같은 인지 활동은 두뇌 가소성을 유지시켜 인지 기능 저하를 예방한다. 이와 함께 개인의 체력에 맞는 장비와 충분한 휴식을 제공하면, 신체적 안전과 심리적 통제감이 함께 보장된다.

5) 결론

뉴로마케팅은 코스 관리와 서비스 운영을 '뇌의 언어로 번역하는 전략적 도구'이다. 즉, 고객의 인지적 피로를 줄이고, 감각적 쾌감을 증폭시키며, 사회적 교감과 도파민 보상을 유기적으로 연결하는 종합적 설계 철학이다.

따라서 골프장은 완벽한 잔디 품질과 청각적 평온함, 시각적 정돈, 그리고 감정적 교감을 통해 인지 효율성과 정서적 몰입을 동시에 달성해야 한다. 그 결과, 고객은 단순히 '좋은 경험'을 넘어, '잊을 수 없는 최적의 경험(unforgettable optimal experience)'을 얻게 된다. 이러한 경험은 골프장 브랜드에 대한 무의식적 애착을 형성하고, 장기적 충성도와 시장 경쟁력을 결정짓는 핵심 요인이 된다.

6. 뉴로마케팅으로 본 캐디의 역할
― 감정과 인지를 조율하는 살아 있는 인터페이스

1) 왜 골프에는 다른 레저·스포츠에 없는 캐디(보조원)가 있을까?

골프에만 존재하는 '캐디(caddie)'라는 보조원은 단순한 직업 제도나 서비스 구조의 산물이 아니다. 이는 골프라는 스포츠가 지닌 인지적·사회적·문화적 복합성을 압축적으로 보여주는 현상이다. 다른 레저 스포츠와 달리 골프에서만 캐디가 필수적 존재로 남아 있는 이유는, 이 종목이 뇌의 작동 방식과 인간의 사회적 상호 작용을 깊게 요구하는 특이한 구조를 지니기 때문이다. 이 점을 신경심리학적, 사회문화적, 그리고 역사적 관점에서 살펴볼 수 있다.

(1) 인지적 복잡성: 골프는 외적 자극보다 내적 예측이 지배하는 스포츠

골프는 공이 멈춰 있는 상태에서 시작되는 매우 드문 형태의 스포츠이다. 축구나 테니스처럼 상대의 움직임에 즉각 반응하는 '즉시 반응형 스포츠'가 아니라 스스로 판단하고 예측해야 하는 '내적 사고형 스포츠'이기 때문이다. 플레이어는 매 순간 거리, 경사, 바람, 지면의 미세한 상태를 종합적으로 계산해야 하며, 이 과정에서 뇌는 막대한 인지적 부하(cognitive load)를 겪는다.

바로 이때, 캐디는 단순히 짐을 들어주는 조수가 아니라 '외부형 메타인지 장치'로 기능한다. 그들은 방향, 거리, 클럽 선택, 감정 안정 등 판단 과정의 부담을 덜어주며, 결정 피로(decision fatigue)를 완화시킨다. 신경경제학적으로 보면, 캐디는 골퍼의 ACC와 전전두엽이 담당하는 '판단·계획·조정' 기능 일부를 대신 수행한다. 즉, 캐디는 플레이어의 두 번째 뇌(second brain)로 작동하는 셈이다.

(2) 사회적 구조: 골프는 1:1 혹은 소집단 내의 사회적 교섭의 장

골프는 경기 자체보다 사람 사이의 관계와 분위기가 훨씬 더 중요한 스포츠이다. 하나의 라운드에는 협력과 경쟁, 예절과 심리, 대화와 침묵이 교차한다. 이 안에서 캐디는 단순한 진행 인력이 아니라 '사회적 중재자(social mediator)'로서 기능한다.

그들은 플레이어 간의 대화 리듬과 타이밍을 조정하고 미묘한 감정의 긴장을 완충한다. 실수를 한 뒤 어색해진 분위기를 가볍게 풀어주거나, 과도한 경쟁 분위기를 완화해 주는 것도 캐디의 역할이다. 즉, 캐디는 사회적 리듬(social rhythm)을 다루는 조율자이며, '운동 보조'와 '사회적 예절 관리'라는 이중 기능을 동시에 수행한다.

이러한 사회적 감정 조율의 기능은 한국, 영국, 일본 등에서 발전한 골프 문화 전반에 공통으로 존재한다.

(3) 역사적 기원: 귀족 스포츠에서 산업 서비스로 변한 흔적

캐디의 기원은 16~18세기 스코틀랜드로 거슬러 올라간다. 당시 귀족들은 골프를 즐기며 클럽과 공을 운반할 하인을 데리고 다녔다. 이 하인을 '캐디(caddie)'라고 불렀는데, 이는 원래 군사 용어인 카데트(cadet, 장교

후보생)에서 유래한 말로 '보조하는 젊은이'라는 뜻이다.

산업화 이후, 귀족의 하인 역할이 전문 서비스직으로 제도화되면서 코스 안내, 경기 진행, 퍼팅 라인 조언 등 실질적 보조 기능이 추가되었다. 테니스나 축구처럼 규격화된 경기장은 별도의 안내가 필요 없지만, 골프장은 지형·기후·코스 설계가 모두 다르기 때문에 숙련된 해석과 안내가 필요했다. 이로써 캐디는 단순한 하인의 역할을 넘어 코스 정보의 해석자이자 경기의 감정적 동반자로 발전했다.

(4) 신경·문화적 결론: 골프는 자기 조절적 운동, 캐디는 그 메타 조절자

골프는 '정지된 공을 치는 운동'이지만, 실제로는 끊임없는 자기 조절의 연속이다. 캐디는 바로 그 자기 조절 과정을 외부에서 지원하는 '메타 조절자(meta-regulator)'로 존재한다. 그는 플레이어의 감각·판단·행동을 정돈하며, 동시에 사회적 정서를 매개한다. 따라서 캐디는 단순한 보조 인력이 아니라 골프라는 복합적 인간 행동을 완성하는 마지막 퍼즐이자 인지·정서·사회적 조율의 전문가이다.

구분	다른 스포츠	골프	캐디의 기능
환경 예측	단순(코트·필드 고정)	복잡(지형·바람·거리 변화)	환경 정보 대리
즉시 반응성	상대방 중심	자기 중심	판단 대리
사회적 상호 작용	팀 단위	소규모 협상 단위	분위기·예절 조율
인지 부하	외부 자극 반응	내부 모델 시뮬레이션	메타 인지 지원

결국, '왜 골프에는 캐디가 있는가?'라는 질문은 '왜 인간은 복잡한 결정을 내릴 때 타인의 도움을 필요로 하는가?'라는 질문과 같다. 캐디는 인간의 뇌가 스스로의 부담을 분산하기 위해 만들어낸 '사회적으로 확

장된 인지'의 산물이며, 그 존재 자체가 골프가 지닌 사회적 인지의 본질을 증명한다.

2) 캐디의 신경심리학적 역할 구조

골프장에서 캐디가 수행하는 행동 하나하나는 단순한 경기 보조 이상의 의미를 지닌다. 그들의 언어, 시선, 걸음, 타이밍은 모두 플레이어의 뇌와 감정, 행동의 리듬을 조율하는 신경심리학적 상호 작용이다. 즉, 캐디는 골퍼의 몸 바깥에서 작동하는 또 하나의 '보조 뇌(auxiliary brain)'이며, 골프라는 자기 조절적 스포츠가 제대로 작동하기 위해 필수적인 인지·정서·사회적 조율자이다.

이러한 역할은 신경심리학적으로 다섯 가지 층위로 구분할 수 있다. ① 인지 조율자, ② 정서 조절자, ③ 사회적 교류 촉진자, ④ 몰입 촉진자, ⑤ 경험 피드백 제공자가 그것이다. 이 다섯 역할은 서로 독립적이면서도 유기적으로 얽혀 하나의 완결된 인간 지원 체계를 만들어낸다.

(1) 인지 조율자: 판단과 예측을 함께 설계하는 외부형 전전두엽

캐디의 첫 번째 역할은 플레이어의 판단과 예측을 조율하는 인지 보조자로서의 기능이다. 플레이어는 매 순간 거리, 경사, 풍향, 지면의 감각 정보를 해석해야 하지만, 경기 중에는 감정적 긴장으로 인해 인지 자원이 쉽게 소모된다.

이때 캐디는 거리 정보를 구조화해 주고, 시각적 기준점을 제시하며, 리듬과 템포를 일정하게 유지하도록 돕는다.

그의 언어 한마디, 손끝의 방향 지시는 골퍼의 전전두엽이 수행하는 판단과 계획 기능을 외부에서 지원한다. 즉, 캐디는 '거리 계산자'가 아

니라 '인지의 지휘자(cognitive orchestrator)'이다.

(2) 정서 조절자: 감정의 진폭을 조율하는 외부형 항동성 회로

골프는 집중의 경기이자 감정의 경기이다. 하나의 실수로 흐름이 무너지고 감정이 흔들리면 인지는 즉시 오류를 가져온다. 따라서 캐디는 플레이어의 감정 리듬을 안정시켜 주는 '정서 조절자(affective regulator)'로 기능한다. 실패 직후의 위로, 성공 직후의 안정적 톤, 실수에 대한 부드러운 리프레이밍. 이 모든 것은 신경생리학적 개입이다.

그 순간 캐디의 언어는 편도체의 과잉 반응을 억제하고 ACC의 긴장을 완화한다. 이렇게 감정의 진폭이 일정하게 유지될 때, 골퍼는 다시 집중을 회복하고 몰입의 리듬으로 돌아갈 수 있다. 캐디는 곧 감정의 항동성을 유지하는 외부형 조절자, 말하자면 '심리적 균형의 엔지니어'이다.

(3) 사회적 교류 촉진자: 관계의 리듬을 조정하는 사회적 뇌의 확장

골프는 혼자 치는 운동이지만, 항상 누군가와 함께 한다. 동반자와의 관계, 대화의 타이밍, 미묘한 위계, 사회적 거리—이 모든 것이 경험을 정의한다. 캐디는 이러한 사회적 리듬(social rhythm)을 읽고 조정하는 '사회적 감정 촉매자(social mediator)'이다.

그는 플레이어들의 표정·시선·호흡을 감지해 대화의 템포를 바꾸거나 긴장된 순간을 완충한다. 때로는 유머로, 때로는 침묵으로 분위기를 미세하게 조율한다.

이 과정은 측두두정접합부(TPJ)와 내측 전전두엽(mPFC) 등 사회적 뇌의 핵심 영역이 담당하는 '타인의 마음 읽기' 기능과 동일한 구조를 가

진다. 즉, 캐디는 골프장이라는 작은 사회 속에서 '집단 감정의 균형자'로 작동한다.

(4) 몰입 촉진자: 집중의 리듬을 유지해 주는 외부형 신경 조율자

'몰입(flow)'은 골프의 본질이다. 한 홀에서 다른 홀로 이어지는 리듬 속에서 플레이어의 주의·호흡·감정이 하나로 합쳐질 때 비로소 최적의 퍼포먼스가 나온다. 캐디는 이러한 몰입 상태를 설계하고 유지해 주는 '몰입 촉진자(flow facilitator)'이다. 그는 플레이어가 과도하게 긴장할 때는 호흡을 유도하고, 의욕이 떨어질 때는 템포를 되살리며, 루틴이 흐트러지면 다시 그 패턴을 복원시킨다. 이 모든 행위는 전전두엽-소뇌-보상계의 리듬을 정렬시키는 조정 작용이다. 즉, 캐디는 '리듬을 다루는 뇌 외부의 신경 지휘자'이다.

(5) 경험 피드백 제공자: 학습과 의미를 강화하는 도파민 설계자

라운드가 끝난 뒤, 캐디는 단순히 결과를 정리하는 것이 아니라 그날의 성공과 실패를 의미화해 주는 마지막 메타 인지적 임무를 수행한다. 이것이 바로 '경험 피드백의 제공자(experiential feedback provider)'이다.

그가 건네는 피드백은 단순한 칭찬이 아니라 플레이어의 뇌 속에서 '예상한 보상과 실제 보상 간의 차이(reward prediction error)'를 해석하게 만든다. 이 과정을 통해 도파민 분비가 조정되고 학습이 강화된다. 결국 캐디는 플레이어의 경험을 단순한 경기 결과가 아니라 신경심리학적 학습으로 전환하는 메타 인지 코치이다. 그 한마디의 피드백은 골퍼의 뇌가 다음번에 더 나은 결정을 내리도록 회로를 재구성한다.

(6) 결론: 골프의 뇌, 캐디의 뇌

골프는 예측과 조절의 스포츠이며, 캐디는 그 예측과 조절을 지원하는 확장된 인간의 인지 시스템(extended cognitive system)이다. 그들은 플레이어의 판단을 조율하고 감정을 안정시키며, 관계를 조정하고 몰입을 유지시키며, 경험을 학습으로 환원하는 일련의 '인지-정서-사회적 조율자'이다. 즉, 캐디는 단순히 골프를 돕는 사람이 아니라 플레이어의 뇌가 최적의 상태로 작동하도록 환경을 설계하는 신경심리학적 파트너이다.

골프의 완성은 스윙이 아니라 관계에 있고, 그 관계의 중심에는 언제나 '생각하는 캐디', 곧 인간 뇌의 외부 확장체로서의 캐디가 있다.

3) 뉴로마케팅 관점에서 본 캐디 서비스의 가치 구조

골프의 캐디 서비스는 단순히 '편의 제공'이나 '경기 보조'의 영역을 넘어 플레이어의 감정·인지·기억·관계를 정교하게 설계하는 체험형 마케팅 구조를 이룬다. 즉, 캐디 서비스는 곧 '감정 경험을 설계하는 브랜드 접점(emotional touch point)'이다.

여기에서는 뉴로마케팅의 관점에서 캐디 서비스가 어떻게 플레이어의 신경계와 소비 감정 구조에 작용하여 골프장의 브랜드 가치와 고객 충성도를 형성하는지를 살펴본다.

(1) 감정 경험 설계: '감정이 곧 기억이고, 기억이 곧 브랜드이다'

뉴로마케팅의 기본 명제는 간단하다. 사람은 '상품'을 기억하는 것이 아니라 상품과 함께 느꼈던 감정을 기억한다. 골프장에서 캐디가 유발하는 감정적 경험은 바로 그 골프장 브랜드의 감정 기억(affective memory)

을 결정한다. 플레이어가 편안함, 신뢰, 몰입, 존중, 유쾌함을 느낀다면 그 감정은 '장소'와 '경험'으로 함께 저장되어, 다음 방문과 재구매로 이어지는 도파민 기반의 강화 학습(reinforcement learning)을 형성한다. 즉, 캐디 서비스는 골프장의 '감정 마케팅의 핵심 노드'이며, 그들의 말투, 표정, 행동 하나가 플레이어의 뇌 속에서 '좋은 장소', '다시 찾고 싶은 공간'이라는 감정적 기억 회로를 만든다.

(2) 인지 프레이밍: '판단을 돕는 말 한마디가 신뢰를 만든다'

캐디의 조언은 단순한 거리 안내가 아니다. 그들의 언어는 플레이어의 의사결정 구조(decision frame)를 형성한다. 예를 들어 "이 홀은 약간 왼쪽이 안전합니다"라는 조언은 불확실한 상황 속에서 인지적 안정감을 제공한다. 이때 뇌는 불확실성에 대한 불안을 줄이고 전전두엽의 판단 신호를 안정적으로 유지한다.

이러한 '인지적 안도감'은 브랜드 신뢰(brand trust)의 기초가 된다. 즉, 캐디는 골프장의 신뢰도를 인지적 언어로 구현하는 현장의 매개자이다. 뉴로마케팅 관점에서 보면, 캐디의 언어는 브랜드의 화법이자 골프장의 인격이다. 그들의 표현 방식이 곧 골프장의 가치 인식으로 전이된다.

(3) 사회적 보상: 좋은 관계의 감정은 가장 강력한 브랜드 경험

골프는 사회적 관계의 무대이다. 함께하는 사람, 대화의 분위기, 예절의 균형. 이 모든 것이 감정적 내용을 이루는 요소들이다. 캐디는 그 사회적 장면 속에서 분위기를 완충하고, 관계를 조율하는 '사회적 감정 매개자'로 작동한다.

그가 만들어내는 공감적 미소, 발언 타이밍, 유머의 뉘앙스는 플레이

어 간 관계의 마찰을 줄이고, 사회적 보상 시스템을 자극한다. 이는 뇌의 복측선조체(VS)와 옥시토신 회로를 활성화시켜 '편안하고 즐거운 사람들과의 기억'을 강화한다.

따라서 캐디의 사회적 역할은 개별 골퍼의 만족을 넘어서 골프장이 만들어내는 '사회적 경험 브랜드(social experience brand)'의 핵심 자산이 된다.

(4) 몰입의 리듬: '플로우(flow)를 느끼게 하는 서비스가 가장 오래 기억된다'

몰입은 감정적 만족의 최고 형태이다. 뉴로마케팅 연구에 따르면, 몰입 상태에서 경험한 브랜드는 일반 경험보다 3배 이상 강한 장기 기억 효과를 남긴다.

캐디는 플레이어의 호흡, 템포, 루틴을 읽고 주의력과 감정의 리듬을 정돈해준다. "지금 템포 아주 좋아요", "한 박자 쉬고 가시죠" 같은 짧은 언어가 뇌의 도파민 리듬과 소뇌-전두엽 루프를 안정시켜 감각·감정·행동이 하나로 합쳐진 몰입 상태를 만든다.

이 몰입의 순간이야말로 '경험의 하이라이트'이며, 브랜드에 대한 긍정적 인상이 가장 깊게 각인되는 시점이다. 따라서 캐디가 만들어내는 몰입의 리듬은 골프장의 고객 감정 자본(emotional capital)을 형성하는 핵심 요인이다.

(5) 피드백과 기억: '경험은 끝나도 감정은 남는다'

라운드가 끝난 직후, 캐디의 마지막 한마디는 뇌 속에서 기억을 감정화(emotional tagging)하는 결정적 순간을 만든다. "오늘 정말 리듬이 좋으

셨어요", "3번 홀에서의 선택이 아주 인상적이었어요"와 같은 멘트는 성취감과 자부심을 도파민으로 강화시키며, 골퍼의 기억 속에서 '좋은 하루'로 저장된다.

뉴로마케팅적으로 이는 보상 예측 오류(reward prediction error)를 이용한 학습 강화이다. 예상보다 좋은 평가가 주어질 때, 도파민 분비가 증가하고 그 경험은 '긍정적 자기 이미지'로 통합된다.

이렇게 형성된 기억은 단순한 소비 만족을 넘어 자기 정체성의 일부로 내면화된다. 즉, 플레이어는 '좋은 골프장'이 아니라 '나를 좋은 상태로 만들어주는 곳'을 기억한다.

(6) 브랜드 심리학적 결론: '캐디는 골프장의 감정 엔진이다'

뉴로마케팅의 언어로 해석하면, 캐디는 골프장에서 작동하는 '감정 엔진(affective engine)'이자 '인지 보조 인터페이스(cognitive interface)'이다. 그는 고객의 감정적 가치 지각(perceived emotional value)을 실시간으로 조정하며, 브랜드가 추구하는 심상(brand image)을 감정적으로 구체화한다. 요약하면 캐디 서비스는 다음의 다섯 층위에서 작동한다.

층위	뇌의 주요 반응	서비스 작용	마케팅 효과
감정 설계	도파민·세로토닌	안정감·만족감 유도	긍정 감정 기억 강화
인지 프레이밍	PFC·ACC	판단 지원, 신뢰 형성	브랜드 신뢰도 상승
사회적 보상	TPJ·VS	관계 완충, 공감 조율	관계 기반 재방문 효과
몰입 유도	소뇌·DAN	집중·루틴 유지	브랜드 체험 각인
학습 피드백	해마·VTA	성취감 강화	자기 동일시·충성도 강화

결국 캐디는 골프장에서 신경경제학적·정서심리학적 마케팅이 구현되는 최전선에 서 있다. 그들은 고객의 감정을 안정시키고 판단을 보조

하며, 관계를 조율하고 몰입을 유도하며, 마지막에는 경험을 의미화하여 기억 속 브랜드로 고정시킨다.

말하자면, 캐디는 골프장의 '두뇌'이자 '감정의 엔진'이며, 골프라는 체험형 산업을 인간의 마음과 연결해주는 뉴로마케팅적 핵심 장치이다.

4) AI 시대의 캐디: 인간 감정 지능의 확장

AI 기술은 골프의 기술적 난이도를 낮추지만, 캐디의 존재 이유를 없애지는 않는다. 오히려 인간 캐디의 역할은 감정과 관계, 몰입의 조율자로서 더 높은 지능적 깊이를 요구받게 된다.

AI가 거리와 바람, 코스의 정보를 완벽하게 계산하는 시대일수록 플레이어는 숫자가 아닌 감정의 언어를 필요로 한다. 바로 그 지점에서 AI와 인간 캐디의 협력(augmented empathy)이 새로운 가치로 떠오른다.

(1) 기술의 진보가 인간의 감정 지능을 소환하다

AI는 거리 계산, 샷 예측, 퍼팅 라인 분석을 정밀하게 수행한다. 하지만 그것만으로 플레이어의 만족도가 완성되지는 않는다. 그 이유는 골프가 단순한 데이터의 게임이 아니라 감정의 게임이기 때문이다.

인간의 뇌는 감정 상태에 따라 판단과 근육 반응이 달라진다. 불안하면 스윙이 빨라지고, 자신감이 높으면 리듬이 안정된다. 이러한 감정 리듬은 숫자로만 제어할 수 없고, 공감과 언어, 분위기의 상호 작용 속에서만 조율된다.

따라서 AI가 아무리 정교한 예측을 제공해도 그 정보를 어떻게 말해주고, 어떤 타이밍에 제시하느냐가 중요하다. 이 역할을 인간 캐디가 수행할 때, 기술은 감정과 결합해 '체험의 지능(experiential intelligence)'으로 진화한다.

(2) 인간 캐디와 AI 캐디의 상호 보완 구조

AI 캐디가 계산과 기록의 영역을 담당한다면, 인간 캐디는 감정과 맥락의 해석자가 된다. AI는 수치를 제시하지만, 인간 캐디는 그 수치의 의미를 전달한다.

기능 구분	AI 캐디	인간 캐디
정보 처리	거리·풍향·코스 분석	정보의 감정적 해석
판단 구조	확률·데이터 기반	경험·상황·감정 기반
감정 관리	없음(중립적 피드백)	공감·위로·동기 자극
관계 유지	비개인적 인터페이스	관계적 교감 중심
브랜드 경험	기술적 만족	감정적 기억·신뢰 구축

이 두 존재가 협력할 때, 골프장의 서비스는 인지와 감정이 통합된 하이브리드 경험으로 진화한다.

(3) 뉴로데이터 기반 캐디 서비스: 감정 리듬을 읽는 기술

AI 기술의 진정한 역할은 인간을 대체하는 것이 아니라 인간의 감정지능을 보조하는 것이다. 골퍼의 심박 수, 호흡, 표정, 시선 패턴 등은 감정 리듬의 신호 데이터로 측정할 수 있다. 웨어러블 센서, 스마트워치, AI 카메라가 수집한 이러한 데이터는 실시간으로 캐디 단말기에 시각화될 수 있다.

예를 들어 플레이어의 심박 수가 급격히 상승하면 '긴장 신호'로 표시되어 캐디가 언어 톤을 낮추고, 호흡이 일정해지면 '몰입 상태'로 인식해 리듬을 유지하도록 돕는다.

이런 방식으로 캐디는 AI가 제공하는 데이터 피드백을 통해 플레이어의 감정 리듬을 더 정확하게 읽을 수 있다. 즉, '감정의 기술화'가 캐디의 감정 지능을 확장하는 방향으로 작용하는 것이다.

(4) AI 캐디의 한계: '정확성'으로는 '공감'을 대신하지 못한다

아무리 정교한 인공지능이라도 '지금 이 순간 어떤 말을 해야 할지'는 완벽히 판단하지 못한다. AI는 확률을 계산하지만, 인간은 맥락과 감정의 흐름을 읽는다.

캐디의 한마디가 플레이어에게 안정감을 주는 이유는, 그 말이 논리적으로 옳기 때문이 아니라 감정의 타이밍이 정확하기 때문이다. AI가 할 수 없는 것은 바로 이 '공감의 시간 조율(empathic timing)'이다.

따라서 AI 시대의 캐디 교육은 단순히 기술을 익히는 것이 아니라 기술의 틈새에서 감정적 리듬을 세밀하게 조율하는 능력을 길러야 한다. AI는 감정을 '읽을' 수 있지만, '느낄' 수는 없기 때문이다.

(5) 인간+AI 캐디 모델: 감정 리듬을 설계하는 새로운 파트너십

AI 시대의 캐디 서비스는 '기계 vs 인간'의 대립이 아니라 '데이터와 감정의 조율'이라는 협업 구조로 발전해야 한다. 플레이어의 신체·심리 데이터를 AI가 실시간으로 분석하고, 인간 캐디가 그 데이터를 감정적으로 해석해 전달하는 것이다.

이 시스템은 단순한 정보 전달을 넘어 플레이어의 감정-인지-몰입 상태를 동적 루프(dynamic loop) 형태로 관리한다. [AI 데이터 분석]→[감정 상태 시각화]→[캐디의 언어·표정 피드백]→[플레이어의 감정 변화]→[AI의 실시간 업데이트]→반복. 이 구조가 완성되면, 골프는 더

이상 '스윙의 경기'가 아니라 감정과 집중의 인터랙티브 체험으로 진화한다.

(6) 감정 지능형 레저산업의 미래

AI 캐디 시스템은 단지 골프장 서비스의 혁신이 아니다. 그것은 감정 지능형(affective intelligence) 레저산업의 시발점이다. 여기서 인간의 감정과 AI의 데이터가 만날 때, 서비스는 효율이 아니라 정서적 품질(emotional quality)을 중심으로 평가받게 된다.

이때 캐디는 단순히 서비스직이 아니라 AI와 함께 감정의 리듬을 설계하는 감정 디자이너(affective designer)로 진화한다. 그들은 플레이어의 기분과 몰입, 자존감과 동기까지 관리하는 새로운 형태의 감정 경제(affective economy)의 주체가 될 것이다.

(7) 결론: 기술은 감정을 대체하지 않고, 감정을 확장시킨다

AI 시대의 캐디는 인간의 감정 지능을 대체하지 않는다. 오히려 기술을 통해 감정을 더 깊이 이해하고, 그 미세한 리듬을 더 정밀하게 다룰 수 있게 된다. AI는 데이터를 다루지만, 인간은 그 데이터를 의미로 바꾸는 존재이다.

따라서 AI 캐디 시대의 핵심은 기술이 아니라 그 기술을 감정적으로 해석하고 관계의 언어로 전달할 줄 아는 인간이다. 캐디의 본질은 '도와주는 사람'이 아니라 '감정의 리듬을 조율하는 사람'이다. AI가 더 많은 정보를 줄수록 인간 캐디의 감정 지능은 더 큰 가치를 지니게 된다.

7. 골프장 식당의 뉴로마케팅

1) 골프장 식당 마케팅: '맛'이 아니라 '감정'이 음식을 선택하게 만든다

(1) 고객은 '맛' 때문에 음식을 고른다?: 절반만 맞는 이야기

우리는 흔히 "음식은 맛이 전부다"라고 생각한다. 그래서 식당의 사장님들은 메뉴 개발에 목숨을 건다. 하지만 뇌과학은 조금 다르게 말한다. 신경심리학자들의 연구에 따르면, '맛있다'는 감각은 혀가 아니라 뇌가 만든다고 한다. 즉, 우리가 느끼는 '맛'은 음식 그 자체의 물리적 특성이 아니라 그 음식을 먹는 상황, 감정, 기대, 그리고 나 자신에 대한 인식이 결합되어 형성된 감정의 결과물이다.

예를 들어 같은 커피라도, 라운드를 끝내고 해질녘 클럽하우스에서 마시는 한 잔은 연습장에서 급히 마시는 커피보다 훨씬 '맛있게' 느껴진다. 그 이유는 커피의 성분이 달라서가 아니라 '지금의 나'가 느끼는 감정이 다르기 때문이다.

결국 고객은 맛이 아니라 감정을 소비한다. 그리고 그 감정을 '맛'이라는 언어로 표현할 뿐이다.

(2) 음식 선택의 진짜 기준은 '기대된 만족감'이다

음식을 고를 때 우리의 뇌는 이미 결과를 예측하고 있다. 이 과정을 '예측 코딩(predictive coding)'이라고 부른다. 즉, 실제로 맛을 보기 전부터 "이건 맛있을 거야", "이건 별로일 것 같아" 하는 내적 시뮬레이션을 돌리고 있는 것이다. 이때 작동하는 것이 뇌의 보상 회로(vmPFC, 측좌핵)이다. 여기서는 음식의 실제 자극이 아니라 '기대치'와 '기억'이 비교되어

만족감이 계산된다.

예를 들어 "지난번에 여기서 먹은 제육덮밥이 맛있었지→이번에도 그럴 거야"라는 기대가 형성되면, 그 순간 이미 도파민이 분비되고 행복한 예감이 생긴다. 실제 맛은 그 예감이 맞았는지를 검증하는 과정일 뿐이다. 따라서 고객이 진짜로 평가하는 것은 '음식의 맛'이 아니라 "내가 기대했던 감정이 충족되었는가"이다. 이것이 바로 '기대 만족(expectation satisfaction)'의 법칙이다.

(3) 골프장에서의 식사는 감정의 회복 과정

골프장에서의 식사는 단순한 끼니가 아니다. 라운드 전후의 감정 상태를 조율하는 심리적 의식(ritual)에 가깝다.

라운드 전에는 에너지를 채우고 집중력을 높여주는 메뉴, 즉 '활력의 음식'이 필요하다. 따뜻한 국밥, 아메리카노, 간단한 덮밥류처럼 빠르고 명료한 메뉴가 선호된다.

라운드 후에는 땀과 긴장이 빠져나간 몸과 마음을 달래줄 '보상의 음식'이 필요하다. 단백질이 풍부한 한식 정식, 와인과 어울리는 고급 메뉴, 혹은 여유로운 디저트가 이때 빛을 발한다.

음식은 영양이 아니라 감정의 균형을 회복하는 도구이다. 골프장 식당의 역할은 '배를 채우는 곳'이 아니라 '하루의 감정 리듬을 마무리하는 심리적 안식처'가 되어야 한다.

(4) 고객의 '맛'은 기억·관계·정체성이 만든다

한 번 떠올려보자. 라운드 동반자와 함께했던 즐거운 점심, 가족과 함께한 휴일의 식사, 혹은 혼자 여유롭게 마신 맥주 한잔. 이 기억들은 모두 '감정이 깃든 맛'으로 저장된다. 그래서 같은 메뉴라도 "누구와, 어떤 상황에서" 먹었는가에 따라 맛의 느낌이 완전히 달라진다.

뇌는 이런 감정적 기억을 해마와 편도체에 저장해두었다가 비슷한 상황이 오면 자동으로 꺼내 감정의 색을 입힌다. 즉, '음식의 기억'은 곧 '사람의 기억'이 된다.

게다가 음식은 정체성의 표현이기도 하다. 어떤 이는 "오늘은 스테이크로 기분을 내야지"라며 자신을 보상하고, 다른 이는 "나는 로컬푸드를 먹는 사람"이라며 자기 이미지를 확인한다. 이때 작동하는 뇌 부위가 바로 내측 전전두엽(mPFC), 즉 '나는 어떤 사람인가'를 인식하는 영역이다.

결국 고객의 선택은 입이 아니라 자아가 결정한다. "무엇을 먹느냐"보다 "그 음식을 먹는 나는 누구인가"가 더 중요한 시대이다.

(5) 골프장 식당 마케팅은 이제 바뀌어야 한다

골프장 식당의 성공 공식은 단순하다. '맛의 경쟁'에서 '감정의 설계'로 전환해야 한다.

항목	기존 관점	새로운 관점
메뉴 개발	맛·가격·양 중심	감정 시점(전/후)별 감정 메뉴
공간 연출	조명·인테리어 중심	감정 리듬(활력 vs 여유) 중심
직원 응대	신속·기능 중심	감정적 언어·리듬 조절 중심
홍보 포인트	"맛있다"	"기분이 좋아진다", "오늘이 완성된다"

맛은 이제 '필수조건'이 아니라 '감정의 매개체'이다. 고객이 돌아오는 이유는 "제육이 맛있어서"가 아니라 "그때의 기분이 좋았기 때문"이다.

(6) 결론: '맛의 시대'에서 '감정의 시대'로

고객은 더이상 단순히 음식을 먹지 않는다. 그들은 음식을 통해 자기 감정, 자기 정체성, 그리고 하루의 의미를 경험한다. 골프장 식당의 경쟁력은 '입이 아닌 마음을 만족시키는 능력'에 달려 있다. 즉, 음식을 파는 곳이 아니라 '기분을 연출하는 공간'으로 진화해야 한다. 맛은 혀가 느끼지만, 만족은 뇌가 결정한다. 그리고 뇌는 언제나 '감정이 있는 곳으로 돌아간다.' 고객은 '맛'을 먹는 게 아니라 "그 맛에 담긴 감정"을 먹는다.

2) 골프장 식당 고객의 감정·정체성 유형별 세그먼트
― 누가, 어떤 마음으로 식탁에 앉는가

(1) 식탁 앞의 '다섯 가지 마음'

우리는 모두 식당에 들어설 때마다 다른 감정으로 문을 연다. 어떤 사람은 피곤해서, 어떤 사람은 들떠서, 또 다른 사람은 함께 있는 누군가에게 좋은 인상을 주고 싶어서이다.

겉으로는 다 같은 "식사"처럼 보여도, 그 안에는 서로 다른 욕구, 감정, 자아의 얼굴이 숨어 있다. 특히 골프장 식당은 라운드 전후의 감정이 극적으로 바뀌는 공간이기에 그 차이가 더 분명하게 드러난다.

신경심리학적으로 보면, 이 차이는 단순한 취향이 아니라 '자기 조절 방식'의 차이이다. 즉, "나는 어떤 감정을 충족시키려는가"가 음식 선택을 결정한다.

(2) 제1유형—보상형 고객: '오늘 고생했으니 좋은 걸 먹자'

이들은 경기 후 라운드가 끝난 순간부터 이미 메뉴를 떠올린다. 자신이 잘 쳤든 못 쳤든 상관없다. 그저 오늘 하루의 노력에 대한 보상이 필요하다. 이들의 뇌에서는 도파민 보상 회로(ventral striatum)가 강하게 작동한다. 음식은 단순한 영양이 아니라 '자기 위로'이자 '성취의 상징'이 된다.

그래서 이들은 가격보다 감정적 포만감을 중시한다. 육류, 해산물, 코스 요리처럼 "나 자신을 대접받는 느낌"을 주는 메뉴를 좋아한다.

■ 마케팅 포인트:
— 라운드 종료 시간대에 '보상 세트', '프리미엄 정식'처럼 감성적인 단어를 붙인 메뉴 구성
— 직원 인사도 "오늘 라운드 수고 많으셨습니다"처럼 성취를 인정하는 언어 사용

(3) 제2유형—교류형 고객: '맛보다 중요한 건, 누구와 함께 먹느냐'

이들은 혼자 식사하면 맛이 반감되는 사람들이다. 음식은 '소통의 매개체'이자 '관계의 언어'이다. 이들의 뇌에서는 ACC와 편도체가 함께 작동하면서 '정서적 유대감'을 보상처럼 느끼게 만든다. 즉, 함께 웃고 이야기할 때 분비되는 옥시토신이 이들에게는 최고의 향신료이다.

■ 마케팅 포인트:
— "공유 플래터", "2인 세트", "함께 나누는 한 상" 같은 구성
— 둥근 테이블, 포토존, 단체석 등 교류형 좌석 배치
— 직원 응대 시 "함께 드시기에 좋습니다", "사진 한 장 찍어드릴까요?" 등의 언어 사용

(4) 제3유형—자아 표현형 고객: '이 메뉴는 나를 보여준다'

이들은 식사 자체를 '자기 표현의 무대'로 생각한다. 특히 고급 회원제 클럽을 자주 이용하거나, SNS를 적극적으로 활용하는 고객층이 여기에 속한다.

이들의 뇌 중심에는 내측 전전두엽(mPFC)이 있다. 이 부위는 '나는 누구인가'를 판단하는 자기 표상(identity representation)을 담당한다. 그래서 음식은 이들에게 있어 정체성의 상징이다.

그들은 '무엇을 먹는가'보다 "그걸 먹는 나는 어떤 사람인가"를 의식한다. 따라서 '로컬푸드', '셰프 추천', '제로 웨이스트' 같은 철학적 키워드에 강하게 반응한다.

- **마케팅 포인트:**
—스토리가 있는 메뉴("강원도 제철 재료로 만든 자연식 정식")
—셰프의 철학·재료 원산지·브랜드 스토리 노출
—SNS 촬영 포인트 및 브랜드 해시태그 유도

(5) 제4유형—치유형 고객: '잠시, 조용히 나를 쉬게 하고 싶다'

이들은 조용하고 안정된 분위기를 찾는다. 라운드의 긴장감이 끝난 뒤, 잠시 감정의 평형을 회복하고 싶은 사람들이다.

이들의 뇌에서는 섬엽과 미주신경(vagus nerve)이 활성화되어 '편안함'과 '심리적 회복'을 느끼게 한다. 그래서 자극적인 음식보다 따뜻한 국물, 허브티, 자연광이 있는 공간을 선호한다.

- **마케팅 포인트**
—창가의 조용한 테이블, 자연소리 BGM
—"힐링 메뉴", "자연 속 식탁", "따뜻한 한 그릇" 같은 감성 문구

— 직원 인사도 "편히 쉬다 가세요"처럼 '휴식'의 언어 사용

(6) 제5유형—효율형 고객: '빨리, 간단히, 합리적으로'

이들은 음식이 목적이 아니다. 경기 전후의 루틴 속 하나의 '과정'일 뿐이다. 맛보다는 속도, 가격, 편의성을 중시한다. 이들의 뇌는 도파민 시스템보다 전전두피질이 더 우세하게 작동한다. 즉, 감정보다는 '시간·비용 계산'이 의사결정을 주도한다.

■ 마케팅 포인트
— 셀프 주문, 정식 세트, 회전율 높은 메뉴
— "빠르게, 든든하게", "5분 완성 식사" 등의 문구
— 시각적으로 명확한 메뉴판 디자인, 대형 숫자 표시

(7) 감정·정체성 유형별 요약

유형	핵심 감정	대표 메뉴	공간 연출	언어 톤
보상형	성취·자기위로	한우 스테이크, 와인	중후한 조명, 정제된 음악	"오늘의 수고에 어울리는 한 끼이다."
교류형	유대·소속감	플래터, 전골, 치킨+맥주	둥근 테이블, 활기 있는 공간	"함께 즐기면 더 맛있습니다."
자아표현형	자기 정체성·취향	셰프 추천 코스, 제철 메뉴	미니멀·감각적 인테리어	"당신의 취향을 닮은 메뉴이다."
치유형	안정·회복	된장찌개, 허브티, 죽	창가 뷰, 자연광, 조용한 음악	"편히 쉬다 가세요."
효율형	효율·합리	덮밥, 국밥, 라면	밝고 개방된 홀	"빠르고 든든한 식사 준비해 드릴게요."

같은 메뉴라도, 먹는 이유가 다르면 완전히 다른 감정이 된다. 골프장 식당은 이제 '하나의 맛'을 제공하는 곳이 아니라 '다섯 가지 감정'을 설

계하는 공간이어야 한다.

(8) 마케팅 실천의 방향

① 감정 세그먼트 기반 메뉴 구성
— 아침: 효율형 중심(에너지 메뉴)
— 점심: 교류형+자아 표현형(감정 교류 메뉴)
— 저녁: 보상형+치유형(휴식·보상 메뉴)

② 감정 언어 중심 홍보 문구
— "맛있다"보다 "기분이 좋아진다"
— "든든하다"보다 "오늘이 완성된다"

③ 감정 기억을 남기는 경험 설계
— 조명·음악·향기를 일정하게 유지해 '기억의 향' 형성
— 직원의 인사 톤을 시간대별로 조정하여 기분의 리듬을 만들 것

(9) 결론: 감정은 새로운 '식재료'이다

이제 식당 마케팅은 음식보다 사람을 이해하는 학문이 되어야 한다. 고객은 혀로 판단하지 않는다. 그들의 뇌는 언제나 '감정이 회복되는 곳', '자신이 존재감을 느끼는 곳'으로 돌아온다. '맛있는 집'이 아니라 "기분이 좋아지는 식당", 그것이 골프장 식당의 차세대 진화이다.

3) 대중제 골프장 식당의 두 타깃층 전략: '같은 코스, 다른 마음의 라운드'

(1) 대중제 골프장은 더이상 '하나의 시장'이 아니다

'대중제 골프장'이라는 이름은 언뜻 비슷한 고객을 떠올리게 한다. 그러나 실제 현장은 완전히 다르다.

같은 코스를 걸어도, 어떤 사람은 "오늘은 가볍게 라운드만 즐기자"라고 생각하고, 다른 사람은 "이곳에서도 수준 있는 서비스를 경험하고 싶다"고 느낀다.

즉, 하나의 골프장 안에 '두 개의 가치 체계'가 공존하는 것이다. 하나는 가성비와 효율을 중시하는 실용적 이용층, 다른 하나는 자기 표현과 감정적 품격을 중시하는 경험 추구층이다. 이 두 층은 단순히 소득 차이가 아니라 감정의 우선순위가 다르다.

(2) 두 타겟층의 본질적 차이: 효용의 뇌 vs 정체성의 뇌

구분	가성비 효용층 (Utility-Oriented)	프리미엄 정체성층 (Identity-Oriented)
주요 동기	효율, 실용, 만족도	자아 표현, 품격, 감정의 완결성
주된 뇌 메커니즘	보상 계산 회로(vmPFC, NAc)	자기 표상 회로(mPFC, TPJ)
소비 성향	"가격 대비 괜찮다"	"내 이미지에 어울린다"
식당 이용 목적	배고픔 해소, 빠른 식사	관계 유지, 기분의 연장
가치 언어	실속, 효율, 합리	품격, 여유, 의미
감정 톤	각성·활동형(교감신경↑)	안정·몰입형(부교감신경↑)
대표 세그먼트 명칭	"활력 실속형"	"감정 품격형"

■ 요약
― 효용층은 "배가 고프면 먹는다"
― 정체성층은 "기분이 허하면 먹는다."

(3) 고객 세그먼트 기준의 설정

두 타깃층을 구분하기 위한 세그먼트 기준은 단순한 인구통계가 아니라 '감정 사용 방식'과 '자기 표현 욕구'로 구분해야 한다.

세그먼트 기준	설명	측정 가능 지표 예시
① 감정 동기 유형	효율/활력형 vs 감정/품격형	식사 시간대, 체류 시간, 대화 빈도
② 기대 만족 요인	빠른 서비스, 가성비 vs 분위기, 서비스 품질	메뉴 구성, 가격 수용도
③ 사회적 맥락	혼자 또는 실무 동반	동료·가족·비즈니스 동반
④ 정체성 표현 욕구	낮음(기능 중심) vs 높음(자기 표현 중심)	SNS 업로드, 와인/브런치 주문율
⑤ 공간 선호	셀프존, 오픈석	창가석, 프라이빗존

이 다섯 가지 기준이 '하나의 식당, 두 개의 감정 회로'를 구분하는 토대가 된다.

(4) 가성비 효용층 고객 유형: '라운드의 일부로서 식사를 하는 사람들'

이들은 '식사=휴식'이 아닌 '경기 과정의 연속'이다. 주로 중장년 남성 직장인, 아침·점심 시간대 이용자들이 많다. 그들의 핵심 키워드는 빠름·명확함·합리성이다.

하위 세그먼트	특징	메뉴/공간/응대 포인트
실속충전형	단골, 루틴형 식사	고정 메뉴, 회전율, 세트 구성
시간절약형	라운드 직전·직후 식사	셀프 존, QR 주문, 간편 덮밥류
효율회식형	경기 후 간단한 모임	맥주·전류, 단체석, 소음 허용

■ **핵심 키워드**: "빠르게, 든든하게, 합리적으로."

이들은 식사 그 자체보다 예측 가능한 편안함을 원한다. 맛보다 '불편함이 없는 시스템'이 재방문을 결정한다.

(5) 프리미엄 정체성층 고객 유형: '식사를 통해 하루의 의미를 완성한다'

이들은 같은 공간에서도 전혀 다른 경험을 원한다. 식사는 단순한 배식이 아니라 자기 감정의 연장선이다. 성취, 관계, 여유, 아름다움 같은 감정의 언어로 음식을 해석한다.

하위 세그먼트	특징	메뉴/공간/응대 포인트
감정보상형	성취·위로 중심	스테이크, 와인, 고급 정식
관계표현형	동반자와의 관계 강화	공유 메뉴, 프라이빗석
자아표현형	취향·가치소비 중심	지역식 재료, 셰프 추천 코스

■ **핵심 키워드**: "여유롭게, 품격 있게, 나답게."

이들은 메뉴보다 '경험의 분위기'를 구매한다. 맛이 기억되는 게 아니라 기분이 기억된다.

(6) 두 타깃층 공존을 위한 전략 원칙

대중제 골프장은 이제 '이중 구조의 감정 서비스'를 설계해야 한다.

한쪽은 효율로, 다른 쪽은 감정으로 움직이는 두 종류의 뇌를 동시에 만족시켜야 한다.

구분	효용층 존(Utility Zone)	정체성층 존(Prestige Zone)
공간 구조	오픈홀, 셀프라인	라운지홀, 조명·음향 분리
메뉴 구조	세트·정식, 실속형	코스·브런치·와인
조명·음향	밝고 균일(활력)	따뜻하고 부드러움(여유)
직원 언어	"빠르게 도와드릴게요."	"천천히 즐기시길 바랍니다."
평가 기준	회전율, 효율성	만족도, 체류 시간, 후기

■ **핵심 전략**: "두 개의 감정 회로를 분리하되, 브랜드 이미지는 통합하라."

즉, 효용 존은 '활력', 프리미엄 존은 '품격'을 담당하지만, 전체 브랜드 톤은 '자연과 여유'로 일관되어야 한다.

(7) 신경심리학적 배경 요약

심리축	효용층	정체성층
의사결정 체계	보상 예측 시스템(도파민 기반)	자기표상 시스템(세로토닌 기반)
감정 반응 속도	빠름, 즉각적	느림, 숙고형
기억화 방식	결과 중심(맛·가격)	맥락 중심(분위기·의미)
강화 요인	반복 경험→습관 강화	감정 경험→기억 강화

즉, 효용층의 만족은 습관으로, 정체성층의 만족은 기억으로 남는다. 둘 다 중요하지만, 작동 방식이 다르기에 서비스 설계도 달라야 한다.

(8) 결론: '같은 대중제, 두 개의 프리미엄'

대중제 골프장의 진짜 경쟁력은 '저렴함'이 아니라 '선택의 다양성'이다. 오늘날의 고객은 단순히 싼 곳을 찾지 않는다. 그들은 '나의 기분과 상황에 맞는 곳'을 찾는다. 따라서 대중제 골프장은 효용층에게는 '합리적 만족의 공간', 정체성층에게는 '감성적 품격의 공간'으로 두 가지 경험을 동시에 제공해야 한다.

같은 코스, 같은 주방, 같은 직원이더라도 공간의 리듬과 언어의 결이 다르면 완전히 다른 브랜드가 된다. 그때 비로소 대중제 골프장은 '가성비의 공간'을 넘어 '감정의 품질로 경쟁하는 공간'으로 진화할 것이다. 대중제 골프장의 미래는 '저렴함의 확장'이 아니라 '감정의 분화'에 있다.

4) 대중제 골프장 식당 메뉴판 설계 전략
― 감정, 기대, 뇌의 판단을 움직이는 3단 구조

(1) 기본 원리: '선택은 감정의 문제이다'

사람의 뇌는 선택지가 많을수록 만족도가 떨어진다. 이 현상을 '선택 과부하(choice overload)'라고 하며, 15가지 메뉴보다 6가지 메뉴만 있을 때 실제 만족도가 더 높다는 연구 결과가 있다.

또한 맥락 효과(context effect), 미끼 효과(decoy effect), 세일 프레이밍(sale framing)이 결합되면 고객은 "자신이 주체적으로 선택했다"고 느끼면서도 실제로는 식당이 유도한 메뉴를 선택하게 된다.

(2) 메뉴 구성의 기본 틀

구분	가성비 효용층	프리미엄 정체성층
선택 수	5~7개	6~8개
구조	기본(3)+세트(2)+프리미엄(1)	베이스(3)+추천(2)+셰프특선(2~3)
미끼	가격·양 대비 가성비 강조형	가격·감정 대비 품격 강조형
세일효과	시간·조합 할인	경험·감정 명분 제공

(3) 메뉴 구성 예시

① 효용층: '빠르고, 든든하고, 합리적으로'

■ 구성 의도

— 라운드 전/중/후의 에너지 효율 중심

— 고객이 "나의 선택이 현명했다"는 심리적 만족을 느끼게 설계

— 미끼 메뉴를 이용해 중간 가격대 메뉴 선택률을 높임

■ 효용 존 메뉴 예시

분류	메뉴명	가격(원)	심리 포인트
① 기본식(에너지형)	아침 라운드 국밥정식	12,000	'든든함'과 '가성비' 강조
① 기본식(에너지형)	제육덮밥	13,000	익숙함과 예측 가능성-안정감
① 기본식(에너지형)	골프장 라면+미니김밥	9,000	속도·간편함, 회전율↑
② 세트식(합리형)	골프런치 세트 (제육+국+커피)	15,000	미끼 역할: 중간 가격으로 유도
② 세트식(합리형)	단체 정식 (2인 이상)	14,000/인	교류형 니즈 충족, '가성비+관계'
③ 프리미엄 (Anchoring)	스테이크 정식	21,000	비교기준 역할: 다른 메뉴가 더 저렴해 보임

■ 설계 원리

— 앵커(Anchor): 스테이크 정식이 비싼 기준점을 만들어, 제육·런치 세트가 '합리적 선택'으로 인식됨.

— 미끼(Decoy): 런치 세트(15,000)는 단품보다 살짝 비싸지만, 커피 포함으로 만족도↑

→ 실제 선택률 1위 예상.

■ 세일 프레이밍

오전 11시 전 주문 시 "조기 티오프 세트 1,000원 할인"

→ 가격보다 '시간대의 보상'으로 인식되어 죄책감 없음

■ 효용 존 시각 연출

— 메뉴판 상단에 "빠르게, 든든하게, 합리적으로" 문구

— 숫자 크기 균등(가격 인식 편향 방지)

— 메뉴 사진은 실물 1.2배 밝기: '가성비=밝은 이미지'

— 왼쪽에서 오른쪽으로 가격 상승→ 심리적 상승선 유도

② 프리미엄 정체성층: '기분이 완성되는 한 끼'

■ 구성 의도

— '맛'보다 '기분의 품질'을 판매하는 메뉴 구조

— 고객이 자신의 정체성·취향을 투사할 수 있도록 선택 구조를 단순화

— 스토리텔링형 메뉴명을 활용해 감정적 의미를 부여

■ 프리미엄 존 메뉴 예시

분류	메뉴명	가격(원)	심리 포인트
① 베이스 메뉴 ① 베이스 메뉴 ① 베이스 메뉴	강원 제철 솥밥정식	19,000	지역성과 건강 이미지 —자아 표현형
	한우 스테이크 플레이트	25,000	'보상형'의 대표 메뉴, 품격 기준점
	트러플 오일 파스타	23,000	세련된 감각·SNS 선호형
② 추천 메뉴(미끼형) ② 추천 메뉴(미끼형)	셰프 추천 코스 (3코스)	29,000	스테이크보다 약간 비싸 →상위 선택 유도
	라운드 리커버 세트 (스프+디저트+티)	21,000	감정 회복형, 중간가 유도
③ 스페셜 메뉴(앵커)	와인 페어링 정식	39,000	기준점 역할, '프리미엄 대비 만족' 강조

■ 설계 원리

—미끼: 셰프 추천 코스는 스테이크보다 약간 비싸지만 '셰프'라는 단어가 감정 가치를 높여 자발적 상향 선택 유도.

—앵커: 와인 정식이 최고가로 제시되어 나머지 메뉴의 심리적 저항 감소.

—맥락 효과: 건강·자연·여유라는 정서적 맥락이 가격 인지보다 강하게 작용→감정 중심 의사결정 유도.

■ 세일 프레이밍

—"라운드 후 와인 한 잔 30% 할인"→단순 할인 아닌 '경기 보상 명분' 제공.

—"기분이 회복되는 티타임 세트"→회복(recovery) 프레이밍으로 감정적 세일 효과 강화.

■ 프리미엄 존 시각 연출

—메뉴판 배경: 따뜻한 우드톤, 활자체는 세리프(명조 계열)

— 가격 표기: 작게, 오른쪽 정렬 → 감정에 초점
— 메뉴명 왼쪽에 짧은 문장: "당신의 오늘을 완성하는 한 상", "강원 숲의 향을 담은 솥밥"
— 메뉴 사진 최소화, 대신 질감 강조(조명 톤 다운)

(4) 전체 메뉴판 구성 구조 요약

항목	효용층 메뉴판	정체성층 메뉴판
선택 개수	6개 내외	7개 내외
가격 구조	낮은 단가+미끼형 중간가+비싼 기준점	중간가 중심+고가 앵커
미끼	"세트 메뉴" 중심	"셰프 추천" 중심
앵커	스테이크 정식	와인 코스
세일 프레이밍	"시간·실속" 중심	"감정·보상" 중심
디자인 톤	밝음·활동적	따뜻함·정제됨
언어 톤	명확·단정	감성·서정적

(5) 신경심리학적 효과 정리

효과 명칭	설명	적용 포인트
선택 과부하 감소	메뉴를 6~8개로 제한하면 만족도와 주문 속도 상승	의사결정 피로 방지
앵커 효과	비싼 메뉴를 제시해 나머지를 합리적으로 느끼게 함	스테이크·와인 정식
미끼 효과	중간 메뉴를 상대적으로 매력적으로 보이게 함	런치 세트, 셰프 코스
맥락 효과	가격보다 분위기·언어의 맥락이 의사결정에 영향	메뉴명·문구 톤 조절
세일 프레이밍	'할인'보다 '명분'을 제시하면 심리적 저항 감소	"라운드 보상", "휴식의 선물"

(6) 결론: 메뉴판은 뇌와의 대화이다

고객은 메뉴를 고르지 않는다. 그들은 자신의 감정과 상황을 고른다. 따라서 메뉴판은 단순한 가격표가 아니라 고객의 뇌가 스스로 만족을 합리화하도록 설계된 감정적 구조물이어야 한다.

효용층에게는 '나는 합리적인 선택을 했다'는 자기 효능감, 정체성층에게는 '나는 내 취향을 표현했다'는 자아 만족감을 각각 남겨야 한다.

그때 비로소, 하나의 주방이 두 개의 감정을 요리하는 식당이 완성된다. 좋은 메뉴판은 맛을 고르게 하지 않는다. 고객이 '자신을 고르게' 만든다.

5) 대중제 골프장 식당 홀의 감정·정체성 맞춤형 디자인 매뉴얼

(1) 설계 개념: 두 개의 감정 회로, 하나의 공간

- **효용층 존**(utility zone): "활력과 효율의 감정 회로" → 교감신경 기반, 빠른 리듬·명료한 자극 선호
- **정체성층 존**(prestige zone): "품격과 자기 일치감의 회로" → 부교감신경 기반, 부드러운 자극·심미적 감정 선호
- **목표**: 한 공간 안에서 "활력"과 "안정"이 공존하도록, 감정 리듬(tempo)을 기준으로 시각·소리·향·재질을 분리 배치.

(2) 시각(visual) 디자인

요소	효용 존	프리미엄 존
조명 톤	4000~5000K, 균일한 백색광(활동성↑)	2800~3500K, 따뜻한 황색광(안정감↑)
색채 팔레트	흰색·연회색·밝은 목재톤	딥그린·브라운·골드
레이아웃	오픈형, 테이블 간격 좁음	라운지형, 공간 간격 여유
포인트 디자인	메뉴 보드, 셀프존 명확 표기	조명 포인트, 예술 오브제
시야 구조	직선적, 전체가 한눈에	곡선적, 시선이 머물게 함
자연광 활용	최소(균일조명 유지)	최대(창가·뷰 연계)

■ 시각 자극은 감정의 방향을 결정한다.
— 밝음: 교감신경 자극 → 각성, 효율
— 따뜻함: 미주신경 자극 → 안정, 자기 몰입

(3) 후각(olfactory) 디자인

요소	효용 존	프리미엄 존
향의 강도	중간~강함(식욕 자극)	약함~은은함(감정 안정)
주된 향	밥 짓는 냄새, 육류향, 커피 향	허브, 나무, 시트러스, 와인 향
공조 시스템	빠른 환기·냄새 분리	공기정화+아로마 디퓨저
식사 후 향 조절	탈취 중심	감정 여운 중심

향은 편도체를 직접 자극하므로, 효용 존은 '식욕 강화형 향', 프리미엄 존은 '감정 안정형 향'이 필요하다.

(4) 청각(auditory) 디자인

요소	효용 존	프리미엄 존
음악 템포(BPM)	90~120(활기)	60~80(안정)
음량	중간 이상(소음 허용)	낮음(잔향 중심)
음악 장르	어쿠스틱 팝, 재즈 피아노	클래식, Bossa nova, 자연음
음향 구조	단일 스피커, 넓은 확산	존별 음향분리(라운지스피커)
대화 리듬	빠름·활발	느림·정중

청각은 '공간의 속도'를 결정한다.

— 효용 존: 빠른 템포 → 회전율 ↑

— 프리미엄 존: 느린 리듬 → 체류시간 ↑

(5) 촉각(tactile) 및 재질(material) 디자인

요소	효용 존	프리미엄 존
가구 재질	단단한 목재·플라스틱	라탄·가죽·패브릭
의자 감촉	탄성 높음(짧은 체류)	부드러움(긴 체류)
테이블 표면	매끈·광택	무광·질감 있음
식기 질감	스테인리스, 단순 도자기	수공예 도자기, 돌·우드 트레이
온도감	균일한 냉방	약간 따뜻한 조도·온도
조명 반사율	높음(효율 강조)	낮음(심미 강조)

촉각 자극은 전전두엽의 감정 통합 영역(섬엽-ACC)을 자극한다.

→ "단단함=활력"/"부드러움=품격·정체성"

(6) 공간 감각(spatial sense) 디자인

요소	효용 존	프리미엄 존
공간 밀도	높음(가깝게, 효율적)	낮음(간격·프라이버시 강조)
좌석 배치	직선형, 군집형	라운드형, 시선 분리형
동선	짧고 직선적	부드럽고 곡선적
시선 구조	직원-고객 간 자주 마주침	고객-자연 경관 중심
구획 방식	파티션·가벽	식물·조명·음향으로 자연 구획
주조 명도	밝음(교감신경 자극)	어둡고 따뜻함(미주신경 자극)

공간 감각은 '심리적 거리감'을 결정한다. 효용 존은 '활동의 리듬', 프리미엄 존은 '정체성의 여유'를 담는다.

(7) 감정-정체성 맞춤형 통합 구조

■ **효용 존**(utility zone)

├ 시각: 밝음·명확

├ 후각: 강함·즉각

├ 청각: 빠름·활동성

├ 촉각: 단단함

└ 공간: 밀집·직선

↓

→ 교감신경 활성화 → 효율·활력·즉시 만족

■ **프리미엄 존**(prestige zone)

├ 시각: 따뜻함·심미

├ 후각: 은은함·자연향

├ 청각: 느림·잔향

├ 촉각: 부드러움

└ 공간: 여유·곡선

　↓

→ 미주신경 활성화 → 안정·자기 일치·감정 몰입

(8) 구현 예시: 하나의 홀, 두 개의 리듬

구역	기능	디자인 요소	감정 효과
활력 존 (Energy Zone)	효용층 중심 홀	밝은 조명, 오픈형 좌석, 셀프 코너, 음악 빠름	"활력과 효율"
라운지 존 (Lounge Zone)	정체성층 중심 홀	우드톤, 창가 뷰, 라운드 테이블, 잔잔한 음악	"품격과 여유"
경계 공간 (Transition Area)	양 존 사이 완충대	식물, 조명 변화, 소리 완충	감정 전이 완화, 뇌의 리듬 변환

(9) 실무 적용 포인트

① **시각**

— 효용 존: 밝기 ↑, 반사율 ↑

— 프리미엄 존: 조명 포인트 중심

② **후각**

— 주방 환기 분리, 존별 향 디퓨저 설치

③ **청각**

— 존별 스피커 회로 분리, BGM BPM 차등

④ 촉각
― 효용 존: 관리 용이성, 프리미엄 존: 감정 질감

⑤ 공간 감각
― 중심 동선은 효율형, 측면은 감정형으로 구분

(10) 결론: 하나의 식당, 두 개의 뇌

효용 존은 '활력의 뇌(교감신경)', 프리미엄 존은 '정체성의 뇌(미주신경)'를 만족시켜야 한다.

이 둘이 조화를 이룰 때, 대중제 골프장의 식당은 '그린 위의 식사'가 아니라 "감정이 회복되는 무대"가 된다.

6) 골프장 식당, 두 개의 마음을 위한 무대
― 효율의 뇌와 품격의 뇌가 공존하는 공간 디자인 이야기

(1) 식당 문을 열면, 두 개의 세계가 있다

대중제 골프장의 식당 문을 열면, 사실 그 안엔 두 개의 서로 다른 '뇌의 세계'가 공존한다. 한쪽은 "배고프다, 얼른 먹자"는 활력의 뇌가 지배하는 곳이고, 다른 한쪽은 "오늘의 라운드를 마무리하며 기분을 정리하고 싶다"는 정체성의 뇌가 작동하는 곳이다.

이 두 감정의 세계가 한 홀 안에 어울려 있으니, 식당은 단순히 밥을 먹는 곳이 아니라 '감정을 조율하는 무대'가 된다. 따뜻한 조명, 은은한 냄새, 조용한 음악, 의자의 감촉 하나까지 ― 모두 고객의 뇌가 '편안하다'고 느끼도록 계산된 심리적 장치들이다.

(2) 시각: 조명이 감정을 만든다

먼저 눈이 느끼는 세계이다. 활력 존(가성비 타깃 구역)은 마치 이른 아침의 햇살처럼 밝고 균일한 빛으로 가득하다. 조명은 하얀빛에 가깝고, 벽은 연회색 혹은 밝은 목재 톤. 이곳에 앉으면 몸이 살짝 각성되고, 식욕이 자극된다. "빨리 먹고 다시 움직이자"는 신호가 자연스럽게 켜진다.

반면에 라운지 존(프리미엄 존)은 분위기가 다르다. 조명은 조금 어둡고 따뜻하다. 마치 해질녘의 노을처럼 부드러운 빛이 식탁 위를 덮는다. 여기선 시간이 느리게 흐른다. 포크를 드는 손끝도 천천히, 목소리도 낮아진다. 이곳의 빛은 단순한 조명이 아니라 "감정의 속도 조절기"이다.

(3) 후각: 향이 기억을 만든다

냄새는 가장 은밀한 기억의 통로이다. 활력 존에서는 고기 굽는 냄새, 밥 짓는 냄새, 커피 향이 자연스럽게 섞인다. 후각은 곧 식욕을 깨우고, 몸은 다시 "에너지 충전 모드"로 돌아간다. 이 향은 '활동의 냄새'이다.

하지만 프리미엄 구역에서는 공기가 다르다. 허브향, 나무 냄새, 와인의 은은한 향이 섞여 있다. 냄새가 강하지 않고, 마치 마음이 편안해지는 듯한 향이 난다. 그 향은 고객의 기억에 남는다. 다음번에 비슷한 향을 맡으면 '그때의 편안함'이 다시 떠오른다. 결국 향은 냄새가 아니라 감정의 흔적이다.

(4) 청각: 음악이 공간의 리듬을 정한다

소리도 감정을 지휘한다. 활력 존에서는 부드럽지만 템포가 **빠른 재즈나 팝 음악**이 흐른다. 리듬이 조금 **빠르면 대화도 자연히 짧고 경쾌해**

진다. 포크와 수저 부딪히는 소리조차 '활기'로 들린다.

반면에 라운지 존에서는 음악이 낮고 느리다. 클래식 기타나 잔잔한 피아노가 배경을 채운다. 식탁 사이의 대화가 흘러가듯 섞여서, 하나의 풍경이 된다. 소리가 작을수록 사람의 감정은 깊어진다. "조용함은 고급스럽다"는 말은 심리적으로도 사실이다. 그래서 소리의 리듬이 곧 공간의 시간감을 결정한다.

(5) 촉각: 의자 하나로 달라지는 기분

앉는 순간의 촉감도 감정을 결정한다. 활력 존의 의자는 튼튼하다. 살짝 차가운 나무나 플라스틱 재질로, 짧은 시간 머물러도 허리가 곧게 펴지고 움직이기 편하다. '이곳은 일상과 연결된 식사'라는 신호를 준다.

반대로 라운지 존의 의자는 포근하다. 패브릭, 라탄, 혹은 가죽 재질로 감싸져 있고, 등받이가 부드러워 오래 앉아 있어도 편안하다. 손에 닿는 컵과 접시의 질감도 매끄럽지 않다. 살짝 거칠고 따뜻한 질감이 오히려 '사람 냄새'를 준다. 그 부드러움이 감정을 이완시킨다. 결국 '의자 하나가 고객의 머무는 시간'을 정한다.

(6) 공간 감각: 시선과 거리의 심리학

활력 존은 개방적이다. 테이블은 일정한 간격으로 놓여 있고, 직원의 움직임이 눈에 잘 들어온다. 시선이 막히지 않아 '속도감'이 느껴진다. '식사도 라운드의 일부'라는 메시지를 공간이 대신 말해 준다.

라운지 존은 조금 다르다. 테이블 사이의 간격이 넓고, 관엽식물이나 조명으로 공간이 자연스럽게 구획된다. 옆 테이블의 대화는 들리지만 방해되지 않는다. 고객은 마치 작은 섬처럼 자기만의 공간에 머무르게 된다. 이 거리감이 바로 심리적 여유를 만들어준다.

(7) 두 감정의 공존: 빠름과 느림의 공명

결국 한 홀 안에는 두 개의 리듬이 함께 흐른다. 활력 존은 빠른 박자(도파민)로 뇌를 깨우고, 라운지 존은 느린 리듬(세로토닌)으로 감정을 다독인다. 하나는 에너지를 채우고, 다른 하나는 마음을 회복시킨다.

두 존의 경계에는 식물이 놓여 있고, 조명이 서서히 바뀐다. 조용히 다른 리듬으로 옮겨가듯, '효율의 뇌'에서 '품격의 뇌'로 감정이 이동한다. 이것이 바로 '하나의 식당, 두 개의 뇌'라는 공간의 철학이다.

(8) 결론: 식당은 결국 감정을 요리하는 곳이다

좋은 식당은 맛있는 음식을 내는 곳이 아니다. 사람의 기분을 요리하는 곳이다. 밝은 빛이 피곤한 뇌를 깨우고, 따뜻한 조명이 마음의 속도를 늦춘다. 의자의 질감이 감정을 지탱하고, 조용한 음악이 기억을 완성한다. 그래서 성공적인 식당은 이렇게 말한다. "우리의 음식은 입으로 먹는 게 아니라 마음으로 느껴집니다." 골프장 식당이야말로 그 말이 가장 어울리는 공간이다. 그곳은 단순한 식사가 아니라 라운드의 시작과 끝을 완성하는 감정의 무대이기 때문이다. 좋은 골프장 식당은 음식을 파는 곳이 아니라 감정의 리듬을 디자인하는 곳이다.

7) 감정으로 일하는 사람들: 식당의 진짜 맛은 직원이 만든다

(1) 식당의 첫 맛은 사람이다

어떤 식당을 떠올릴 때, 사람들은 흔히 '음식 맛'을 먼저 말한다. 하지만 조금만 생각해 보면, 그 맛을 먼저 만든 것은 사람이었다. 요리사의 표정, 서빙 직원의 말투, 손의 속도, 심지어는 미소의 각도까지. 식당의 첫인상은 입이 아니라 사람의 얼굴에서 시작된다. 특히 골프장 식당처럼 '활동 후의 휴식 공간'에서는 음식보다 먼저 직원의 태도가 고객의 감정 회로를 켠다.

(2) 두 세계를 움직이는 사람들

대중제 골프장의 식당은 두 개의 세계로 나뉜다. 한쪽은 빠르고 활기찬 '가성비 효용 존', 다른 한쪽은 느리고 품격 있는 '프리미엄 정체성 존'.

이 두 세계를 조율하는 건 결국 사람의 리듬이다. 요리사와 직원이 같은 공간에서 서로 다른 감정 속도를 연기하듯 움직여야 한다. 이곳의 직원은 단순히 일하는 사람이 아니라 하나의 무대 위 배우이자 감정 연출자다.

(3) 요리사는 '연출자'이다

효용 존의 주방은 분주하다. 후드 팬이 웅웅 울리고, 팬에 고기가 익는 소리가 박자를 만든다. 여기서 요리사는 속도와 정확성의 지휘자다. 칼의 리듬은 일정하고, 동작은 군더더기가 없다. 음식의 미학보다 조리의 효율과 리듬감이 중요하다.

반면에 프리미엄 존의 주방은 마치 공연 무대 같다. 조리 속도가 느리고, 손의 움직임이 섬세하다. 조리대의 불꽃보다 표정이 더 조용하고 정제되어 있다. 이곳의 요리사는 '음식'보다 '기분'을 요리한다. "이 음식이 오늘의 감정을 어떻게 마무리할까?"를 고민한다. 한쪽은 '속도의 예술가', 다른 한쪽은 '감정의 디렉터'이다.

(4) 서빙 직원은 '감정의 안내자'이다

　서빙 직원은 단순히 음식을 나르는 사람이 아니다. 그들은 손님이 어떤 기분으로 식당에 들어왔는지, 그 표정과 몸짓으로 읽어내는 감정 탐지기이다.

- **효용 존 직원**
— 움직임이 빠르고, 눈빛이 밝다.
— 말투는 짧고 명확하다. "주문 도와드릴게요!", "곧 나옵니다."
— 단정한 미소, 빠른 걸음.
— 고객의 시선을 맞추되 오래 머물지 않는다.
— 이 직원의 목표는 "기분 좋게 효율적"이다. 손님은 그 리듬 속에서 '활력'을 느낀다.

- **프리미엄 존 직원**
— 목소리가 낮고, 속도가 느리다.
— 말투는 여유 있고 정중하다. "오늘 라운드는 어떠셨어요?", "식사 중 편히 쉬시길 바랍니다."
— 시선은 잠시 머물고, 손의 제스처는 부드럽다.
— 음식 설명도 마치 이야기를 들려주듯 한다.
— 이 직원의 목표는 "기분이 고요하게 정리되는 경험"이다. 고객은 그들의 말 한마디에서 '나를 존중받는 기분'을 느낀다.

(5) 유니폼은 말 없는 언어이다

　의상은 직원이 입는 옷이 아니라 공간의 언어이다. 효용 존의 유니폼은 밝고 단정하다. 흰 셔츠에 네이비 앞치마, 간결한 디자인. 이 색 조합은 '깨끗함, 속도, 신뢰감'을 상징한다. 고객의 뇌는 이런 시각적 단서에서 이미 '효율'을 인식한다.

프리미엄 존의 유니폼은 조금 다르다. 올리브 톤 셔츠, 베이지 팬츠, 또는 따뜻한 브라운 앞치마. 색이 주는 '온기'가 감정을 안정시킨다. 조명 아래서 유니폼의 재질이 부드럽게 반사되면 고객은 무의식적으로 '이곳은 편안하다'고 느낀다. 한쪽은 빛의 선명함, 다른 한쪽은 은은함의 품격을 입는다.

(6) 근무 편성: 리듬이 다른 사람들을 배치하라

식당 운영의 숨은 핵심은 '리듬의 조율'이다. 효용 존에는 활동적이고 빠른 대응이 강점인 직원, 프리미엄 존에는 정중하고 감정 공감력이 높은 직원을 배치해야 한다.

라운드 피크 타임에는 효용 존 중심으로 인원을 집중시키고, 오후 느린 시간대에는 프리미엄 존을 확장해 여유를 주는 식이다.

요리사도 마찬가지이다. 조리 스피드가 빠른 인원과 플레이팅 감각이 섬세한 인원을 시간대별로 교차 투입하면, 식당 전체의 감정 리듬이 안정된다.

결국 근무표는 단순한 스케줄이 아니라 공간의 뇌파를 조율하는 악보이다.

(7) 매너는 기술이 아니라 '감정의 연출'이다

좋은 매너란 단지 친절한 행동이 아니다. 그건 고객의 기분이 어떻게 바뀌고 있는지를 '눈치채는 감정의 기술'이다. 효용 존에서는 속도와 에너지가 매너이다. 프리미엄 존에서는 눈빛과 여백이 매너이다. 둘 다 진심이지만, 리듬이 다르다. 한쪽은 '빠름이 배려', 다른 한쪽은 '느림이 품격'이다.

(8) 결국 사람의 태도가 공간의 온도를 결정한다

식당의 인테리어, 조명, 메뉴가 아무리 훌륭해도 직원의 표정이 차갑다면 공간은 금세 식는다. 반대로, 인테리어가 평범해도 직원이 따뜻한 리듬으로 일하면 공간이 살아난다. 결국 식당의 감정 온도는 사람이 만든다. 요리사가 불을 다루고, 직원이 감정을 다루며, 둘이 함께 손님의 하루를 완성한다. 음식은 혀로 기억되고, 서비스는 마음에 새겨진다.

골프장 식당이 진짜 성공하려면, '무엇을 파느냐'보다 '어떻게 사람을 대하느냐'가 먼저이다. 그때 비로소, 식당은 '음식의 장소'를 넘어, 사람의 기억이 되는 공간이 된다. 좋은 식당은 음식을 잘하는 곳이 아니라 사람을 통해 감정을 요리하는 곳이다.

8) 결론: 식당은 '맛'이 아니라 '감정'을 팔아야 한다

(1) 맛의 경쟁은 한계가 있다

요즘 골프장 식당은 다 비슷하게 맛있다. 고기 질도 좋고, 반찬도 깔끔하다. 그런데 어떤 곳은 '맛있었다'로 끝나고, 어떤 곳은 '다시 가고 싶다'로 남는다. 그 차이는 감정의 경험이다.

사람은 혀로 음식을 기억하지 않는다. 음식을 먹을 때의 감정, 그때의 분위기와 사람, 조명과 대화, 그 모든 것이 한데 묶여 '맛의 기억'이 된다. 결국 식당이 경쟁해야 할 대상은 다른 식당의 레시피가 아니라 고객의 뇌 속에서 만들어지는 감정의 인상이다.

(2) 고객은 음식이 아니라 '자기 감정'을 선택한다

고객은 메뉴판을 보며 이렇게 말한다. '무엇을 먹을까?' 하지만 그 속 뜻은 "지금 어떤 기분을 느끼고 싶은가?"이다.

배고픔을 채우고 싶다면 효율적 메뉴를, 기분을 회복하고 싶다면 감정적 메뉴를 고른다. 즉, 음식의 선택은 신체적 욕구와 심리적 욕구의 교차점에서 일어난다. 그래서 진짜 마케팅은 음식 자체보다 "그 음식을 통해 어떤 감정을 살 수 있느냐"를 보여주는 일이다. 좋은 식당은 '무엇을 파느냐'보다 '어떤 기분을 팔고 있느냐'를 안다.

(3) 두 타깃, 두 리듬

대중제 골프장은 두 개의 감정 회로를 가진 손님을 동시에 맞이한다.

구분	효용층	정체성층
심리적 목표	빠름, 든든함, 합리성	여유, 품격, 자기 표현
대표 감정	효율, 만족, 에너지	안정, 여유, 자존감
공간 리듬	밝음·직선·속도	따뜻함·곡선·느림
메뉴 전략	미끼형 세트, 합리적 가격	감정 스토리형, 프리미엄 코스
직원 리듬	명료, 빠른 응대	정중, 느린 말투

이 둘을 '대립'이 아니라 '조화'로 연결할 때, 식당은 '활력의 뇌와 안정의 뇌가 함께 만족하는 장소'가 된다.

(4) 골프장 식당 마케팅의 본질: 감정의 시나리오를 설계하라

바람직한 식당 마케팅은 메뉴를 파는 기술이 아니라 고객의 하루 속

감정 여정을 설계하는 일이다. 라운드 시작 전엔 각성감이 필요하고, 경기 중엔 효율이 필요하며, 라운드 후에는 회복과 여운이 필요하다. 따라서 식당의 마케팅도 시간대별, 감정 리듬별로 맞춰야 한다.

시간대	감정 욕구	제안 메뉴	마케팅 언어
오전	각성, 준비	조식 정식, 커피	"라운드의 에너지를 채우세요."
정오	효율, 활력	런치 세트, 단체식	"팀 플레이처럼, 함께 든든하게."
오후	회복, 휴식	디저트 세트, 와인	"오늘의 라운드를 마무리하는 시간."

결국 마케팅의 핵심은 '무엇을 먹는가'가 아니라 '언제, 어떤 감정에 맞춰 제안하는가'이다.

(5) 식당 직원은 브랜드의 얼굴이다

고객이 식당에서 기억하는 것은 음식의 맛보다 직원의 눈빛, 미소, 말투이다.

— 효용 존에서는 '빠름이 친절'이다.

— 프리미엄 존에서는 '느림이 품격'이다.

같은 '감사한다'라도 말의 속도와 높낮이에 따라 고객의 감정은 전혀 달라진다. 즉, 직원은 브랜드의 목소리이자 식당의 심장이다.

(6) 시각·후각·청각·촉각: 감정의 오케스트라

고객에게 만족을 주는 식당은 다섯 감각을 악기처럼 다룬다. 시각으로 분위기를 시작하고, 후각으로 식욕을 깨우며, 청각으로 대화의 리듬을 만들고, 촉각으로 머무는 시간을 결정한다.

이 네 가지가 조화를 이루면, 고객의 감정은 저절로 "좋았다"로 귀결된다. 그 한마디가 바로 최고의 마케팅 문장이다.

(7) 결론: 식당의 맛은 감정의 품질이다

요즘 식당은 경쟁이 아니라 공감의 싸움을 하고 있는 것이다. 맛으로는 비슷하고, 가격으로는 한계가 있다. 이제 차별화의 무대는 감정의 품질이다.

골프장 식당의 마케팅은 이렇게 정의할 수 있다. "하루의 리듬과 감정의 결을 이해하고, 그에 맞는 공간·메뉴·사람의 리듬을 연출하는 일." 그것이 곧 감정 기반 마케팅이다.

8. 골프장 종결 뉴로마케팅: 마지막 15분의 신경심리학

하루의 라운드가 끝나고, 고객이 카트를 반납하고 클럽하우스 문을 나서는 순간—그 짧은 15분이 기억의 절반을 결정짓는다. 왜냐하면 인간의 뇌는 경험 전체를 평균적으로 기억하지 않고, '가장 강렬한 순간(peak)'과 '마지막 순간(end)'을 중심으로 요약 저장하기 때문이다. 이 현상을 심리학에서는 '피크-엔드 규칙(peak-end rule)'이라 부른다.

즉, 골프장에서의 마지막 인상이 좋으면 그날의 모든 서비스 품질이 한층 더 긍정적으로 회상되며, 반대로 마지막 순간이 허전하거나 무표정하면 이전의 즐거운 라운드조차 퇴색되고 불편한 감정만 남는다. 이때 형성되는 기억의 질은 단순한 감정이 아니라 도파민과 옥시토신의 분비 패턴에 의해 강화되거나 약화된다. 따라서 '종결의 마케팅(exit marketing)'은 고객의 뇌 속에서 긍정적 보상을 남기는 생리적 설계가 되어야 한다.

1) 퇴장의 순간: 도파민 시스템의 마지막 스파크

도파민은 단순한 '쾌감 물질'이 아니다. 그것은 '다시 하고 싶다'는 동기적 예측 신호(motivational prediction signal)이다. 즉, 마지막 순간에 도파민이 분비되면 그 경험은 '다시 반복할 가치가 있는 일'로 기억된다.

고객이 주차장으로 걸어나갈 때, 그의 몸은 이미 운동 후의 피로감과 사회적 교류의 여운 속에 있다. 이때 한 모금의 달콤한 음료, 시원한 냉수 한 병, 혹은 작은 기념품 하나가 주는 감각적 보상은 도파민 회로(복측피개영역-VTA→측좌핵-NAcc)를 자극하며 "오늘 하루, 참 좋았다"는 인상으로 뇌 속에 각인된다.

이 감각적 보상은 단순한 서비스가 아니라 기억을 재구성하는 '마지막 강화 신호'이다. 따라서 퇴장 시점에서 제공되는 '헤어짐의 선물'은 고객 감정의 마무리를 설계하는 결정적 마케팅 장치가 된다.

2) 헤어짐의 선물: 감정 기억을 강화하는 도파민 설계

'헤어짐의 선물(farewell gift)'은 뇌의 보상 시스템과 직접 연결된 마케팅 수단이다. 이것은 단순히 물건을 주는 것이 아니라 감정적 인상(emotional impression)을 남기기 위한 도구이다. 고객의 라운드를 마무리하는 과정은 단순한 절차가 아닌, 기억에 각인되는 '최종 인상(final impression)'을 설계하는 결정적 순간이다. 뇌과학적으로 '최신 효과(recency effect)'가 강하게 작용하는 이 시점에 제공되는 경험은 전체 서비스 평가를 좌우하는 강력한 기준점이 된다. 따라서 종결 마케팅은 이 마지막 순간에 고객의 뇌 속에 긍정적 보상을 남기도록 세심하게 설계해야 한다.

(1) 달콤한 감각적 보상을 통한 도파민 스파크 유도

퇴장 시점에 제공되는 달콤한 음료나 소형 디저트는 뇌의 도파민 시스템을 직접 자극하는 가장 빠르고 효과적인 방법이다. 운동 후 피로감 속에 있는 고객에게 당분 섭취는 즉각적인 도파민 분비를 유도하여 '쾌감'을 느끼게 하고, 동시에 세로토닌 수치를 높여 심리적 안정감을 제공한다. 이 '마지막 단맛'은 뇌에게 "오늘 하루는 즐겁게 마무리되었다"는 감정적 인식을 남기는 강력한 보상 신호로 작용하며, 경험 전체를 '다시 반복하고 싶은 가치 있는 활동'으로 재규정하는 신경화학적 설계이다.

(2) 감각적 소품을 활용한 긍정적 회상 유도

헤어짐의 선물은 눈앞의 경험을 넘어 기억에 남아야 한다. 코스 사진이 담긴 엽서, 스코어 리마인드 카드, 혹은 향기나는 미니 수건과 같은 감각적 소품은 기억을 강화하는 도구이다. 시각이나 후각을 자극하는 소품은 뇌의 해마에서 기억 고정(memory consolidation) 과정을 돕는다. 특히 라벤더나 시더우드 향과 같은 안정감을 주는 향은 기억과 감정을 연결하여, 고객이 일상에서 이 소품을 다시 접했을 때 긍정적인 골프장 경험을 즉각적으로 회상하게 만드는 강력한 프라이밍 효과(priming effect)를 유발한다.

(3) 간결하고 개인화된 언어를 통한 사회적 보상 활성화

물질적 보상만큼 중요한 것은 사회적 보상이다. "오늘 OO님 덕분에 즐거웠습니다"와 같은 간결한 언어적 감사와 함께 고객의 이름을 호명하는 행위는 고객의 사회적 보상 회로를 자극한다. 이는 단순한 친절을 넘어 옥시토신 분비를 촉진하고, 고객에게 '존중받고 있다'는 강력한 감

정적 보상을 남긴다. 직원의 이 진심 어린 마무리 표현은 고객의 뇌 속 미래 예측 회로를 자극하며 "이 관계는 끝나지 않았다"는 인식을 심어준다. 이는 곧 재방문 의도라는 구체적인 행동 약속으로 이어지는 관계 지속의 예고가 된다.

3) 종결 공간의 감정 디자인: '고요한 여운, 따뜻한 이별'

퇴장 시점의 환경 디자인 역시 중요하다. 주차장으로 이어지는 통로, 출구의 조명, 배경음악, 냄새에 이르기까지, 이 모든 감각적 요소가 총체적인 인상을 완성한다. 이 공간은 '감정의 여운 구간(emotional afterglow zone)'으로 설계되어야 한다.

- **음악**: BPM이 느리고 안정적인 클래식·재즈·어쿠스틱을 선택한다. → 부교감신경을 자극해 심리적 완결감을 준다.
- **조명**: 과도한 밝기보다 부드럽고 따뜻한 색온도인 약 2700K가 적합하다. → "끝났다"보다는 "잘 마무리됐다"는 감정 유도.
- **향**: 라벤더·시더우드 등 안정형 향은 기억의 고정 과정에 도움을 준다.

이러한 감각적 배경은 감정적 정리(closure)를 돕는다. 감정이 정리된 상태로 떠나는 고객은 피로 대신 회복의 느낌을 경험하며, 그 감정이 그대로 "다음 방문 의도"로 연결된다.

4) 직원의 마무리 표현: '작별 인사가 곧 재방문의 약속'

직원의 마지막 인사는 '서비스의 종료'가 아니라 '관계의 예고'로 인식되어야 한다.

무의식적으로라도 "다음에 뵙겠습니다"라는 언어는 뇌의 미래 예측 회로(해마-vmPFC)를 자극해 '이 관계는 끝나지 않았다'는 인식을 남긴다.

또한 퇴장 시점의 표정은 입구 때보다 더 강렬한 인상을 남긴다. 고객의 피로가 누적된 상태이기 때문에 작은 친절, 미소, 감사의 표현 하나가 그날의 모든 감정의 요약본이 된다. 결국 "헤어짐의 표정이 곧 브랜드의 진심"이 된다.

5) 기억은 마지막에 완성된다

골프장 마케팅의 절정은 오히려 퇴장의 순간이다. 그날의 모든 경험은 그 마지막 인상으로 요약되고, 그 인상은 도파민과 옥시토신을 통해 '좋은 기억'으로 뇌에 고정된다. 따라서 퇴장 시의 감정 설계는 단순한 감사의 표시가 아니라 고객 기억 속 보상 회로를 활성화시키는 과학적 장치이다.

"사람은 가장 마지막의 감정을 기억한다. 그 마지막이 따뜻하면, 처음도 다시 찾아온다."

제3장 뉴로마케팅을 가능하게 하는 조직 혁신
: 신경심리학적 접근

혁신을 가로막는 장벽은 비단 현장 종사자의 두려움만이 아니다. 새로운 아이디어를 경계하는 경영진의 '고정관념' 역시 또 다른 차원의 장벽이다. 이는 단순한 의지의 문제가 아니라 서로 다른 위치에 있는 사람들이 가지고 있는 뇌의 본능적 방어 메커니즘ㅡ편도체의 위협 반응, 익숙함에 대한 의존ㅡ때문이다.

따라서 조직 전체의 변화는 '마음을 바꾸자'는 요구보다 '뇌가 변화를 보상으로 인식하도록' 설계하는 데서 시작해야 한다. 이를 위한 최적의 출발점이 바로 마케팅이다. 예산과 부담이 상대적으로 적은 마케팅 분야에서 '작은 성공(small wins)'을 체계적으로 만들어내는 것이다. 하나의 성공적인 프로모션, 호응이 좋은 소규모 고객 이벤트와 같은 가시적인 성과는 경영진과 종사자 모두의 뇌에 "변화=위협"이 아닌 "변화=보상(도파민)"이라는 새로운 회로를 각인시키는 강력한 증거가 된다.

이처럼 마케팅의 '작은 성공'은 조직 전체를 움직이는 물꼬가 된다. 이를 통해 비로소 뉴로마케팅 전략이 꽃피울 수 있는 뇌 친화적(brain-friendly) 조직 문화의 토대가 마련되는 것이다.

1. 서론: 단순한 변화가 아닌, 뇌의 재구성에서 출발하라

골프장의 혁신은 단순히 운영 방식을 바꾸거나 새로운 설비를 도입하는 수준에서 완성되지 않는다. 그보다 더 근본적인 것은 '사람의 뇌가 어떻게 변화를 받아들이는가'를 이해하는 일이다.

많은 골프장들은 인공지능, 고객 데이터 분석, 무인 예약 시스템 등 첨단 기술을 도입하며 "혁신"을 외친다. 그러나 이 중 상당수는 몇 달을 넘기지 못한 채 흐지부지된다. 이유는 간단하다. 시스템이 아니라 사람의 두려움, 저항, 불신이 혁신을 가로막기 때문이다.

뇌는 '새로운 것'보다 '익숙한 것'을 선호한다. 익숙한 환경 속에서 에너지를 적게 쓰며 생존해 온 인간의 뇌는, 변화 앞에서 위협 반응을 일으킨다. 바로 이 지점이 골프장 혁신의 출발점이다. 혁신의 본질은 기술이 아니라 뇌의 학습 구조를 재구성하는 일이다.

2. 혁신 저항의 신경심리적 근원: '새로운 것'에 대한 방어 본능

골프장 종사자들에게 변화란 언제나 불안과 피로를 수반한다. 예를 들어 '청소팀 직영화' 혹은 '식음료 외주 조정' 같은 단어가 회의에 등장하면 현장은 긴장으로 얼어붙는다. 이는 단순히 직업 안정성에 대한 우려 때문만이 아니다. 우리의 편도체가 새로운 자극을 위협으로 해석하기 때문이다.

편도체는 '생존의 경비병'이다. 익숙하지 않은 자극이 들어오면 즉시 '위험 신호'를 보내며, 심박수와 코르티솔 수치를 높인다. 이로 인해 이성적 판단을 담당하는 전전두엽은 일시적으로 기능이 저하된다. 즉, 아무리 합리적인 경영 계획이라도 구성원의 뇌가 이를 '위협'으로 코딩하면 그 순간 저항이 시작된다.

이러한 현상은 단지 개인 심리의 문제가 아니라 조직 전체의 행동 패턴을 형성한다. 사람들은 새로운 제도보다 기존의 방식을 고수하려는 '현상 유지 편향'을 보인다. 결국 혁신 실패의 첫 번째 원인은 두려움이 아닌, 뇌의 자동화된 보호 반응이다. 이러한 신경심리적 방어 반응은 다음과 같이 요약할 수 있다.

심리적 원인	신경 메커니즘	행동적 결과
불확실성 회피	편도체 활성→공포·불안 증가	변화 회피, 현상 유지 주장
인지 에너지 절약	익숙한 습관에 의존하는 뇌의 자동 패턴	새로운 학습과 노력을 회피
손실 회피 본능	도파민 보상 회로 억제	잠재적 이익보다 손실 위험에 집중

골프장에서 자주 접하게 되는 "지금도 잘 되고 있는데 굳이 바꿀 필요가 있나요?"라는 말은 단순한 보수성이 아니라 뇌의 자기 보호 메커니즘이 작동한 결과이다.

3. 혁신을 가로막는 보이지 않는 벽: 조직적 맥락의 지배

혁신은 개인의 의지로만 이루어지지 않는다. 골프장의 권력 구조와 심리적 안전감이 변화의 성패를 좌우한다. 예를 들어 한 중견 골프장에서 '현장 중심의 인센티브 제도'를 도입하려 했을 때, 초기에는 관리자들이 적극 찬성했다. 그러나 실제 실행 단계에서는 오너의 승인 절차가

늦어지면서 계획이 무산되었다. 이때 종사자들은 실망보다 학습된 무기력을 경험한다. "어차피 위에서 막을 거야"라는 인식이 자리 잡으면, 뇌의 도파민 분비가 감소하고 의욕이 사라진다.

이처럼 혁신의 한계는 종사자의 창의성 부족이 아니라 거버넌스의 폐쇄성과 심리적 안전감 부재에서 비롯된다. 조직 내에서 '실패'가 처벌로 귀결될 때, 누구도 실험하려 들지 않는다. 코르티솔 수치가 높아지면 전전두엽의 판단 기능이 약화되고, 사람은 본능적으로 위험 회피적 행동을 선택한다.

결국 혁신은 '능력의 문제가 아니라 환경의 문제'이다. 혁신을 주도하려면 먼저 '심리적으로 안전한 환경'을 조성해야 한다.

4. 신경심리학 기반의 혁신 전략
― '작은 성공-신뢰 축적-체계 전환' 접근법

혁신을 성공적으로 이끌려면 뇌의 방어 기제를 정면으로 자극하기보다는 우회해야 한다. 이를 위해 가장 효과적인 접근 방식이 바로 '작은 성공(small wins)' 전략이다.

① 1단계: 소규모 성공 경험 설계

혁신 프로젝트는 '큰 도전'보다 '작은 실험'으로 시작한다. 예컨대 고객 피드백 시스템 전체를 개편하기보다는 어느 특정 주간에 특정 홀에서만 실험을 진행하는 것이다. 이 작은 성공은 도파민 분비를 촉진시켜 "변화는 즐겁다"는 신경 회로를 새롭게 구축한다. 이때 성공의 쾌감은 개인뿐 아니라 팀 전체의 분위기로 전염시킨다.

② 2단계: 심리적 안전감 체계 구축

실패를 비난하지 않고 학습의 과정으로 인정하는 문화가 필요하다. 이 과정에서 리더가 보이는 비언어적 신호―눈빛, 표정, 피드백의 어조―는 팀의 신경 시스템에 직접 영향을 준다. 리더의 안정된 태도는 구성원의 코르티솔 분비를 억제하고, 창의성을 담당하는 전전두엽의 활성화를 돕는다.

③ 3단계: 신경심리학적으로 다양한 팀의 구성

모든 사람이 같은 방식으로 사고하지 않는다. 공감형, 분석형, 직관형 등 다양한 인지 스타일을 가진 사람들을 조합하면, 뇌의 다른 영역들이 협력하듯 팀의 문제 해결 능력도 확장된다. 이른바 '인지적 다양성'이 집단 창의성의 신경심리학적 토대이다.

5. 구조적 장벽과 종사자의 현실적 타개책

현장 종사자의 입장에서 보면, 혁신을 가로막는 힘은 대개 자신의 통제 밖에 있다. 예산, 인사, 정책 등은 본사나 오너의 결정에 달려 있기 때문이다. 그럼에도 불구하고 '작은 통제권'을 활용하는 전략적 돌파구는 존재한다.

① 데이터의 설득력

감정적 논쟁보다 객관적 데이터가 더 강력하다. A/B 테스트, 고객 동선 분석, 매출 패턴 등의 수치는 경영진의 편도체 반응(감정적 거부)을 억제하고, 전전두엽의 이성적 판단을 유도한다.

② '위험 제로' 실험의 제안
"30일간 한 가지 방식만 시험해 보자"는 제안은 뇌가 느끼는 위협을 최소화한다. 이는 '전면 개혁'이라는 단어보다 훨씬 안정적으로 받아들여진다.

③ 내부 동료를 '첫 고객'으로 간주하라
골프장 내부의 동료들은 가장 중요한 내부 고객(internal customers)이다. 이들이 변화의 가치를 체감하고 자발적으로 참여할 때, 혁신은 비로소 생명력을 가진다. 내부 마케팅은 외부 마케팅의 전제 조건이다.

6. 다층적 협력 전략: 종사자 주도의 연대 구조

혁신은 혼자서는 불가능하다. 골프장의 오너, 경영진, 종사자, 정책 당국이 서로 다른 뇌를 가진 존재임을 인식해야 한다. 각자의 인지적 프레임과 감정 회로가 다르기 때문에 협력에는 공감과 반복이 필요하다.

① 오너·경영진과의 전략적 동맹
작은 성공 데이터를 정기 보고회에서 공유하라. 리더가 직접 프로젝트에 참여하면 도파민과 옥시토신이 동시에 활성화되어 신뢰가 강화

된다.

② 동료 간의 수평적 연대

각 부서의 담을 넘어 다부서 협업 태스크포스를 꾸리는 것이다. 서로 다른 전문성과 시각이 만나면 문제를 더 깊이 있고 다각도로 바라볼 수 있다. 작은 성과부터 함께 나누며 서로의 공로를 인정하는 분위기를 만든다.

③ 정책 당국 및 지역 사회와의 협력

골프장은 더이상 '폐쇄적 레저 공간'이 아니다. 지역 사회와 연계한 문화 프로그램, 청소년 골프 교육, 친환경 캠페인은 조직 내부의 혁신 이미지를 외부로 확장시킨다. 이러한 외부 연대는 구성원의 자긍심을 자극하는 도파민 보상 회로를 강화한다. 이는 정책 당국과 지역 사회의 관심을 촉발할 수 있다.

7. 결론: 뇌를 설득하는 혁신으로 나아가라

진정한 혁신은 제도나 시스템에서 오는 것이 아니라 사람의 뇌에서 시작된다. 종사자의 두려움을 줄이고, 작은 성공의 즐거움을 확대하며, 데이터와 신뢰로 협력의 뇌 회로를 형성할 때 조직은 자연스럽게 변화한다.

뉴로마케팅의 도입을 비롯한 골프장 혁신의 성패는 기술의 첨단성보다 뇌의 적응성에 달려 있다. 변화는 두려움을 자극하지만, 동시에 희망의 도파민을 일으킬 수도 있다. 그 선택은 리더와 종사자 모두의 몫이다.

"혁신은 위에서 내려오는 명령이 아니라 아래에서 올라오는 신호이다."
―신경심리학이 말하는 조직 혁신의 진리

제3부

레저·골프의 사회적 효용과 산업

제1장 레저산업 생태계와 비즈니스 모델

1. 레저란 무엇인가

레저(leisure)는 단순히 '노는 시간'이나 '여가 활동'을 의미하지 않는다. 그 어원은 라틴어 "Licere", 즉 '허락하다' 또는 '자유롭게 하다'에서 비롯되었다. 이는 곧 인간이 사회적·경제적 의무에서 벗어나 자유롭게 자신을 위해 시간을 사용하는 상태를 뜻한다. 다시 말해, 레저는 인간이 생존을 위한 노동이나 의무적 활동으로부터 해방되어 자신의 내적 욕구와 가치에 따라 삶을 재구성하는 자유의 시간이라 할 수 있다.

학문적으로는 여러 관점에서 레저를 정의해 왔다.

첫째, 시간적 관점에서 보면 레저는 노동, 가사, 생리적 유지 등 의무 시간을 제외한 나머지 '잔여 시간'으로 이해된다. 퇴근 후의 저녁, 주말의 여유 시간, 휴가철 여행과 같은 일상적 틈이 바로 레저의 시간적 공간이다.

둘째, 활동적 관점에서는, 단순히 시간이 남았다고 해서 레저가 되는 것이 아니라 개인이 자발적으로 선택하고 즐기는 활동일 때 비로소 레저가 성립한다. 이때 중요한 것은 외적 보상이 아니라 내적 동기(intrinsic motivation)이다. 예를 들어 골프를 치거나 산책을 하고, 책을 읽거나 예술 활동에 참여하는 것은 자신이 선택한 자유 활동이라는 점에서 모두 레저에 해당한다.

셋째, 심리적 관점에서 레저는 단순한 행동이 아니라 자유감, 즐거움, 자기 실현을 느끼는 정신적 상태(state of mind)로 규정된다. 즉, 그것은 마음속에서 "나는 지금 자유롭고 살아 있다"는 감각이 생겨나는 순간이며, 이러한 심리적 경험이야말로 레저의 핵심이다. 레저는 사람에게 심리적 회복과 정서적 균형을 제공하며, 현대 사회에서 점점 더 중요한 정신적 복지의 요소로 여겨진다.

넷째, 사회문화적 관점에서 보면 레저는 단순히 개인의 휴식 시간이 아니라 사회적 관계를 형성하고 문화적 정체성을 표현하는 장이다. 사람들은 같은 취미나 활동을 통해 교류하며, 사회적 소속감을 느끼고, 자신만의 가치관과 생활 양식을 표현한다. 이처럼 레저는 '무엇을 하느냐'보다 '누구와, 어떤 의미로 즐기느냐'가 더 중요한 문화적 행위로 진화했다. 워케이션, 가족 중심의 레저, 명상과 웰니스, 자원봉사형 레저 등은 모두 이러한 확장된 형태를 보여준다.

이러한 다양한 관점을 종합하면, 레저란 생존과 의무로부터 해방된 시간 속에서 개인이 자율적으로 선택한 활동을 통해 심리적 만족, 자기 실현, 사회적 교류를 경험하는 인간의 자유로운 삶의 한 형태라고 정의할 수 있다.

현대에 들어 레저의 개념은 더욱 확장되고 있다. 산업적 관점에서 레저는 관광, 스포츠, 문화, 웰니스, 디지털 콘텐츠를 아우르는 거대한 산업 생태계(ecosystem)로 발전하고 있다. 정책적 관점에서는 국민의 삶의 질과 정신 건강, 그리고 사회 통합을 촉진하는 공공 복지의 수단으로 인식된다. 또한 신경심리학적 관점에서 볼 때 레저는 단순한 즐거움이 아니라 뇌의 회복적(recovery) 항동성을 촉진하고 내적 보상을 충족시키는 자기 조절 행동(self-regulatory behavior)이기도 하다.

결국 레저는 인간이 자유 속에서 자기 자신을 회복하고, 사회와 연결되며, 삶의 의미를 다시 발견하는 인간적 성장의 과정이라 할 수 있다.

2. 레저산업의 구성 요소와 생태계 구조

레저산업은 단일한 산업이 아니다. 그것은 인간의 자유로운 시간과 경험을 둘러싼 '기획-제공-소비-재참여'라는 순환적 가치사슬(value chain)로 이루어진 거대한 생태계이다.[21] 산업적 범위로 보면 문화, 관광, 스포츠, 복지, 건강, IT, 금융 등 다양한 산업이 서로 얽혀 있으며, 그 중심에는 "삶의 질 향상"이라는 공통된 목표가 존재한다.

레저산업의 첫 번째 구성 요소는 레저 서비스 제공자(provider)이다.

---

21 현대 레저산업은 단순 제공-소비 구조를 넘어 기획→제공→소비→재참여로 이어지는 경험 중심의 순환 구조를 갖는다.
- 기획 단계: 골프장, 캠핑장, 리조트 등 제공자는 이용자의 심리적·사회적 요구를 분석하여 프로그램과 공간을 설계한다. 이 과정에서 감정적 만족과 자기 실현, 사회적 교류 경험을 동시에 고려한다.
- 제공 단계: 시설과 서비스를 통해 체험을 제공하며, 단순 편의 제공을 넘어 감정적 경험을 설계한다.
- 소비 단계: 이용자는 수동적 소비자가 아니라 경험을 콘텐츠화하고 SNS, 커뮤니티를 통해 공유하며 산업 참여자로 기능한다.
- 재참여 단계: 경험 공유와 피드백을 통해 맞춤형 서비스와 신규 프로그램 개발이 이루어지며, 재방문과 지속적 참여로 산업의 순환 구조가 완성된다.

이 과정에서 소비자의 경험과 피드백은 단순한 만족도를 넘어 산업 혁신과 새로운 시장 창출로 이어진다.

이는 골프장, 리조트, 테마파크, 캠핑장, 문화 시설, 헬스 클럽, 여행사 등 직접적인 체험과 공간을 제공하는 주체를 의미한다. 이들은 단순히 시설을 운영하는 것이 아니라 이용자의 감정적 경험을 설계하고, 서비스 과정 전반에서 '휴식'과 '재충전'이라는 가치를 구체화하는 역할을 한다.

두 번째 구성 요소는 레저 소비자(consumer)이다.

이들은 단순한 고객이 아니라 레저 생태계의 중심적 생산자이기도 하다. 현대의 소비자는 수동적인 '소비자'에서 벗어나, 자신의 경험을 콘텐츠로 생산·공유하며 산업의 의미를 확장시킨다. 예를 들어 골프나 캠핑을 즐기는 사람들은 단순히 시간을 보내는 것이 아니라 그 경험을 SNS나 커뮤니티를 통해 타인과 공유하면서 새로운 시장을 창출한다. 따라서 현대 레저산업은 이용자의 정체성, 감정, 사회적 관계를 모두 포괄하는 '참여형 경험 산업(experience industry)'으로 진화하고 있다.

세 번째 구성 요소는 연결과 지원의 인프라(infrastructure)이다.

이는 교통, 숙박, 통신, 금융, 보험, 장비 대여, 식음료 산업 등 레저 활동을 가능하게 하는 기반 체계를 뜻한다. 예컨대, 캠핑 산업의 성장 뒤에는 차량·텐트 제조업, 온라인 예약 플랫폼, 안전 보험 등 수많은 보조 산업이 함께 움직인다. 이러한 연결망은 레저산업이 지역 경제의 핵심 동력으로 자리 잡는 이유이기도 하다.

네 번째 구성 요소는 콘텐츠와 플랫폼(contents & platform)이다.

디지털 전환 시대의 레저는 단순한 오프라인 경험을 넘어, 데이터 기반 맞춤형 서비스와 AI·플랫폼 비즈니스 모델로 확장되고 있다. 이용자의 행동 데이터를 분석해 선호 유형을 파악하고, 이를 기반으로 예약, 커뮤니티, 상품 추천을 통합 제공하는 형태가 대표적이다. 따라서 현대 레저산업은 "공간 산업"이면서 동시에 "정보 산업"으로 기능하며, 감성과 기술이 결합된 하이브리드 생태계로 진화하고 있다.

다섯 번째 구성 요소는 정책 및 제도적 주체(governance)이다.

국가와 지방정부는 레저산업을 단순한 사적 소비 영역이 아니라 국민의 삶의 질과 공공 복지를 높이는 사회적 기반 산업(social infrastructure)으로 인식한다.

예를 들어 공공 골프장이나 국민체육센터, 치유형 공원, 도시형 캠핑장 등은 모두 공공 정책의 틀 안에서 운영되는 레저 인프라이다. 또한 환경 규제, 안전 관리, 인허가 제도, 관광 정책 등 제도적 장치가 생태계의 질서를 유지하고 지속 가능성을 보장한다.

이처럼 레저산업 생태계는 공급자-소비자-인프라-플랫폼-정책 주체가 유기적으로 연결된 구조를 이룬다. 각각의 구성 요소는 독립적으로 존재하지 않으며, 상호 작용을 통해 부가가치와 사회적 효용을 만들어 낸다. 예를 들어 지역의 골프장이 단순한 운동 공간을 넘어 숙박·식음·문화 체험·자연 교육을 결합한 복합 레저 공원으로 발전할 때, 하나의 산업이 아니라 지역 사회 전체의 생태계가 성장한다.

결국 레저산업의 생태계는 "인간의 자유 시간"이라는 원천 자원을 중심으로, 감정·문화·기술·정책이 순환하는 유기적 시스템이다. 그리고 이 생태계의 핵심 목적은 경제적 이윤만이 아니라 인간의 행복과 사회의 건강성, 자연과의 조화로운 공존을 실현하는 데 있다.

3. 레저 비즈니스 모델의 유형과 수익 구조

　레저산업의 비즈니스 모델은 단순한 서비스 제공을 넘어 인간의 '자유로운 시간'을 경제적·문화적 가치로 전환하는 구조를 기반으로 한다. 즉, 레저는 상품이 아니라 '경험(experience)'을 중심으로 한 가치 창출 산업이며, 소비자는 물건을 사는 것이 아니라 삶의 한 장면과 감정을 구매하는 존재가 된다. 이 점에서 레저산업의 비즈니스 모델은 다른 산업보다 훨씬 더 감정적·사회문화적 요소에 의존한다.

　레저 비즈니스 모델은 대체로 세 가지 축으로 구분할 수 있다.

　첫째는 공공형 모델(public model), 둘째는 민간형 모델(private model), 셋째는 플랫폼·융복합형 모델(platform & hybrid model)이다.

1) 공공형 모델: 복지와 지역 활성화 중심의 구조

　공공형 레저 비즈니스 모델은 국가나 지방정부가 주도하여 국민의 복지, 건강 증진, 지역 균형 발전을 목표로 운영하는 형태이다. 대표적으로 국민체육센터, 공공 골프장, 치유형 숲 공원, 도시형 캠핑장 등이 여기에 속한다. 이러한 모델은 직접적인 이윤보다는 사회적 편익(social benefit)을 우선시하며, 이용 요금을 낮춰 접근성을 높이는 대신, 재정 지원과 공공 정책을 통해 지속성을 확보한다. 공공형 모델의 수익 구조는 단일 수익보다는 다중 가치 창출(multi-value creation)에 기반한다.

　예를 들어 공공 골프장은 그린피로 얻는 직접 수입보다 지역 일자리 창출, 관광 소비, 건강 증진, 환경 개선 등 간접적 경제 효과를 통해 사회 전체의 효용을 극대화한다. 최근에는 이러한 공공형 모델이 단순 복지 개념을 넘어, '공공-민간 협력형(PPP: public-private partnership)' 모델로 진화하고 있다. 지방정부가 기반 시설을 제공하고 민간이 운영을 맡아 효율성과 공공성을 동시에 확보하는 방식이다.

2) 민간형 모델: 감정 경험과 브랜드 중심의 구조

민간형 레저 비즈니스 모델은 기업이나 개인이 자본을 투자하여 운영하는 수익 중심의 구조이다. 호텔, 리조트, 골프장, 테마파크, 스포츠클럽, 피트니스센터 등이 대표적이다. 이 모델의 핵심은 '공간'이 아니라 '경험의 디자인'이다. 즉, 이용자가 단순히 시간을 보내는 것이 아니라 그 시간을 통해 정체성과 감정의 만족을 느끼게 하는 것, 그것이 곧 브랜드의 경쟁력이다.

이 모델의 수익 구조는 크게 세 가지로 나뉜다.

① **이용료**(usage fee): 숙박비, 입장료, 그린피, 회원권 등 직접적 서비스 이용 대가.

② **부가매출**(ancillary revenue): 식음, 장비 렌털, 기념품, 패키지 상품, 광고, 파트너십 등을 통한 부수적 수입.

③ **고객 데이터 기반 수익**(data-driven profit): 이용자 행동, 선호, 소비 패턴을 분석하여 마케팅 효율을 높이고, 제휴 브랜드나 타 산업으로 확장하는 방식.

현대의 민간형 레저기업은 단순히 시설을 소유·운영하는 사업체가 아니라 '감정 경험 설계자'로서의 역할을 수행한다. 고객이 그 공간에서 느끼는 즐거움, 회복, 자아 만족이 곧 비즈니스의 핵심 가치가 된다.

3) 플랫폼·융복합형 모델: 데이터와 네트워크 기반의 구조

21세기 들어 가장 빠르게 성장하고 있는 형태는 플랫폼·융복합형 모델이다.

이 모델은 오프라인 시설을 보유하지 않더라도, 정보와 연결을 중심으로 가치를 창출한다. 예를 들어 여행·레저 예약 플랫폼, AI 추천 기반 부킹 시스템, 레저용 차량 공유 서비스, 온라인 골프·캠핑 커뮤니티 등은 모두 이 범주에 속한다.

플랫폼형 비즈니스의 핵심은 데이터의 축적과 네트워크 효과(network effect)이다. 이용자가 많을수록 정보의 가치가 커지고, 정보가 많을수록 서비스의 정밀도가 높아져 다시 이용자가 증가하는 순환 구조가 만들어진다.

이 과정에서 플랫폼은 거래 중개 수수료, 광고 수익, 멤버십 구독, 파트너 제휴 등 다양한 형태의 수익을 확보한다. 최근에는 플랫폼을 중심으로 한 레저 생태계 융합형 모델이 등장하고 있다.

예를 들어 골프 예약 플랫폼이 숙박·교통·식음료를 결합한 패키지 상품을 제공하거나, 캠핑 앱이 보험·대여·지도 서비스를 통합하는 방식이다. 이러한 모델은 디지털 기술을 활용해 이용자 경험을 하나의 흐름으로 연결하며, '레저 생활의 전체 주기'를 하나의 서비스로 묶는다.

4) 통합적 관점: 경험·감정·데이터의 3중 구조

오늘날 레저 비즈니스 모델의 진화는 단순히 산업 구조의 변화가 아니라 인간의 행복과 뇌의 작동 방식에 대한 이해의 확장으로 설명할 수 있다. 신경심리학적 관점에서 볼 때, 레저는 인간의 '보상 회로'를 자극하는 대표적 활동이다. 따라서 성공적인 레저 비즈니스는 가격이나 기능보다 감정적 가치(emotional value)와 자기 정체성의 만족을 중심으로 설계된다. 여기에 데이터 분석과 기술이 결합되면, 개인 맞춤형 경험을 제공할 수 있는 고부가가치 산업으로 발전한다.

결국 레저산업의 비즈니스 모델은 ① 경험(experience), ② 감정(emotion), ③ 데이터(data)라는 세 가지 축 위에서 순환한다. 이 세 요소가 조화롭게 작동할 때, 레저는 단순한 여가 산업을 넘어 삶의 질을 창조하는 핵심 경제 생태계로 자리 잡는다.

4. 레저산업의 사회적 가치와 미래 방향

레저산업은 단순한 '에너지 회복(recovery) 산업'의 차원을 넘어선다. 그것은 인간의 삶을 회복시키고, 사회를 통합하며, 문화와 경제를 동시에 재생시키는 총체적 사회 시스템이다. 산업혁명 이후 노동이 인간의 삶을 지배하던 시대에서, 이제는 "어떻게 일할 것인가"보다 "어떻게 회복의 시간을 갖는가"가 삶의 질을 결정하는 시대로 전환되고 있다. 이 변화 속에서 레저산업은 단순한 여가의 영역을 넘어 국민의 행복과 사회의 지속 가능성을 좌우하는 핵심 산업으로 부상하고 있다.

1) 사회적 가치: 개인의 회복에서 공동체의 회복으로

레저의 가장 기본적 가치는 인간의 회복력(resilience)을 높이는 데 있다. 현대인은 정보 과부하, 경쟁, 불안정한 사회 구조 속에서 정신적 피로를 축적한다. 레저는 이 피로를 완화하고, 뇌와 몸의 항동성을 회복시키는 일종의 심리적 치유 메커니즘으로 작용한다.

예를 들어 자연 속 산책이나 골프, 캠핑과 같은 활동은 단순한 운동을 넘어 감각적 자극과 감정 조절을 통해 신경계의 안정성을 높인다. 신경심리학적 연구에 따르면, 이러한 자연 기반 레저 활동은 전전두엽의 과도한 긴장을 완화하고, 보상 회로의 도파민 흐름을 정상화시켜 창의성과 긍정적 정서를 향상시킨다. 즉, 레저는 개인의 건강을 지키는 '사치'가 아니라 생존을 위한 필수적 회복 과정이다.

그러나 그 가치가 개인에만 머물지 않는다. 레저는 공동체의 관계를 회복시키는 사회적 접착제(social glue) 역할을 한다. 가족, 세대, 지역, 계층 간의 단절이 심화되는 사회일수록, 함께 경험하고 소통하는 레저 공간의 의미는 더욱 커진다. 공공 골프장, 지역 축제, 마을 캠핑장, 시민 공원 등은 단순한 시설이 아니라 사회적 신뢰(social trust)를 재건하는 공간이다.

이처럼 레저는 개인의 행복을 넘어 공동체적 유대의 복원이라는 사회적 가치를 실현한다.

2) 경제적 가치: 경험 경제에서 정체성 경제로

레저산업은 이미 21세기형 경험 경제(experience economy)의 핵심 축으로 자리 잡았다. 소비자는 물질이 아닌 '경험'을 구매하며, 기업은 기능이 아닌 '감정의 흐름'을 설계한다. 이는 곧 경제의 중심이 제품(product)에서 경험으로, 그리고 나아가 정체성으로 이동하고 있음을 의미한다.

예를 들어 사람들은 이제 '어떤 골프장을 이용했는가'보다 '그곳에서 어떤 감정을 느꼈는가'로 기억을 정의한다. 이때 레저는 개인이 자신의 정체성을 표현하고 강화하는 수단으로 작동한다. 따라서 미래의 레저 비즈니스는 단순한 시설 경쟁이 아니라 이용자의 감정·가치·자기 내러티브를 어떻게 지원하느냐의 경쟁이 될 것이다.

경제적으로도 레저산업은 고용 창출 효과가 크고, 문화·관광·식음·

교통 등 연관 산업과의 파급력이 높다. OECD 통계에 따르면 레저·관광 관련 산업은 선진국 GDP의 10% 이상을 차지하며, 향후 자동화가 진전될수록 '인간 경험 중심 산업'의 비중은 더욱 확대될 것으로 전망된다. 결국 레저산업은 기술화된 사회에서 인간적 가치를 회복시키는 마지막 성장 동력으로 평가된다.

3) 환경적 가치: 자연과 인간의 조화로운 공존

레저산업의 발전은 환경 문제와 깊은 연관을 갖는다. 무분별한 개발은 생태계를 파괴하지만, 반대로 잘 설계된 레저산업은 자연의 회복력을 높이는 친환경 순환 시스템이 될 수 있다. 예를 들어 도시형 잔디 공원, 저탄소형 골프 코스, 재생 에너지를 활용한 리조트 등은 환경 보전과 경제 활동을 동시에 실현한다. 이러한 접근은 '지속 가능한 레저(sustainable leisure)'라는 새로운 산업 패러다임을 형성한다.

또한 미래의 레저는 단순히 자연을 '이용'하는 것이 아니라 자연과 감각적·정서적 교감을 중시하는 방향으로 발전할 것이다. 사람들은 점점 더 '자연 속에서 자신을 회복하는 경험'을 원하며, 기업은 이러한 욕구를 충족시키는 친환경·치유형 콘텐츠를 중심으로 서비스를 재편하고 있다. 따라서 향후 레저산업의 핵심 경쟁력은 '규모의 경제'가 아니라 생태적 감수성과 공존의 기술이 될 것이다.

4) 미래 방향: 인간 중심의 회복과 연결의 산업으로

미래의 레저산업은 기술의 진보와 인간의 본성 사이의 균형 위에서 발전할 것이다. 인공지능, 가상현실, 데이터 분석 기술은 이용자 맞춤형 경험을 제공하지만, 궁극적으로 레저의 본질은 인간의 감정, 관계, 회복에 있다. 따라서 앞으로의 레저산업은 다음 세 가지 방향으로 나아가야 한다.

첫째, 회복 중심(recovery-centered) 산업으로의 전환이다.

정신 건강, 사회적 스트레스, 감정 노동의 문제가 심화되는 시대에 레저는 치유·명상·심신 회복의 기능을 강화해야 한다. 이러한 회복 산업은 의료·복지·문화·교육과 연계되어 '치유형 레저 생태계(healing leisure ecosystem)'를 형성할 것이다.

둘째, 연결 중심(connectivity-oriented) 산업으로의 확장이다.

레저는 개인의 취미 활동에서 벗어나, 지역과 세대를 연결하는 사회적 네트워크로 발전할 필요가 있다. 공공과 민간, 오프라인과 디지털, 세대와 세대를 잇는 통합 플랫폼이 그 기반이 될 것이다.

셋째, 지속 가능성(sustainability)을 내재한 산업 구조의 정착이다.

레저가 환경과 지역 사회를 파괴하지 않고, 오히려 재생시키는 방향으로 설계되어야 한다. '레저를 즐기는 행위 자체가 자연과 사회를 지키는 일'이 될 때, 비로소 레저산업은 진정한 미래 산업으로 자리 잡는다.

결국 레저산업의 사회적 가치는 인간의 자유로운 시간을 단순한 소비가 아니라 정신적 성장과 사회적 연대의 공간으로 전환시키는 데 있다. 그 미래는 기술의 진보 속에서도 인간의 본질을 잃지 않는 산업, 즉 "회복과 연결을 통해 인간을 다시 인간답게 만드는 산업"으로 나아가야 한다. 이것이 21세기 레저산업이 추구해야 할 궁극적인 방향이자, 사회 전체가 함께 지향해야 할 새로운 문화적 진화의 길이다.

5. 레저와 사회적 생산성

레저는 단순히 '노는 시간'이 아니라 인간의 에너지를 재충전하고 사회적 효율을 향상시키는 중요한 생산 행위이다. 그러나 오랜 세월 동안 사람들은 '노동(working)'을 생산의 상징으로, '레저(leisure)'를 비생산적 여가로 오해해 왔다. 오늘날 우리는 이러한 전통적 구분을 넘어 레저와 노동이 상호 보완적으로 작용하는 사회적 생산성의 새로운 구조를 이해해야 한다.

1) 레저와 노동(working)의 차이: 목적과 동기의 차원

노동(working)은 생존과 의무, 그리고 외적 보상을 위한 활동이다. 그 중심에는 외재적 동기(extrinsic motivation)가 존재한다. 임금, 평가, 지위, 성과 등의 외부 보상이 노동의 방향을 결정한다. 따라서 노동은 개인의 자유 의지보다는 사회적 역할과 경제적 필요에 의해 규정되는 경향이 강하다.

반면에 레저는 내재적 동기(intrinsic motivation)에 기반한다. 그 행위의 목적이 외부 보상이 아니라 행위 자체에서 느끼는 즐거움과 만족에 있다. 즉, 노동이 '해야 하는 일'이라면, 레저는 '하고 싶은 일'이다. 노동이 사회적 생존을 위한 '의무의 시간'이라면, 레저는 자아 회복을 위한 '자유의 시간'이다.

하지만 현대 사회에서는 이 두 개념이 점점 융합되고 있다. 많은 사람들에게 노동은 단순한 생계 수단을 넘어 자아 실현의 장이 되고 있다. 반대로 레저 또한 개인의 역량 개발, 창의적 사고, 사회적 관계 확장을 통해 생산적 가치를 창출하는 영역으로 변모하고 있다. 즉, 노동과 레저는 대립이 아니라 인간의 에너지를 서로 다른 방식으로 순환시키는 두 축이라 할 수 있다.

2) 레저와 노동의 관계: 생산성을 촉진하는가, 저해하는가

레저가 생산성을 촉진하는가 아니면 저해하는가 하는 문제는 산업사회 이후 오랫동안 논쟁의 대상이었다. 초기의 경제학적 관점에서는 레저를 '비생산적 소비 시간'으로 간주했다. 그러나 현대의 신경과학, 심리학, 경영학 연구는 정반대의 결론을 제시한다. 레저는 생산성을 촉진하는 핵심 요인이다.

그 이유는 인간의 두뇌가 지속적 긴장과 피로 속에서는 효율적으로 작동하지 않기 때문이다. 전전두엽은 과도한 스트레스 상태에서 의사결정 능력과 창의성을 잃고, 감정 조절 회로가 불안정해진다. 이때 레저는 뇌의 보상 회로를 회복시키고, 신경 가소성을 촉진하여 학습과 창의적 사고를 강화한다.

기업 차원에서도 레저는 직원의 집중력, 협업 능력, 조직 몰입도를 높이는 중요한 요인으로 작용한다. 창의 산업이나 지식 노동 분야에서는 특히 레저가 창의적 통찰의 원천이 된다. 한 가지 문제를 오랫동안 붙잡고 있을 때보다 산책이나 스포츠, 취미 활동을 통해 뇌를 전환하는 순간 새로운 아이디어가 떠오르는 것은 흔한 경험이다. 이처럼 레저는 노동의 효율성을 잠식하는 것이 아니라 생산적 에너지의 리듬을 회복시키는 조절기(homeostatic regulator)로 기능한다.

물론 모든 레저가 생산성을 높이는 것은 아니다. 무의미한 시간 낭비나 과도한 오락은 오히려 집중력을 해치고 업무 몰입을 방해할 수 있다. 따라서 중요한 것은 레저의 '존재 여부'가 아니라 '질'이다. 목적과 의식이 있는 레저는 생산성을 높이지만, 무의식적 도피형 레저는 오히려 피로를 심화시킨다. 결국 생산적 레저는 단순한 휴식이 아니라 의미 있는 회복(meaningful recovery)이라 할 수 있다.

3) 생산적 레저 vs 사행성 레저: 방향성과 가치의 문제

레저가 사회적 생산성에 기여하려면, 그 내용과 방향이 중요하다. 모든 레저가 긍정적 효과를 가지는 것은 아니다. 생산적 레저(productive leisure)와 사행성 레저(speculative or escapist leisure)의 차이는 바로 여기에 있다.

생산적 레저는 신체적·정신적·사회적 에너지를 재생산한다. 스포츠, 예술, 독서, 여행, 봉사, 자연 체험 등은 모두 인간의 감정·인지·사회적 관계를 건강하게 확장시키며, 개인의 역량과 사회적 연대를 강화한다. 이런 레저는 '회복'과 '성장'을 동시에 실현한다.

반면에 사행성 레저는 즉각적인 쾌락이나 금전적 기대에 의존한다. 도박, 과도한 게임, 소비 중독형 오락 등이 그 예이다. 이러한 레저는 도파민의 순간적 분출을 통해 강한 자극을 주지만, 결과적으로 뇌의 보상 시스템을 왜곡시키고 자기 통제력을 약화시킨다. 이것은 일시적 쾌감은 주지만, 장기적으로는 생산성의 침식과 사회적 비용의 증가를 초래한다.

이러한 사행성 레저의 폐해는 구체적인 사회적 손실로 이어진다. 한국병원관리연구원에 따르면, 도박 중독으로 인한 직접적 사회적 비용(치료비, 생산성 손실, 범죄 비용 등)은 연간 약 7조 원에 달하는 것으로 추정된다.[22] 그러나 이 수치에는 가족의 정신적 고통, 사회적 신뢰의 붕괴,

---

22 보건복지부의 「2022년 도박문제 실태조사」에 따르면, 도박으로 인한 사회적 비용은 연간 6조 7,108억 원으로 추산된다. 이는 치료 및 재활 비용, 생산성 손실, 법률 및 교정 비용, 범죄 피해 비용

공동체 유대감의 약화 등 계량화하기 어려운 유·무형의 간접적 손실이 포함되어 있지 않다.

규모의 차이가 있지만, 그 위험성이 만만치 않은 분야가 무분별한 과소비를 유도하는 오락 산업이다. 한국소비자원에 따르면, 온라인 게임 등에서 발생하는 미성년자 결제 피해 규모는 연간 1,000억 원 상당에 이르는 것으로 집계된다.[23] 이는 단순한 금전적 피해를 넘어 '소비=행복'이라는 왜곡된 가치관을 미성년자 단계부터 주입시켜 사회 전반에 물질주의를 부추기는 문화적 손실을 초래한다는 점에서 심각하다.

특히 디지털 공간에서의 과도한 쾌락 추구는 현실 세계에서의 대인관계 위축과 사회적 관심을 저하시켜, 궁극적으로 사회의 기동성을 떨어뜨리는 '사회 자본(social capital)'의 감소라는 보이지 않는 세금을 징수한다. 즉, 사행성 레저는 단순한 개인의 취향을 넘어, 규모는 다르나 계량 가능한 금전적 비용과 계량 불가능한 사회·문화적 손실을 동시에 창출하는 총체적 위기라는 점에서 그 심각성이 더 크다.

사회 전체의 관점에서 보면, 생산적 레저는 인적 자본의 질을 높이고, 창의적 혁신을 촉진하며, 사회적 신뢰를 강화한다. 반대로 사행성 레저는 중독, 채무, 관계 단절 등 사회적 병리 현상을 야기해 공공의 생산성을 떨어뜨린다. 따라서 국가와 지역 사회는 단순히 레저의 양적 확산을 추구하기보다 질적 방향성과 문화적 가치의 정립을 우선해야 한다. 레

등을 포함한 직접 비용을 기준으로 한 것이다.
23 한국소비자원이 발간하는 「사이버소비자분쟁조정동향」 연례 보고서에는 미성년자에 의한 게임 내 콘텐츠 구매(캐시) 관련 분쟁 조정 건수와 금액이 집계된다. 2023년 보고서에 따르면, 해당 분야 조정 신청 금액은 112억 원(건당 평균 100만 원, 총 11,200건)으로 집계되었으며, 이는 실제 발생한 피해 규모의 일부에 불과한 것으로 분석된다. 따라서 연간 총 피해 규모는 이를 훨씬 상회할 것으로 추정된다.

저는 인간의 자유를 표현하는 수단이지만, 그 자유가 자기 파괴로 흐르지 않도록 교육, 제도, 문화 정책이 함께 작동하는 생태적 관리가 필요하다.

결국 레저는 '노동의 반대 개념'이 아니라 노동을 가능하게 하는 전제이다. 생산적 레저가 사회 곳곳에 정착할수록 사람들은 더 깊이 생각하고, 더 창의적으로 일하며, 더 건강하게 살아간다. 그때 사회적 생산성은 단순한 경제 효율의 개념을 넘어 인간이 인간답게 성장하는 과정 전체의 질적 척도로 확장된다. 이것이 바로 레저가 현대 사회에서 갖는 진정한 의미이며, 개인과 사회의 질적인 '회복'이 지속 가능한 '생산성'의 토대가 되는 이유이다.

6. 기업의 레저 문화 촉진

현대의 기업은 더이상 단순히 "성과 중심의 노동 조직"으로 머무를 수 없다. 디지털 전환과 정신적 피로의 시대에 진정한 경쟁력은 직원들의 에너지 회복과 창의적 사고를 유지할 수 있는 조직 문화, 즉 레저 문화(leisure culture)에 달려 있다. 업무시간 중의 미세한 휴식, 일상 속의 감정 회복, 자기 개발을 위한 자율적 여가가 결국 생산성을 결정한다. 이제 기업은 '노동과 휴식'을 구분하는 대신, 노동 속의 휴식(work-in-leisure), 휴식 속의 성장(leisure-in-work)을 제도적으로 설계해야 하는 시대에 들어섰다.

1) 업무시간 중의 마이크로 레저(Micro Leisure)

마이크로 레저(micro leisure)란 업무시간 중 짧은 휴식이나 감각적 전환을 통해 신체와 뇌의 에너지를 회복시키는 소규모 레저 활동을 말한다. 예를 들어 10분간의 스트레칭, 실내 미니 산책, 명상 코너 이용, 뇌파 진정 음악 청취, 창가에서의 자연 관찰 등이 모두 마이크로 레저에 해당한다. 이러한 미세한 휴식이 쓸모없어 보이지만, 실제로는 집중력·기억력·정서 안정에 탁월한 효과를 발휘한다.

신경심리학적으로 볼 때, 인간의 뇌는 약 90분 단위로 에너지 리듬이 순환하며, 일정 주기마다 짧은 회복이 필요하다. 마이크로 레저는 이 리듬을 고려한 '생물학적 리듬 맞춤형 회복 전략(bio-rhythmic recovery strategy)'이다. 업무 중 완전히 뇌를 쉬게 하거나, 감정의 전환을 유도함으로써 전전두엽의 피로를 줄이고 창의적 사고 회로를 활성화시킨다. 실리콘밸리의 IT 기업들이 사무실 내에 요가 룸, 명상 캡슐, 산소 정원, 뇌파 조절 조명 등을 설치하는 이유도 여기에 있다. 이것은 단순한 복지가 아니라 신경심리학적으로 설계된 생산성 장치이다.

2) 마이크로 레저를 위한 시설과 공간 설계

기업 내 마이크로 레저를 촉진하기 위해서는 공간과 감각의 설계가 중요하다. 업무 공간과 휴식 공간이 물리적으로 분리되어 있을 필요는 없다. 오히려 시각·후각·청각·촉각을 자극하는 작은 감각 구역을 곳곳에 배치하는 것이 효과적이다.

예를 들어 실내 식물과 자연음이 있는 '그린존', 부드러운 조명과 향이 있는 '리커버리 존', 간단한 스트레칭 도구가 있는 '모션 스팟', 그리고 동료와 짧은 대화를 나눌 수 있는 '스몰톡 존' 등이 그것이다. 이러한 공간은 직원이 스스로 자신의 리듬에 맞게 뇌를 조절하도록 돕는다. 한마디로 '마이크로 회복 스테이션'이 생산성의 엔진 역할을 하는 셈이다.

특히 최근에는 뇌과학 기반의 스마트 레저 공간이 확산되고 있다. AI 조명이 시간대별로 뇌파에 맞게 밝기와 색온도를 조절하고, 소리·향기·시각 자극을 통합하여 직원의 주의력을 회복시키는 형태이다. 이러한 기술적 공간은 단순한 인테리어가 아니라 뇌의 회복 메커니즘을 물리적 환경으로 구현한 레저 시설이다.

3) 레저 복지 제도: 복지 카드와 플랫폼을 통한 개인 맞춤형 지원

레저 문화를 제도적으로 뒷받침하기 위해 많은 기업이 레저 복지 제도(leisure welfare program)를 도입하고 있다. 그 대표적 형태가 복지 카드 제도(welfare card system)이다. 국내 대기업을 중심으로 도입된 '문화·복지 포인트'(예: 삼성전자의 'Hey! Dream', SK그룹의 'HAPPY' 카드 등)는 직원에게 일정 금액의 포인트를 부여하여, 이를 자유롭게 레저·문화·여행·운동·교육 등에 사용할 수 있게 하는 방식이다. 이 제도는 '복지의 개인화(personalization)'를 가능하게 하여, 직원이 자신의 취향과 생활 리듬에 맞는 회복 방식을 선택할 수 있도록 한다.

최근에는 이러한 복지 카드 제도가 플랫폼화되고 있다. '기업 복지 플랫폼'은 다양한 제휴 콘텐츠를 한데 모아 직원이 모바일 앱을 통해 간편하게 예약·결제·리뷰를 할 수 있도록 한다. 이 플랫폼은 단순한 포인트 결제 시스템을 넘어 데이터 기반 맞춤형 추천 시스템으로 발전하고 있다. 직원의 연령, 업무 특성, 스트레스 수준, 여가 선호 유형 등을 분석해 개인에게 가장 적합한 레저 프로그램을 제안하는 것이다. 예를 들어 집중형 직무 직원에게는 요가나 명상을, 감정 노동 직군에게는 미술 치유나 자연 워크숍을, 창의 직군에게는 공연·예술 관람권을 자동으로 추천하는 식이다.

이러한 제도는 직원의 만족도를 높이는 데 그치지 않고, 조직 전체의 성과 지표(KPI)에도 긍정적 영향을 미친다. 국내·외 연구에 따르면, 레저 복지를 체계적으로 도입한 기업은 그렇지 않은 기업보다 업무 몰입도 20~30%p 상승, 이직률 15%p 이상 감소, 창의 아이디어 제안율 2배 이상의 효과를 보인다.[24] 즉, 레저 복지는 비용이 아니라 인적 자본에 대한 투자(human capital investment)이다.

4) 기업 문화로서의 레저: 일과 삶의 경계를 재설계하다

궁극적으로 기업의 레저 문화는 단순한 복지 정책이 아니라 조직 문화의 혁신 전략이다. 레저가 노동의 반대편이 아니라 노동의 일부로 인식될 때, 조직은 피로를 줄이고 에너지를 유지하며, 개인은 스스로를 재조정할 수 있다. 이러한 문화가 정착되면, 회의실 대신 산책로에서 아이디어가 나오고, 휴식 공간이 혁신의 발상지가 된다. 이것이 바로 "레저형 조직(leisure-oriented organization)", 즉 인간의 심리적 리듬을 존중하는 새로운 기업 모델의 시작이다.

결국 레저는 기업 경쟁력의 부속품이 아니라 핵심적인 생산 인프라이

---

[24] 보건복지부와 한국보건사회연구원의 「직장인 행복도와 복지 제도 효과성 연구」(2021) 등에 따르면, 기업 복지 만족도는 직무 몰입도 및 조직 유효성과 유의미한 정(+)의 상관관계를 보인다. 구체적으로 문화·레저 복지 제도가 갖는 긍정적 영향에 대해서는 실리콘밸리의 선진 기업 사례를 분석한 Harvard Business Review의 'The ROI of Leisure'(2022) 보고서 등에서 유사한 효과의 크기를 제시하고 있다.

다. 노동과 휴식이 조화된 조직만이 지속적으로 혁신할 수 있으며, 직원의 행복이 곧 기업의 지속 가능성으로 이어진다. 따라서 미래의 선진 기업은 단순히 복지 예산을 늘리는 대신, '일하는 공간을 뇌의 회복 공간으로 재설계하는 기업', '복지를 데이터 기반의 자기 조절 플랫폼으로 발전시키는 기업'으로 나아가야 한다. 그때 비로소 레저는 개인의 즐거움이 아니라 조직의 창조성을 움직이는 힘이 된다.

7. 국가 경쟁력과 레저: 경제·문화·기술 통합 및 AI 기반 실행

21세기 국가 경쟁력의 판도는 근본적으로 재편되고 있다. 더이상 물적 자본(physical capital)이 아닌 시민의 창의력, 정신 건강, 삶의 만족도라는 인적 자본(human capital)이 국가의 미래를 결정하는 핵심 인프라로 부상했다. 이 새로운 패러다임의 중심에는 레저산업이 자리 잡고 있다. 레저는 단순한 소비 산업을 넘어, 국민의 정신 에너지와 사회적 관계망을 재생산하는 국가 생명 회복 시스템(national life-recovery system)이자 지속 가능한 성장의 엔진이다.

이처럼 레저가 국가 경쟁력의 핵심으로 부상함에 따라 국가와 지방정부의 역할도 근본적인 전환이 필요하다. '시민의 여가'를 관리하는 수준을 넘어, '삶의 질과 사회적 회복력(social resilience)'을 총괄하는 정책으로 그 영역을 확장해야 한다. 그리고 이 거대한 전환을 실현할 가장 강력한 도구가 바로 AI(인공지능)이다. AI는 시민 개개인의 생활 패턴, 감정 상태, 지역 환경 데이터를 통합 분석함으로써 단순한 맞춤형 레저 복지를 넘어 '예측형 사회 건강 관리'를 가능하게 하는 지능형 거버넌스의 핵심이 될 것이다.

1) 국가 경쟁력의 3대 축: 레저가 만드는 새로운 패러다임

(1) 경제적 측면: 레저를 통한 생산성의 확장

레저산업은 직접적으로는 관광, 스포츠, 문화, 건강 산업과 연계되어 고용과 내수의 거대한 파급 효과를 낳는다. 간접적으로는 국민의 피로와 스트레스를 줄여 노동 생산성을 향상시키고, 창의적 아이디어의 원천이 되는 인지적 회복력을 강화한다.

예를 들어 OECD 국가들은 근로시간을 줄이되, 국민의 여가 시간을 늘린 이후 오히려 노동 생산성이 상승했다.[25] 이는 레저가 노동의 대체재가 아니라 보완재임을 증명하는 사례이다. 즉, 회복 중심 사회일수록 더 효율적으로 일할 수 있고, 더 오래 지속 가능한 성장을 달성한다.

또한, 레저산업은 지역 균형 발전의 핵심 수단이다. 지방의 산림, 해안, 유휴 공간이 레저 인프라로 재활용되면, 수도권 중심의 산업 구조가 분산되고 지역 경제가 자립적 구조를 갖게 된다. 골프, 캠핑, 생태 관광, 치유형 농촌 체험 등은 '녹색 일자리(green job)'를 창출하며, 환경 보전과 경제 성장의 선순환을 동시에 실현한다.

---

25 OECD 통계에 따르면, 독일, 네덜란드, 덴마크 등 연간 평균 근로시간이 가장 낮은 국가들이 오히려 시간당 노동 생산성(GDP per hour worked)이 가장 높은 수준을 유지한다. 이는 충분한 레저 및 회복 시간이 노동 시간당 집중도와 효율성을 극대화하여 총체적인 생산성을 상승시키는 '레저의 생산성 보완재 역할'을 입증한다. OECD, 2023, Hours worked(indicator). doi: 10.1787/47be1d78-en & OECD, 2023, Labour productivity(indicator). doi: 10.1787/2417f6c7-en.

(2) 문화적 측면: 레저를 통한 정체성과 사회 통합의 회복

레저는 한 사회의 문화적 수준을 드러내는 거울이다. 사람들이 어떻게 쉬고, 무엇을 즐기며, 어떤 가치를 공유하느냐는 그 사회의 정체성과 문화적 성숙도를 보여준다.

산업화 시대의 한국은 '노동 중심의 문화'로 빠르게 성장했지만, 동시에 정서적 피로와 공동체 붕괴라는 사회적 비용을 치렀다. 이제는 '성과 중심의 문화'에서 '삶 중심의 문화'로 전환해야 한다. 국가가 이를 선도하기 위해서는 공공 레저 공간의 문화화, 즉 "휴식이 곧 문화 활동"이 되는 환경을 조성해야 한다.

예를 들어 공공 공원에 지역 예술가의 전시·공연을 상시 배치하거나, 산책로에서 시민이 음악·명상 콘텐츠를 체험할 수 있도록 하는 것, 또는 여러 세대가 함께 참여할 수 있는 자연 놀이·공공 골프·사회봉사형 레저를 설계하는 것이다. 이러한 프로그램은 단순한 오락이 아니라 세대와 계층을 연결하는 문화적 접점이 된다. 결국 레저는 사회적 분열을 치유하고, 국민의 정체성을 강화하는 비정치적 통합의 장이 된다.

(3) 기술적 측면: AI와 디지털 전환이 만드는 스마트 레저 생태계

AI와 디지털 기술은 레저산업의 패러다임을 근본적으로 바꾸고 있다. 미래의 레저산업은 더이상 오프라인 시설 중심이 아니라 데이터·AI·센서·로봇·XR(확장 현실)이 결합된 스마트 레저 생태계(smart leisure ecosystem)로 진화한다.

AI는 개인의 생체 데이터(심박, 수면, 활동량 등), 위치 정보, 날씨, 일정 등을 분석하여 최적의 레저 활동을 추천할 수 있다. 예를 들어 △피로도가 높으면 '명상형 산책 코스', △사회적 교류가 부족하면 '그룹형 운

동', △창의적 사고가 필요한 시기에는 '예술 감상형 레저' 등을 자동 제안하는 식이다. 이러한 시스템은 국민 전체의 건강 데이터를 기반으로, 국가 단위의 레저 건강 지표(leisure health index)를 관리할 수 있게 한다.[26] 즉, AI는 단순한 추천 엔진이 아니라 국가의 정신 건강·회복력 모니터링 시스템으로 발전한다.

또한 XR·AR 기술은 물리적 제약을 넘어선 새로운 형태의 레저를 창출하고 있다. 예를 들어 도심의 작은 공원에서도 AR 기반의 골프·등산·예술 체험이 가능해지고, 원격지 시민이 메타버스 공간에서 함께 레저 활동을 즐길 수 있다. 이는 특히 고령층이나 이동에 제한을 받는 시민에게 '접근 가능한 레저(accessible leisure)'를 제공하는 기술적 복지의 형태이다.

더 나아가 AI는 국가의 레저 인프라 운영에도 적용될 수 있다. AI가 이용자 흐름·기후·시설 상태를 예측해 운영 효율과 안전성을 관리하는 스마트 공공 레저 관리 시스템(smart public leisure management)을 구현하면, 적은 예산으로도 높은 품질의 서비스 제공이 가능해진다. 이러한 기술적 응용은 레저를 경제 효율·환경 보전·사회 복지의 교차점으로 끌어올린다.

---

[26] 국가 단위에서 포괄적인 '레저 건강 지표(Leisure Health Index)'를 공표하는 사례는 아직 초기 단계이지만 핀란드와 스웨덴 등 북유럽 국가들은 이미 디지털 건강 기록(EHR)과 공공 데이터를 통합하여 시민의 신체 활동 및 정신 건강 데이터를 분석하고, 이를 토대로 공공 스포츠·문화 시설 정책을 설계하고 있다. 이러한 접근은 AI를 활용해 개인의 레저 수요를 파악하고, 공공 복지 자원의 배분을 최적화하는 스마트 레저 시스템의 초기 형태로 볼 수 있다.

2) 국가 전략의 실행: AI 기반 레저 거버넌스

(1) 공공 레저 정책의 새로운 패러다임: 복지에서 회복으로

기존의 공공 레저 정책은 주로 체육 시설 확충이나 문화 프로그램 지원 등 공급 중심의 복지 모델에 머물러 있었다. 그러나 현대 사회에서의 레저는 단순한 여가 제공이 아니라 국민의 정신적·신경심리적 회복 메커니즘을 설계하는 국가 전략으로 전환되어야 한다.

예를 들어 지역 공공 시설은 단순한 운동 공간을 넘어, 스트레스 관리·명상·예술 치유·사회적 교류가 가능한 '심신 회복 복합 공간(healing complex)'으로 발전해야 한다. 이 공간의 설계와 운영에 AI 기반 생활 데이터 분석 시스템이 접목될 때, 개인과 집단의 회복 효율은 획기적으로 향상된다.

AI는 시민들의 활동 데이터(예: 걸음 수, 체온, 수면, 이동 반경)와 심리적 신호(예: 감정 인식, 피로 지수, SNS 표현 언어)를 익명화된 형태로 분석해 각 지역의 스트레스 지수나 레저 수요를 실시간으로 파악할 수 있다. 이 데이터는 공공 기관이 정책 우선순위를 정하고, 예산을 효율적으로 배분하는 데 결정적 역할을 한다. 결국 레저 정책은 단순한 '시설의 양적 확대'가 아니라 데이터 기반의 회복력 설계로 발전하게 된다.

(2) 지역형 공공 레저 인프라: 생활권 기반의 맞춤 설계

레저 정책의 실질적 성패는 지역 단위의 생활권 설계에 달려 있다. 지방정부는 주민의 연령, 직업, 건강 수준, 생활 리듬에 따라 다양한 형태의 레저 공간을 구성해야 한다. 예를 들어 청년층 밀집 지역에는 디지털 스포츠와 체험형 문화 공간을, 고령층 지역에는 치유형 산책로·도심 공원·소규모 골프장 등 '저강도·고회복형 인프라'를 배치하는 식이다.

이때 AI는 도시 데이터를 활용해 최적의 입지와 시설 구성을 제안할 수 있다. 예를 들어 교통량·미세먼지 농도·토지 활용도·주민 연령 분포를 학습한 AI가 "이 지역에는 도심형 산책 공원+주말 농장형 커뮤니티+공공 캠핑존"과 같은 복합 구성을 자동 추천할 수 있다. 이것은 도시 계획과 환경 정책, 복지 정책이 통합된 AI 기반 도시 레저 계획(urban leisure AI planning)의 첫 단계이다.

(3) AI를 활용한 개인 맞춤형 레저 복지: My Leisure Passport

앞으로의 국가 레저 정책은 일률적 프로그램 제공을 넘어 개인별 맞춤형 복지 체계로 전환될 것이다. 그 중심이 되는 것이 가칭 "My Leisure Passport(나의 레저 여권)" 제도이다.

이 제도는 AI가 시민 개개인의 생활 데이터를 종합 분석하여 ① 어떤 종류의 레저가 스트레스 해소에 효과적인지, ② 언제, 어떤 빈도로 휴식이 필요한지, ③ 어떤 사회적 활동이 정서적 안정을 돕는지를 추천하는 시스템이다.

예를 들어 한 직장인의 수면 패턴과 심박 리듬이 장기간 불규칙하다면, 시스템은 '주말 오전 자연 체험 프로그램', '야간 조명 하이킹', '명상형 사운드 프로그램' 등을 자동으로 제안하고, 복지 포인트와 연동하여 예약까지 도와준다. 이처럼 AI 기반 레저 복지 플랫폼은 시민의 '회복력'을 실시간으로 관리하는 개인화된 공공의사(公醫)로 기능한다.

이러한 시스템은 기업 복지 카드와도 연동되어, 공공-민간 통합형 복지 생태계를 구축할 수 있다. 예를 들어 지방정부의 복지 포인트가 기업의 복지 플랫폼과 연결되어, 시민이 공공 체육 시설과 민간 레저 시설을 통합적으로 이용하는 형태이다. 이는 공공성과 효율성의 융합을 실현하는 AI 시대의 새로운 사회 모델이다.

(4) 사회적 회복력의 강화: AI와 공동체의 결합

AI가 아무리 정교하더라도 레저의 본질은 인간 간의 관계와 정서적 교류에 있다. 따라서 국가의 역할은 AI를 통해 데이터를 수집하고 통계화하는 데 그치지 않고, 그 데이터를 바탕으로 사람들이 실제로 만나고 교류하며 회복할 수 있는 공동체적 환경을 조성하는 것이다.

예를 들어 지역별 레저 커뮤니티 매칭 플랫폼은 AI가 비슷한 관심사와 생활 패턴을 가진 시민을 연결하여 함께 운동·산책·자원봉사·예술 활동 등을 하도록 돕는다. 이 시스템은 디지털 기술을 사회적 유대감 형성의 촉매로 전환시킨다. 결국 AI는 인간을 대체하는 기술이 아니라 인간을 다시 연결하는 기술로 자리매김해야 한다.

3) 지능형 회복 국가(intelligent recovery state)로의 도약

앞서 제시된 경제·문화·기술의 3중 축과 AI 기반 실행 전략은 하나의 통합된 목표를 향해 수렴된다. 레저산업을 국가 경쟁력의 핵심으로 발전시키기 위해서는 이 세 가지 축이 유기적으로 조화를 이루어야 한다.

첫째, 경제적 측면에서는 지역 레저 인프라와 중소기업에 대한 세제·금융 지원을 강화하고, '공공 레저형 지역 경제 모델'을 확산시켜 지속 가능한 성장 엔진으로 자리 잡게 해야 한다.

둘째, 문화적 측면에서는 레저를 단순한 소비가 아닌 삶의 교양으로 인식하는 '삶의 질 문화'를 조성해야 한다. 국민이 '감정 관리 능력'을 자기 개발의 일부로 인식할 때, 사회 전체의 정서적 안정과 신뢰는 비로소 높아질 것이다.

셋째, 기술적 측면에서는 AI·데이터·XR 기반의 스마트 레저 네트워크를 구축해야 한다. 민간과 공공의 데이터 공유를 통해 'AI 레저 허브 센터'를 설치하고, 레저 활동 추천부터 건강 모니터링, 문화 프로그램 큐레이션까지 통합 관리하는 체계를 마련해야 한다.

이 모든 과정의 성공 여부는 데이터와 감성의 조화에 달려 있다. AI는 시민의 피로와 수요를 예측할 수 있지만, '어떻게 휴식이 행복이 되는가'에 대한 답은 여전히 인간의 감정적 판단 영역에 남아 있다. 따라서 국가는 AI 분석 결과를 단순한 수치로만 다루지 않고, 이를 문화·건강·환경 정책과 연계한 '통합적 감성 복지 전략'으로 발전시켜야 한다. "데이터로 설계하고, 감성으로 완성하는 레저 정책"이 바로 우리가 지향해야 할 미래의 공공 레저 거버넌스이자, 지능형 회복 국가(intelligent recovery state)의 청사진이다.

궁극적으로, 회복 탄력성 있는 국가가 강한 국가이다. 레저는 단순한 여가의 문제가 아니라 한 국가의 정신 구조와 경제 시스템을 동시에 재설계하는 전략적 자산이다. 국민이 건강하게 쉬고, 창의적으로 생각하며, 사회적 관계 속에서 회복될 수 있는 환경을 갖춘 나라만이 비로소 지속 가능한 성장과 혁신이 가능한 진정한 선진국이라 할 수 있다. AI 시대의 국가 경쟁력은 기술의 속도가 아니라 인간의 회복 속도에서 결정된다. 레저는 그 회복의 엔진이며, 문화와 경제, 기술을 연결하는 지능형 국가의 심장이다. 결국 미래의 강한 국가는 "일을 잘하는 나라"가 아니라 "회복을 잘하는 나라", 즉 레저를 통해 인간의 잠재력을 최대로 발휘할 수 있는 나라가 될 것이다. 이는 레저가 단순한 사치가 아닌, 국가의 인적 자본을 회복하고 미래 지향적 역량을 축적하는 사회 필수 인프라(social essential infrastructure)임을 선언하는 것이다.

8. 레저산업의 미래 전망과 글로벌 전략
― 국제 비교 및 한국형 모델 제안

21세기 후반으로 갈수록 세계 각국은 "얼마나 효과적으로 회복하는가"가 "얼마나 잘 사는가"를 결정하는 시대에 들어서고 있다. 레저는 더이상 사치가 아니라 국가의 혁신 역량과 행복 지수를 동시에 끌어올리는 전략적 자원이다. 이제 각국은 레저를 경제 정책·복지 정책·문화 정책의 중심에 두고 있으며, 그 방식과 수준이 바로 국가의 성숙도를 가늠하는 척도가 되고 있다.

1) 세계 주요국의 레저산업 전략 비교

(1) 미국: 경험 경제(experience economy)와 산업 융합의 본보기

미국은 레저를 '창의적 소비 산업'으로 정의한다. 디즈니, 펠로톤, 나이키, 에어비앤비 등은 모두 '레저 경험을 중심으로 브랜드를 재편한 기업'들이다. 정부는 문화·스포츠·관광 부문을 통합 관리하며, 각 주(州)가 지역 특성에 맞는 레저산업을 육성하도록 지원한다. 특히 최근에는 AI와 빅데이터를 기반으로 국민의 체력, 여행 패턴, 지역 소비 흐름을 분석하여 레저 인프라 투자와 건강 정책을 연계하고 있다. 미국 보건복지부(HHS)의 'National Strategy on Hunger, Nutrition, and Health'는 지역 공원과 레저 프로그램을 통한 예방 의료 비용을 연간 100억 달러 이상 절감할 수 있다는 분석을 내놓았다. 즉, 레저가 경제, 보건, 도시 계획의 공통 플랫폼으로 작동한다.

(2) 일본: 생활 속 레저와 고령사회 대응

일본은 "생활형 레저(Lifestyle Leisure)" 정책의 선두주자이다. 공공 골프장, 지역 온천, 시민 체육 센터 등 일상에 녹아든 레저 인프라가 매우 촘촘하다. 고령화 사회에 맞춰 저강도·고회복형 프로그램을 도입하고, AI 기반 예약·건강 관리 시스템을 통해 노년층의 사회 참여를 유도한다. 특히 일본은 레저를 '복지 예방(Prevention Welfare)'의 수단으로 보고, 레저를 즐기는 행위 자체가 의료비를 절감하는 사회적 투자로 간주한다. 일본 후생노동성의 '건강장수계획'에 따라 도입된 고령자 맞춤 운동 프로그램은 참여자의 연간 의료비를 평균 15%가량 낮춘 것으로 조사되었다.

(3) 유럽: 문화·환경·삶의 질을 통합한 모델

유럽의 레저 정책은 철저히 삶의 질과 환경 보전을 중심으로 한다. 덴마크와 네덜란드는 자전거, 하이킹, 자연 체험 등 '저탄소 레저'에 대한 사회적 합의가 높고, 프랑스·이탈리아는 예술과 와인, 농촌 문화를 결합한 '문화형 레저산업'을 발전시켰다. EU는 또한 '그린 레저 인덱스(green leisure Index)'를 도입해 회원국의 레저 인프라가 환경적 지속 가능성과 얼마나 조화를 이루는지를 평가한다. EU의 '그린 레저 인덱스'는 회원국 레저 인프라의 탄소 배출량, 공원 접근성, 대중교통 연계성 등 10개 지표를 체계적으로 평가한다.

(4) 중국: 대규모 인프라와 디지털 플랫폼 결합

중국은 레저를 내수 진작의 전략 산업으로 삼고, 도시형 테마파크·스포츠 단지·디지털 관광 플랫폼을 국가 프로젝트로 추진 중이다. AI 여행 큐레이터, 가상현실 관광, 빅데이터 기반의 지역 관광 예측 서비스 등 기술 중심형 레저산업(tech-driven leisure)의 확장 속도가 매우 빠르다. 그러나 이러한 급성장은 지역 불균형과 환경 문제를 동시에 야기하고 있어, 향후에는 지속 가능성 확보가 가장 큰 과제로 남아 있다.

2) 글로벌 트렌드의 핵심: "휴식의 지능화(leisure intelligence)"

세계 레저산업의 방향은 세 가지 키워드로 요약된다.

① **개인화(personalization)**: AI가 개인의 생체·심리 데이터를 분석해 '맞춤 레저'를 설계한다.

② **통합화(integration)**: 레저가 의료, 교육, 복지, 관광과 융합되어 하나의 '생활 인프라'가 된다.

③ **지속 가능성(sustainability)**: 환경 보전, 지역 공동체, 윤리적 소비가 레저 선택의 기준이 된다.

이러한 흐름은 곧 "지능형 휴식(leisure intelligence)"의 시대를 예고한다. 즉, 인간의 감정·건강·사회 관계를 데이터로 분석하고, AI가 이를 바탕으로 '언제, 어디서, 어떤 방식으로 쉬어야 하는가'를 제안하는 시스템이 국가 단위로 작동하게 된다. 이는 산업의 디지털화가 아니라 삶 자체의 알고리즘화라고 할 수 있다.

3) 한국의 현황과 과제

한국은 레저산업의 규모 면에서는 빠르게 성장했으나, 구조적으로는 여전히 노동 중심 사회의 한계를 지니고 있다. 국민의 평균 근로시간은 OECD 상위권이지만, 행복 지수·정신건강 지수·휴식 만족도는 중하위권에 머물러 있다. 이는 레저의 '양'보다 '질'이 부족하고, 공공·민간 간 협력 체계가 미비하기 때문이다.

또한 국내 레저산업은 관광과 스포츠에 치우쳐 있고, 웰니스·예술·심리 회복형 레저 분야의 정책 기반은 아직 미약하다. 이에 따라 한국형 레저 모델은 단순한 산업 육성을 넘어 국민의 뇌·정서·사회 관계를 회복시키는 총체적 시스템으로 설계되어야 한다. 다시 말해, 이는 AI가 추천한 명상 콘텐츠를 공원에서 체험하고, 예술 치유 프로그램에 참여한 후 그 경험을 지역 커뮤니티와 공유하는 것과 같은 일상 속에서 구현되는 구체적인 서비스들의 연속선상에 있다.

4) 한국형 레저산업 모델: K-Leisure Strategy

한국이 지향해야 할 레저산업의 비전은 '지능형·공공형·문화형'의 3중 구조로 요약된다.

(1) 지능형(智能型): AI·데이터 기반의 맞춤형 회복 시스템

AI가 국민의 활동·건강·정서 데이터를 분석하여 개인별 레저 처방을 제안한다. 정부는 이 데이터를 바탕으로 지역별 레저 수요를 예측하고, 공공 시설 운영 시간·콘텐츠·프로그램을 자동 최적화한다. "AI 기반 국민 레저 플랫폼(K-leisure cloud)"을 구축해 국민 누구나 자신의 생활 리듬에 맞는 휴식 프로그램을 손쉽게 찾을 수 있게 한다.

이러한 '지능형 레저' 시스템의 성공은 궁극적으로 AI의 분석력과 인간의 감성적 판단이 어떻게 조화를 이루느냐에 달려 있다. AI가 데이터

기반의 최적의 옵션을 제안한다면, 인간은 그 순간의 기분과 상황에 따라 최종적으로 자신을 가장 따뜻하게 위로할 수 있는 선택을 하는 주체가 되어야 한다.

(2) 공공형(公共型): 지역 회복 중심의 레저 인프라

도시의 유휴 부지, 폐교, 하천변, 공원 등을 활용해 공공 치유·레저 복합 공간을 조성한다. 공공 골프장·도심 캠핑장·시민 치유 공원 등은 단순한 여가 시설이 아니라 정신 건강·세대 교류·지역 경제 활성화의 거점으로 설계한다.

지방정부는 AI를 이용해 지역별 이용률과 사회적 효과를 측정하고, 인프라의 효율성을 실시간 조정한다.

(3) 문화형(文化型): 감정과 예술의 융합

레저를 문화 예술·교육·복지와 결합하여 감성적 풍요와 사회적 통합을 동시에 추구한다. '예술 치유 레저', '음악·명상 공원', '사회참여형 레저 봉사' 등은 모두 시민의 정체성을 회복하는 문화적 장치가 된다.

나아가 한국의 강점인 K-콘텐츠, K-푸드, K-웰니스와 연계해 "경험으로 소비되는 문화형 레저"를 수출산업으로 발전시킬 수 있다.

5) 국제 협력과 수출 전략: K-Leisure의 세계화

한국의 레저산업은 아시아뿐 아니라 전 세계적으로 새로운 수요를 이끌 잠재력이 크다. 첫째, 한국의 ICT 인프라와 AI 기술력은 스마트 레저 솔루션의 수출 기반이 된다. 둘째, K-팝·K-푸드·K-뷰티 등 기존 한류 문화 산업과 결합하면, "휴식이 곧 문화가 되는 복합형 한류 모델"을

구축할 수 있다. 셋째, 공공 레저·웰니스 관광·스마트 골프·AI 건강 관리 시스템 등은 고령화가 진행 중인 세계 각국에 사회 복지형 산업 패키지로 수출 가능하다. 즉, 한국형 레저산업은 단순한 관광 수출이 아니라 "기술·문화·복지를 결합한 휴식 솔루션 산업"으로 진화해야 한다.

6) 미래 전망: 레저가 국가 문명의 지표가 되는 시대

가까운 미래에는 한 국가의 문명 수준을 평가하는 기준이 GDP나 군사력, 수출액이 아니라 국민이 얼마나 자유롭고 건강하게 재생산(recharge)하는가, 얼마나 창의적 에너지를 회복하는가가 될 것이다. 이때 레저산업은 산업 정책이자 복지 정책이며, 나아가 정신 문화 정책이다.

AI와 인간의 감성이 결합된 "지능형 레저 문명(intelligent leisure civilization)"이 도래하면, 국가는 단순한 경쟁의 장이 아니라 시민이 각자의 리듬으로 성장하는 생태계로 변모한다. 그때 한국의 목표는 "세계에서 가장 열심히 일하는 나라"가 아니라 "가장 지능적으로 회복하는 나라, 가장 창의적으로 회복하는 나라"가 되어야 한다.

결국 한국형 레저 전략(K-leisure strategy)의 비전은 한 문장으로 요약할 수 있다. "기술로 설계하고, 문화로 융합하며, 회복으로 완성하는 지능형 레저 국가."

이 비전은 21세기 한국의 새로운 국가 경쟁력 원천이자, AI 시대를 주도할 국가 브랜드의 초석을 다질 것이다.

9. 정치·사회·문화의 혁신과 레저
― 신경심리적 회복을 통한 사회적 신뢰와 민주주의의 안정화

앞서 기술과 산업 차원에서의 K-Leisure 전략을 논의했다면, 이제 레저가 한국 사회의 근본적인 정치·사회·문화적 병리 현상을 치유하고 민주주의를 안정화시킬 수 있는 혁신적 동력으로 작동하는 방안을 살펴보고자 한다.

오늘의 한국 사회는 세계적으로 유례없는 속도의 산업화와 민주화를 동시에 경험한 사회이다. 그러나 빠른 변화와 경쟁은 사회 내부에 깊은 심리적 피로와 분열의 흔적을 남겼다. 정치적 진영 대립, 세대 간 불신, 지역·계층 갈등, 온라인 혐오와 소문, 그리고 극단적 이념 편향은 단지 정치의 문제가 아니라 집단 신경심리의 불균형과 정서적 피로가 사회 전반에 축적된 결과이기도 하다.

이제 한국 사회가 다시 건강한 민주주의와 창의적 공동체로 나아가기 위해서는 경제 정책보다도 정신 문화의 회복, 그중에서도 레저를 통한 사회적·신경심리적 혁신이 필요하다.

1) 병적 징후로서의 한국 정치·사회문화: 분열, 소문, 불신, 폭력

오늘날 한국의 정치·사회문화는 표면적으로는 민주주의의 성숙기를 맞이했지만, 그 이면에는 지속적인 신경심리적 과부하(overload)가 누적되어 있다. 끊임없는 경쟁 구조, SNS를 통한 감정적 정보 과잉, 그리고 실시간으로 증폭되는 분노와 불신은 국민 개개인의 신경계를 항상적 긴장 상태(chronic arousal)에 놓이게 한다.

이러한 상태에서는 인간의 판단이 전전두엽의 합리적 사고보다 편도

체 중심의 감정 반응으로 치우친다. 즉, 사실보다 감정이 우선하고, 상대보다 진영이 먼저이며, 소통보다 공격이 빠른 '편도체형 사회(amygdala society)'가 형성된다.

이러한 집단적 감정 피로는 다음과 같은 병적 징후로 나타난다.

- **분열적 진영화**: 타인을 적으로 규정하고, 협력을 배제하는 인지 편향의 고착
- **소문과 혐오의 전염**: SNS와 미디어를 통한 감정 전염(emotional contagion)의 확산
- **불신과 폭력의 일상화**: 정치적 의견 차이를 도덕적 결함으로 간주하는 인지 왜곡
- **피로 사회적 냉소**: 개인의 무력감이 공동체 불신으로 전이되어 사회적 에너지의 손실

이 모든 것은 단순히 정치적 대립이 아니라 사회 전체의 신경계가 과열되고 조절 능력을 잃은 집단적 스트레스 반응이다.

2) 레저를 통한 신경심리의 건강화: 회복, 치유, 그리고 소통의 재구성

레저는 단순한 휴식이 아니다. 그것은 인간의 뇌와 신체가 다시 '자율적 리듬'을 회복하는 과정이며, 이 리듬의 회복이 바로 정치적·사회적 건강성의 회복으로 이어진다.

(1) 이데올로기의 신경심리적 치유

극단적 이념은 논리의 문제가 아니라 감정 조절 시스템의 경직화에서 비롯된다. 편도체가 과도하게 활성화되고, 전전두엽의 조절 기능이 약화될 때 인간은 타인의 관점을 이해하지 못하고, 세상을 흑백으로 나누

게 된다. 레저는 이러한 경직된 뇌의 패턴을 느낌과 감각(sensation)을 통해 완화시킨다.

자연 속 산책, 음악 감상, 스포츠, 예술 활동은 감정-인지 통합 회로(섬엽-ACC-PFC)를 재활성화시켜 감정 조절 능력과 공감 능력을 회복시킨다. 즉, 레저는 이념적 교화가 아닌 신경심리적 치유를 통해 '소통 불가의 사회'를 '소통 가능한 사회'로 되돌리는 실질적 통로가 된다.

(2) 비적응자들의 신경심리적 회복

현대 사회의 경쟁 구조에서 소외된 사람들은 종종 자기 효능감과 사회적 정체성을 잃는다. 이때 레저는 그들에게 "나는 여전히 유능하고 살아 있다"는 느낌을 되찾게 하는 회복의 장이다. 특히 스포츠, 예술, 공동체 레저는 사회적 보상 회로를 자극하여 타인과의 긍정적 상호 작용을 복원하고, 사회참여 의욕을 높인다. 이는 비적응자들의 심리적 재활이자, 사회 전체의 잠재력 회복으로 이어진다.

(3) 다원 민주주의의 안정화: 공감과 신뢰의 재구조화

민주주의는 제도보다 정서적 기반 위에 서 있다. 즉, "상대가 나와 달라도 함께 살아갈 수 있다"는 감정적 신뢰가 민주주의의 뿌리이다. 레저는 경쟁의 논리를 잠시 멈추고, 사람들이 서로의 감정을 교류하며 인간으로서의 공통성을 느끼게 하는 경험의 장이다. 함께 운동하고, 함께 공연을 보고, 함께 자연을 걷는 경험은 '사회적 신뢰의 신경 회로(social trust network)'를 재활성화시킨다. 이것이야말로 포용적 민주주의의 가장 근본적인 심리적 토대이다.

3) 갈등으로 인한 사회적 비용의 절감: 회복을 통한 생산성 상승

사회적 갈등은 눈에 보이지 않는 막대한 경제적 손실을 초래한다. 국내 연구에 따르면, 정치·이념·노사·세대 간 갈등으로 인한 사회적 비용은 GDP의 약 20% 이상에 해당하며, 이는 실질적인 성장 잠재력을 갉아먹는 요인으로 작용한다.[27]

레저는 이러한 갈등의 심리적 에너지 낭비를 회복의 에너지로 전환시킨다. 예를 들어 공공형 레저 공간과 시민 커뮤니티 프로그램은 서로 다른 집단이 '경쟁자'가 아닌 '동료 시민'으로 만나게 하는 접점을 제공한다. 스포츠 경기, 지역 축제, 예술 참여형 레저 등은 갈등의 감정을 '경험의 공유'로 변환하며, 사회적 긴장을 완화하고 상호 이해의 문화를 확산시킨다.

또한 AI 기반의 사회 데이터 분석을 통해 어떤 지역·세대·직업군에서 갈등 지수가 높고 회복 지수가 낮은지를 파악할 수 있다. 이를 토대로 맞춤형 레저 프로그램을 제공하면, 사회적 갈등 관리가 감정적 호소가 아닌 데이터 기반의 심리 복지 정책으로 발전할 수 있다. 이것은 곧 갈등의 비용을 줄이고, 생산적 협력의 에너지를 복원하는 사회적 투자가 된다.

4) 레저는 민주주의의 심리적 인프라

정치·사회·문화의 혁신은 결국 인간의 감정 시스템을 건강하게 만드

---

27 삼성경제연구소(2005), 현대경제연구원(2014) 등은 사회적 갈등 비용을 GDP의 15~27% 수준으로 추산한 바 있으며, 단국대학교 분쟁해결연구센터(DCDR)의 최근 분석(2013~2022년 기준)에 따르면 그 규모는 2,326조 원으로 명목 GDP의 약 10% 수준에 달한다. 특히 이념 갈등이 전체의 75.4%를 차지하며, 우리나라의 갈등지수는 OECD 27개국 중 4위로 보고되었다.

는 일에서 출발한다. 법과 제도만으로는 사회의 분열을 치유할 수 없지만, 사람들이 함께 웃고 걷고 경험을 나누는 순간 그들의 뇌와 마음은 이미 새로운 사회적 회로를 형성한다.

따라서 레저는 단순한 여가정책이 아니라 민주주의를 안정시키는 신경심리적 인프라, 즉 "공감하는 뇌"를 재건하는 문화적 복지 시스템이다.

한국이 진정으로 건강한 민주국가로 도약하기 위해서는 경제 성장보다 중요한 과제가 바로 이 정신적 회복의 문화, 즉 레저를 통한 정치·사회·문화의 재구성이다.

그때 우리는 말할 수 있을 것이다. "휴식이 있는 사회가 곧 성숙한 사회이며, 레저는 민주주의를 치유하는 가장 평화로운 혁명이다."

10. 결론: 레저의 철학
― 인간의 존엄과 회복의 문명으로

레저는 단순한 시간의 문제가 아니다. 그것은 인간이 자기 자신을 어떻게 이해하고, 세상과 어떤 관계를 맺는가를 결정하는 존재의 방식(mode of being)이다. 인류의 역사는 노동의 역사이기도 하지만, 동시에 휴식과 사유의 역사, 즉 레저의 역사이기도 하다. 그리스 철학자 아리스토텔레스는 "레저(σχολή, schole)"를 단순한 여가가 아니라 "철학과 예술, 인간다운 삶이 시작되는 시간"이라 말했다. 오늘의 과학과 기술이 아무리 진보하더라도 인간이 스스로를 회복할 시간을 잃는다면 그 사회는 결국 비인간화의 길로 들어선다.

1) 레저는 인간의 존엄을 지키는 최소한의 시간

현대 사회는 효율과 경쟁을 숭배한다. 모든 시간은 생산성을 기준으로 평가되고, 휴식조차 '성과를 위한 충전'이라는 논리로 포섭된다. 그러나 진정한 레저는 그 반대편에 있다. 레저는 "아무것도 강요받지 않는 자유", 즉 인간이 외부의 목적에서 벗어나 존재 그 자체로 존중받는 시간이다.

이 시간 속에서 인간은 타인이 아니라 자기 자신으로 존재하며, 내면의 감정과 생각, 몸의 리듬을 다시 만난다. 그리하여 레저는 단순한 여가가 아니라 인간의 존엄(dignity)을 지탱하는 마지막 영역이다. 잘 쉬지 못하는 사회는 결국 인간을 도구화하고, 삶의 목적을 잃은 문명은 자신의 기계를 숭배하게 된다.

2) 레저는 회복과 창조의 순환을 완성하는 문명적 장치

인간의 뇌와 몸은 끊임없이 소모되고 회복되는 순환 구조 속에서 작동한다. 레저는 이 순환을 유지시키는 자연의 리듬이다. 노동이 세상을 바꾸는 힘이라면, 레저는 그 세상을 다시 느끼고 재해석하게 만드는 힘이다. 이 두 리듬이 균형을 이룰 때 사회는 안정되고, 창의성은 폭발한다.

신경과학적으로도 회복의 시간은 단순한 휴식이 아니라 기억의 통합(memory consolidation)과 창의적 통찰(insight)이 일어나는 시간이다. 즉, 레저는 뇌의 생산성을 높이는 감정적·인지적 엔진이며, 문명은 이 회복의 리듬을 사회 구조 속에 어떻게 배치하느냐에 따라 그 성숙도가 달라진다.

3) 레저는 경쟁에서 공존으로의 패러다임 전환

과거의 문명은 생산과 정복의 논리로 발전해 왔다. 그러나 21세기 인류의 과제는 이제 "더 많이 일하는 것"이 아니라 "서로를 해치지 않고 지속적으로 살아가는 법"을 배우는 것이다. 그 중심에는 바로 레저가 있다.

레저는 타인과의 경쟁이 아니라 함께 존재하는 경험, 즉 공존의 문화를 배운다. 사람들은 운동장에서 경쟁하면서도 웃고, 캠핑장에서 모르는 사람과 식탁을 나누며, 예술을 보며 각자의 감정을 나눈다. 이 모든 행위가 민주주의와 평화를 지탱하는 가장 일상적인 연습이다. 결국 레저는 비폭력의 문화, 신뢰의 감각, 타인과의 공감 능력을 일깨우는 사회적 학교이다.

4) 기술 문명 속의 인간 회복: AI와 감성의 공존

AI와 자동화의 시대에 인간의 노동은 점점 기계로 대체되고 있다. 그렇다면 인간은 무엇으로 인간다움을 누릴 수 있을까? 그 답은 '지능형 휴식(leisure intelligence)'에 있다.

AI가 정보를 처리하고 효율을 계산하는 동안 인간은 감정·창의·공감의 영역에서 자신의 가치를 증명해야 한다. 레저는 이러한 감성적·정서적 지능을 키우는 훈련장이며, AI 시대의 인간은 "더 똑똑하게 일하는 존재"가 아니라 "더 확실하게 쉬고 더 풍부하게 느끼는 존재"로 진화해야 한다.

결국 기술이 아무리 발전하더라도 인간의 존엄은 '의미 있는 여백', 즉 레저의 공간 안에서만 유지된다. AI가 생산을 담당하고, 레저가 존재를 책임지는 사회, 그것이 지능형 휴식 문명(intelligent leisure civilization)의 본질이다.

5) 레저는 새로운 문명 윤리

레저는 더이상 사적 취미나 개인적 선택의 문제가 아니다. 그것은 인간이 인간답게 살기 위한 윤리적 권리(ethical right)이다. 모든 국민이 자유롭게 쉬고 배우고 회복할 수 있는 사회는 단순히 부유한 사회가 아니라 도덕적으로 성숙한 사회이다. 정치와 경제가 이윤이 아닌 삶의 질과 회복의 공공선을 지향할 때, 그 사회는 이미 다음 단계의 문명으로 진입한 것이다.

그런 의미에서 '레저의 철학'은 곧 "존엄의 철학"이다. 휴식은 생존의 반대가 아니라 생명의 완성이다. 노동은 인간을 세상 속으로 이끌고, 레저는 인간을 자기 자신에게 되돌려준다. 그 순환이 멈추지 않을 때, 사회는 건강하게 살아 움직인다.

6) 회복의 문명으로

우리는 지금 생산과 경쟁의 문명에서 회복과 공존의 문명으로 이동하고 있다. 이전 시대의 핵심어가 '성장'이었다면, 다가올 시대의 핵심어는 '회복(recovery)'과 '균형(balance)'이다.

레저는 그 회복의 문명을 여는 핵심적 열쇠이다. 경제가 성장해도, 과학이 발전해도, 인간이 스스로를 회복하지 못한다면 문명은 방향을 잃는다.

따라서 미래의 선진국은 더 이상 'GDP가 높은 나라'가 아니라 시민의 마음이 건강하고, 관계가 따뜻하며, 삶이 의미 있는 나라이다. 그 길의 출발점에 바로 레저가 있다.

"레저는 인간이 다시 인간이 되는 시간이며, 회복의 문명은 바로 그 시간을 존중하는 사회에서 시작된다."

제2장 골프레저산업 생태계와 혁신 비즈니스 모델

1. 골프레저의 효용
― 몸과 마음, 관계와 지능을 함께 키우는 통합 활동

골프는 단순한 스포츠가 아니다. 인간의 신체와 정신, 사회적 감정과 인지 능력이 동시에 발휘되는 총체적 레저 경험이며, 현대인의 건강과 인간 관계, 나아가 지능적 사고력까지 아우르는 가장 정교한 레저 플랫폼이라 할 수 있다. 이를 제대로 이해하려면 레저가 지닌 보편적 효용을 먼저 살펴본 뒤, 그 위에 골프만이 가진 특별한 장점을 올려놓아야 한다.

1) 레저의 보편적 효용: 몸과 마음, 관계의 회복

레저의 가장 근본적인 효용은 심신의 항동성을 되찾아주는 데 있다. 현대인은 지나친 업무, 정보 과부하, 사회적 긴장 속에서 살아간다. 레저는 이 불균형 상태를 조정해서 우리의 생리·감정·인지 시스템이 제 리듬을 찾도록 돕는 회복 과정이다. 그 작용은 다음 다섯 가지로 정리할 수 있다.

첫째, 신체적 건강이다. 레저 활동, 특히 운동을 통한 심폐 기능 개선, 근골격 강화, 체중 조절이 기본 효용이다. 나아가 근육과 신경의 조화로운 움직임은 뇌의 운동 감각 피드백 회로를 자극해 신체 인식과 조절 능력을 키운다.

둘째, 정신적 안정이다. 레저는 스트레스 호르몬인 코르티솔을 낮추고, 세로토닌과 도파민 같은 긍정 정서 호르몬 분비를 촉진한다. 또한 마음 챙김과 몰입 경험을 통해 주의력을 회복하고 심리적 안정성을 높이는 데 기여한다.

셋째, 회복 탄력성이다. 레저 활동 중 경험하는 작은 실패와 좌절을 이겨내는 과정은 정서적 복원력을 기른다. 이는 신경심리학적으로 보면 공포와 불안을 처리하는 편도체와 이성을 담당하는 전전두엽 사이의 회복 회로를 강화하는 훈련이 된다.

넷째, 지능 발달이다. 레저는 계획, 전략 수립, 판단, 공간 인식 같은 고차원적 인지 기능을 자극해 유동성 지능(새로운 상황에 적응하고 문제를 해결하는 능력)을 향상시킨다. 이는 자연스럽게 창의적 사고와 문제 해결 능력의 성장으로 이어진다.

다섯째, 사회적 교감과 친교이다. 공동체 레저 활동을 통해 타인과 감정을 나누고 신뢰를 쌓는 과정은 사회적 보상 회로를 활성화한다. 이는 공감 능력을 키우고 관계 만족도를 높이는 데 결정적인 역할을 한다.

이렇게 레저는 단순한 휴식이 아니라 인간의 신체·정서·인지·사회 시스템이 통합적으로 회복하고 성장하는 생명 활동이다. 그리고 이 보편적 효용 위에, 골프는 그 효과를 가장 정교하고 꾸준하게 구현하는 특별한 레저 형태로 자리 잡고 있다.

2) 골프레저의 우수성: 축구와 비교하는 인간 완성도

인간은 절대적 기준보다 상대적 비교로 가치를 인식한다. 그래서 골프의 효용을 뚜렷이 이해하려면 다른 대표 구기 스포츠인 축구와 비교해 보는 것이 효과적이다.

축구가 강한 운동량, 팀워크, 순간적인 감정 표출이 두드러지는 '단기 에너지 소모형' 스포츠라면, 골프는 지속적인 자기 조절과 정밀한 판단이 필요한 '장기 에너지 균형형' 스포츠이다. 이 차이는 단순한 운동 강도 차이가 아니라 뇌 작동 방식과 심리 구조의 근본적 차이에서 비롯된다.

에너지 사용에서 축구는 순간적 폭발력과 아드레날린에 의존하는 반면, 골프는 오랜 집중력을 유지하며 도파민과 세로토닌의 균형을 추구한다. 인지 체계에서 축구는 상대 움직임에 반응하는 '반응적 판단'이 핵심이지만, 골프는 코스 조건과 자신의 상태를 종합 계산하는 '예측적 판단'이 핵심이다.

감정 구조도 다르다. 축구가 경쟁적 흥분과 열정을 중시한다면, 골프는 어떤 상황에서도 자신의 감정을 조절하고 통제하는 능력을 요구한다. 사회적 구조 측면을 보면, 축구는 팀 단위 외적 협력으로 승리를 지향하지만, 골프는 타인과 교감하면서도 궁극적으로 개인의 내적 성장과 일관성을 추구한다.

결과적으로 두 스포츠의 학습 효과는 뚜렷이 구분된다. 축구는 운동 신경과 협동 능력을 발달시키는 데 최적화되어 있다면, 골프는 한 번의 샷을 위해 계획, 기억, 감정 조절, 정서적 판단력이 동시에 작동하게 하여 '느리지만 깊은 사고력'을 훈련시키는 데 탁월하다.

더 나아가 골프는 '절대적 점수'보다 '자기 비교' 구조를 지닌 점에서 현대인에게 소중한 가치를 제공한다. 타인과 경쟁하기보다 자신의 어제와 오늘을 비교하며 내적 성장에 집중하게 하는 이 구조는 골프를 단순 스포츠가 아닌 현대인이 가장 필요로 하는 '심리적 복원 훈련장'으로 격상시킨다.

3) 골프레저가 특히 필요한 대상: 세대·성별·직업별 분석

골프의 효용은 모든 세대에 걸쳐 유효하지만, 특정 집단에게는 그 신경심리적 치유와 발달 효과가 특히 두드러진다.

중장년 세대에게 골프는 회복과 자기 통합의 의식과 같다. 사회적 책임과 피로가 쌓인 이들에게 넓은 자연 속을 걸으며 집중하는 시간은 뇌의 보상 회로를 안정시키고, 삶에 대한 통제감을 되찾게 해준다. 특히 퇴직 전후 정체성 상실 위기에 놓인 세대에게는 소중한 '심리적 전환 공간'이 되어준다.

청년 세대에게 골프는 집중과 자기 조절의 최적 훈련장이다. 디지털 환경에 익숙해 즉각적 보상에 민감해진 청년들에게 골프의 느리고 정밀한 리듬은 '지연된 보상(delayed reward)'의 가치를 몸소 익히게 하는 계기가 된다. 이는 장기 목표 설정과 달성 능력을 기르는 데 있어 직업적 성공의 바탕이 될 수 있다.

여성층에게 골프는 감정 안정과 사회적 유대를 함께 챙길 수 있는 활동이다. 골프는 신체 유연성을 살리면서도 감정 표현을 억누르지 않아 스트레스 해소와 자존감 회복에 뛰어난 효과를 낸다. 또 동년배 여성들과 네트워크를 형성하는 장으로서의 역할도 하며, 감정과 신체 리듬이 일치하는 경험을 통해 심리적 자기 통합감을 강화시켜 준다.

직업별 관점에서도 그 효용이 분명하다. 창의직 종사자에게는 정서적 회복과 함께 비선형적 사고를 촉진하고, 관리직에게는 판단력, 감정 통제력, 관계 조율 능력이라는 리더십 핵심 역량을 키우며, 서비스직에게는 사회적 피로와 감정 노동으로 지친 마음을 회복하는 데 효과적이다.

라이프스타일 별로도 골프는 이중적인 매력을 지닌다. 자연과 교감하고, 개인적으로 몰입하고, 사회적으로 친교를 나누는 균형형 레저이기 때문이다. 그래서 내향적인 사람에게는 안정과 집중의 공간을, 외향적인 사람에게는 건강한 교류와 에너지 충전의 장을 동시에 제공한다.

4) 골프: 인간의 뇌와 사회를 함께 성장시키는 통합 레저

골프는 비록 운동의 형태를 띠고 있지만, 그 본질은 자기 조절, 감정 통합, 사회적 교감, 인지 성장이 하나로 융합된 복합 학습 시스템이다. 따라서 우리는 골프를 단순한 스포츠가 아닌, 인간의 신경심리적 진화를 돕는 '레저형 인지 훈련 시스템'으로 재정의해야 한다.

축구가 '경쟁과 열정'의 가치를 상징한다면, 골프는 '성숙과 지성'의 가치를 상징한다. 그리고 이 두 축이 사회 안에서 조화를 이룰 때, 문명은 열정적 감정과 냉철한 사유, 타오르는 열정과 지혜로운 균형을 동시에 지닌 건강한 상태로 성장할 수 있을 것이다.

2. 골프레저의 행동 모델
― 자연, 리듬, 소통이 빚어낸 인간 회복의 구조

골프는 단순히 공을 치는 운동이 아니라 자연 속에서 오랜 시간 동안 소수의 인간 관계 속에서 이루어지는 복합적 행동 모델이다. 이 세 요소―자연, 걷기, 4인 소통―은 신체 생리, 뇌 신경계, 사회적 관계의 세 가지 층위를 동시에 자극하며 인간의 회복과 사회적 정서의 균형을 이룬다. 이 구조가 바로 골프가 다른 어떤 운동보다도 지속 가능한 레저로 자리 잡은 근본 이유이다.

1) 자연에서의 활동: 인간 본연의 치유 리듬 회복

인간의 신경계는 인공적 공간보다 자연 환경 속에서 훨씬 효율적으로 작동한다. 숲, 잔디, 햇빛, 바람, 새소리와 같은 자연 자극은 자율신경계의 부교감신경을 활성화시켜 스트레스 호르몬 분비를 억제하고, 심박과 혈압을 안정시킨다. 이것이 바로 '자연 치유력(nature healing power)'이라 불리는 생리적 효과이다.

심리학과 생리학 연구에 따르면, 동일한 활동이라도 실내 공간보다 자연 공간에서 수행할 때 심리적 안정, 학업·업무 생산성, 질병 회복 속도가 평균 20% 이상 향상된다. 특히 골프장은 인공 구조물이 아닌 조경화된 자연 생태계 속에서 이루어지며, 걷는 동안 지속적으로 햇빛, 녹색 시야, 공간적 개방감을 경험한다. 이 모든 요소가 뇌의 ACC와 복내측 전전두엽(vmPFC)을 자극하여 감정 조절 능력과 주의력 회복을 동시에 강화한다.

따라서 골프는 단순히 운동이 아니라 자연 속 신경심리적 회복 실험실과 같은 활동이다. 학업에 지친 청소년, 업무 스트레스가 누적된 직장인, 병환이나 우울을 겪는 사람 모두에게 '자연 속에서 걷는 4시간'은 약물 치료에 필적할 만큼 강력한 자기 조절 회복 요법(self-regulatory therapy)이 된다.

2) 4시간의 걷기: 생리적 유전자 발현의 완성 리듬

골프의 본질은 '걷는 운동'이다. 18홀 기준으로 한 라운드는 약 4시간 내외이며, 평균 6~8km를 걷게 된다. 이 시간은 단순히 체력을 소모하는 것이 아니라 유전자의 활성화(epigenetic activation) 관점에서 볼 때 "생명 회복의 최적 시간"이다.

최근 생리유전학 연구에 따르면, 신체 운동의 효과는 단순한 칼로리 소비가 아니라 유전자 발현율(gene expression rate)로 측정할 수 있다.[28] 걷기의 경우 약 4시간, 달리기의 경우 약 2시간을 지속하면 100%의 유전자 활성화 상태에 도달하며, 이는 근육 단백질 합성, 면역력 강화, 신경전달물질 균형 유지에 최적의 조건을 만든다. 즉, '4시간의 걷기'는 인체의 회복 시스템이 완전히 열리는 시간이다.

이 리듬은 체력이 약한 사람, 정신적으로 소진된 사람, 혹은 감정이 격해진 사람에게 특히 효과적이다. 달리기처럼 심박을 급격히 높이지 않으면서, 신체의 에너지 순환을 안정적으로 유지해 "피로를 쌓이지 않게 하면서 해소하는 운동"이 된다. 이 느리고 꾸준한 리듬은 편도체의 흥분을 완화시키고, 세로토닌 시스템을 안정화하여 우울·불안·분노 조절에 탁월한 효과를 보인다. 결국 골프는 가장 인간 친화적 운동의 리듬, 즉 '느림의 생리학'을 실천하는 스포츠라 할 수 있다.

3) 4명 단위의 구조: 인간 소통의 최적 단위

골프의 기본 단위는 4인 라운드이다. 이 숫자는 단순한 경기 규칙이

---

[28] 김기진 외, 2025, 「노년층 건강인의 유산소운동이 골격근 유전자발현에 미치는 영향」, *Asian Journal of Kinesiology*.

아니라 인간의 사회적 소통 구조(social cognition model)에 근거한 최적 집단 크기이다.

인류학적으로 인용되는 '던바 수(Dunbar's number)'에 따르면, 인간의 뇌가 감정적으로 유지할 수 있는 관계의 기본 단위는 4~5인이다. 이는 원시 수렵인들이 사냥을 할 때, 그리고 현대인들이 식사나 협업을 할 때 가장 자주 형성되는 규모이기도 하다. 4명은 한 사람의 말이 과도하게 지배적이지 않으면서도, 집단의 친밀감이 유지되고 의사소통이 흐트러지지 않는 심리적 균형점이다.

이 구조는 뇌의 사회적 판단 회로(social judgment circuit), 즉 ACC, 상측두회선(STS), 측두극(temporal pole)을 안정적으로 활성화시켜 '타인의 감정 읽기', '자기 표현의 절제', '상호 배려'라는 사회적 학습을 촉진한다.

따라서 골프의 4인 구조는 단순한 경기 편의가 아니라 인간이 진화적으로 가장 안정된 형태의 정서적 교류 시스템을 실현한 모델이라 할 수 있다. 그 안에서 사람들은 경쟁과 협력을 동시에 경험하며, 자연스럽게 신뢰와 공감의 신경 회로를 훈련하게 된다. 이것은 일상적 대화나 회의에서는 얻기 어려운 뇌의 사회적 복원력(social resilience)을 강화하는 효과이다.

4) 자연·리듬·소통이 만나는 인간 행동의 완전 모델

골프의 행동 구조는 세 가지 본질적 축으로 요약된다. ① 자연 속에서의 회복—공간적 치유, ② 4시간의 걷기—생리적 리듬의 완성, ③ 네 사람의 소통—사회적 균형의 회복 등이다.

이 세 가지가 결합될 때, 인간은 신체적으로 안정되고, 정서적으로 평화로우며, 인지적으로 유연해진다. 따라서 골프는 단순한 운동이 아니라 인간이 스스로를 회복시키는 행동 모델(action model)이다. 그 안에서 사람들은 경쟁이 아닌 공존을, 속도가 아닌 리듬을, 성과가 아닌 감정을 배우게 된다.

골프는 몸으로 하는 명상이며, 관계로 이루어진 심리 치유의 언어이다. 자연과 리듬, 그리고 소통의 조화 속에서 인간은 다시 인간다워지고, 그 과정이 곧 레저의 철학이자, 회복 문명의 실천 형태가 된다.

3. 골프산업 생태계의 구조
— 공공형·민간형·플랫폼형의 3중 체계와 한국형 혁신 과제

한국의 골프산업은 겉보기에는 성장한 것처럼 보인다. 이용자 수는 600만 명을 넘어섰고, 연간 매출 규모는 10조 원에 육박한다.[29] 하지만 내부 구조를 들여다보면 불균형과 왜곡이 가득하다. 정책 방향은 뚜렷하지 않고, 산업 성장 동력은 약하며, 공공과 민간의 역할 구분이 명확하지 않다. 여기에서는 한국 골프산업을 공공형, 민간형, 플랫폼형 세 가지 축으로 나누어 분석하고 문제점을 진단한 뒤 미래 혁신 방향을 제시

---

29 대한골프협회(KGA)의 '2023 한국골프지표'에 따르면, 골프장, 연습장, 스크린골프 등 모든 시설을 포함한 골프 활동 참가자 수는 약 624만 명이며, 관련 시장 규모는 약 10조 원에 육박하는 것으로 추산된다. 그러나 이 수치는 호황기였던 코로나19 시절의 정점 이후 나타난 감소세의 시작을 나타낸다. 실제로 한국골프장경영협회 통계에 기반한 야놀자리서치의 분석에 따르면, 골프장 이용객 수는 2023년 4,772만 명으로 전년 대비 5.7% 감소하였으며, 이는 2005년 이후 처음으로 나타난 감소세이다. 이러한 감소는 팬데믹 종식 후 해외여행 재개 등 일시적 요인을 넘어, 골프 핵심 수요층인 베이비붐 세대의 은퇴가 본격화되면서 50대 이후 이용률이 급감하는 구조적 요인에 기인한다. 이는 고령화와 저성장을 먼저 겪으며 골프 인구가 급감한 일본의 사례가 시사하듯이 한국 골프산업의 중장기적인 구조적 침체 가능성을 강력하게 시사한다.

한다.

1) 골프 대중화의 현황과 평가: 양적 팽창 속 질적 불균형

한국 골프의 대중화는 통계상으로는 성공한 것으로 보인다. 스크린 골프 인구를 포함하면 국민 4명 중 1명이 골프를 경험한다. 하지만 양적 팽창이 질적 성숙을 보장하지는 않는다. 현재 대중화는 '접근 확대'에 그칠 뿐 '문화 내재화'라고 보기 어렵다. 많은 이가 골프를 치지만 그 경험은 '스트레스 해소'나 '지위 과시' 수준에 머문다.

이용자 구성도 왜곡되어 있다. 중장년·도시 고소득층 중심 구조가 여전히 유지되고, 청년층·여성층·서민층의 접근은 가격·시간·사회적 이미지의 장벽에 막힌다. '대중제 골프장'이라 불리는 시설도 실제 그린피가 20~30만 원을 넘기는 경우가 많아 명목상 대중화에 그친다.

결국 한국 골프산업은 '시장적 대중화'는 이뤘으나 '문화적 민주화'는 미완성이다. 이는 정책적 무관심, 제도적 불균형, 산업 구조의 비전 부재가 복합적으로 작용한 결과이다.

2) 주요 이용 동기의 왜곡: 향락형 우세, 치유형 부재

현재 한국 사회의 골프 이용 동기는 '치유·성장·친교'보다 '과시·향락·경쟁'이 우세하게 나타난다. 이는 골프가 본래 지니고 있는 레저적·치유적 가치를 훼손하는 근본적인 문제이다. 이러한 향락형 구조가 한국 골프계에 뿌리내리게 된 배경에는 역사적·제도적·문화적 요인이 복합적으로 작용했다.

첫째, 역사적 요인으로 한국 골프의 초기 발전은 고가의 회원권을 기반으로 한 폐쇄적 회원제 클럽을 중심으로 이루어졌다. 이 과정에서 골프는 경제적 능력과 사회적 지위를 과시하는 수단으로 자리 잡았으며, 이러한 이미지는 오늘날까지 깊게 각인된 채 남아 있다.

둘째, 제도적 요인으로 정책적으로 골프를 '사치 소비재'로 규정하고 개별 소비세 등 중과세를 적용해 온 점이 작용했다. 이는 골프장 운영자에게는 고비용 구조를, 이용자에게는 '비싼 돈을 내고 즐기는 특권'이라는 인식을 강화하는 악순환을 낳았다.

셋째, 문화적 요인으로 한국 사회의 '접대 문화'가 골프장을 주요 무대로 삼으면서, 골프는 비즈니스 성과를 위한 수단으로 변질되었다. 이는 경기 자체의 즐거움보다 계약 성사나 인맥 유지 같은 결과적 편익을 더 중요시하는 인식을 확산시켰다.

넷째, 마케팅과 미디어의 영향도 무시할 수 없다. 골프 관련 미디어와 광고는 명품 골프용품, 고급스러운 클럽하우스, 비즈니스 엘리트의 라이프스타일 등을 지속적으로 강조해 왔다. 이를 통해 골프는 '성공한 인생의 상징'이라는 과시적 이미지를 끊임없이 재생산해 온 것이다.

이처럼 한국 골프는 태생적으로 '향락과 과시'의 시스템 위에 성장했으며, 이는 치유와 여가로서의 본질적 가치가 제대로 뿌리내리지 못하는 구조적 한계로 작용하고 있다. 이제 한국 골프계는 이러한 깊게 뿌리박힌 문제의식을 바탕으로 향락형에서 치유형으로의 근본적인 전환을 모색해야 할 시점이다.

3) 제도의 혼란: 공공 정책 실종과 세제 모순

한국 골프산업의 가장 심각한 문제는 "비전은커녕 정책 목표 정립조차 안 되었다"는 점이다. 현재 골프장은 「체육 시설의 설치·이용에 관한 법률」상 체육 시설로 분류되지만, 실제 정책 운영은 레저·관광·환경·조세 정책 등으로 흩어져 있다.

결과적으로 세제와 규제는 모순투성이가 된다. 회원제 골프장은 사치품으로 간주되어 중과세를 받고, 대중제 골프장은 사회적 기여를 명분으로 감면 혜택을 받지만 기준과 철학이 불분명해 일관성이 없다. 더욱이 지역별 토지 이용 규제, 인허가 절차, 환경 기준도 제각각이라 골프장 운영자와 투자자는 예측 가능한 경영을 하기 어렵다.

즉, 한국 골프산업은 정책적으로 "규제는 있되 방향은 없다"는 역설에 갇혀 있다. 국가가 골프를 국민 건강·복지·관광·환경 관리의 전략 산업으로 재정립하지 않는 한 지속 가능한 발전은 어렵다.

4) 성장 동력의 취약: 만족도·인재·연구·제도 부재

골프산업의 경제적 규모에 비해 내부 성장 동력은 놀라울 만큼 취약하다.

첫째, 소비자 만족도 관리 체계가 없다. 부킹 플랫폼과 운영사는 이용자 데이터를 쌓아 놓았지만, 이를 체계적으로 분석해 만족도를 높이는 시스템은 부재하다.

둘째, 종사자 역량과 동기를 촉진하는 제도가 미비하다. 캐디, 코스 관리, 마케팅, 고객 응대 등 다양한 인력이 전문직으로 인정받지 못하고, 교육 및 보상 체계도 제대로 안 되어 있다. 이로 인해 산업 내부의 인적 동기 구조가 약화된다.

셋째, 생태계 진단과 정책 제안을 맡을 전문 연구 조직이 없다. 미국에는 GOLF20/NGF,[30] 일본에는 PGM·GPA[31] 같은 연구·기획 조직이 산업 장기 전략을 수립하는 반면, 한국에는 '골프산업 싱크탱크'가 존재하지 않는다. 결국 산업이 스스로를 진단하거나 혁신 동력을 발굴하지 못하고 단기 수익 중심의 경쟁에 머문다.

5) 국제 비교: 공공성과 산업 생태계의 균형

미국·일본·호주 등 주요국은 "공공성+산업 효율성"의 균형 잡힌 골프 생태계를 운영한다.

미국은 전체 골프장의 약 75%가 퍼블릭 구조이며, 도시 근교 9홀·커뮤니티형 골프장으로 서민 접근성을 확보했다. 동시에 PGA·USGA·NGF 등 다층적 민간 조직이 산업 표준, 직업 훈련, ESG 경영 가이드를 주도한다.

일본은 PGM, 아코디아 등 민간 기업이 지방정부와 협력해 '치유형·가족형 골프'를 확산하고, 고령자용 피트니스 골프, 아동 교육용 코스 등 사회 복지형 모델을 발전시켰다.

호주는 자연보전과 커뮤니티 중심 운영을 원칙으로 하며, 골프장이 지역 생태계 복원 거점으로 기능한다. 즉, 골프를 '친환경적 사회 인프라'로 규정한 것이다.

---

30   GOLF 20(The Golf 20/20 Initiative)은 미국 골프산업의 통합 비전 수립을 위해 PGA of America, USGA 등이 공동 설립한 전략 프로젝트이며, NGF(National Golf Foundation)는 골프 시장 데이터와 산업 분석을 제공하는 대표 연구기관이다.
31   PGM(Pacific Golf Management)은 일본 최대의 골프장 운영·컨설팅 그룹으로, GPA(Golf Promotions Association)는 산업 진흥 및 정책 제안을 담당하는 협의체이다.

주요국 골프 생태계 형성 배경 비교

국가	공공성/접근성 강화 배경	산업 효율성/혁신 동력
미국	• **방대한 토지와 초기 골프 대중화**: 16,000개 이상의 코스가 방대한 규모의 시장 형성 • **퍼블릭 코스 중심 구조**: 전체 골프장의 약 75%가 퍼블릭으로 서민적 접근성의 토대 마련 • **커뮤니티 통합**: 골프 카트가 리조트, 은퇴자 커뮤니티에 통합되며 일상적 레저로 자리잡음	• **민간 주도의 생태계**: PGA, USGA 등 강력한 민간 조직이 산업 표준과 혁신을 주도 • **기술 혁신과 정부 지원**: 전기 골프 카트에 연방 정부의 EV 세금 공제 적용 등 정책적 지원
일본	• **장기 불황과 인구 구조 변화**: 단카이 세대(1차 베이비붐) 은퇴로 인한 기존 수요 감소가 위기로 작용 • **새로운 수요 창출 필요성**: 위기로 인해 기업과 지방정부가 협력해 여성, 가족, 고령자 등 새로운 고객층을 공략하는 '치유형', '사회 복지형' 모델 개발	• **민간 기업의 주도적 역할**: PGM, 아코디아 등 민간 기업이 지방정부와 협력하여 다양한 프로그램과 비즈니스 모델 개발
호주	• **자연 환경과의 조화에 대한 사회적 공감대**: 광활한 자연을 자원으로 삼고, 보존해야 할 대상으로 인식하는 문화 • **커뮤니티 중심 가치**: 골프장이 스포츠 시설이자 지역 사회의 교류 공간으로 기능	• **명성과 경제성의 결합**: '더 레이크스' 같은 명문 코스가 국제적 토너먼트를 유치하며 관광 산업과 연계

반면에 한국은 골프장 부지의 도시 계획적 성격과 부동산 개발 논리가 레저의 공공적 가치를 압도하면서, 민간 부문은 단기 이익 중심의 운영 구조에 갇혀 있다. 공공성은 취약하고 효율성은 과잉인 이러한 불균형이 산업 지속성을 위협한다.

6) 미래 구조 제안: 공공형·민간형·플랫폼형 3중 체계

이제 한국 골프산업은 공공형-민간형-플랫폼형 3중 구조로 재편되어야 한다.

공공형 골프장은 지방정부와 공공 기관이 중심이 되어 '치유·복지·교육형 골프' 모델을 구축한다. 이용료를 합리화하고 지역 고용을 창출하며 치유형 레저 프로그램을 병행한다. 세제 감면은 사회적 기여도와 연동하는 성과 기반 제도로 개편한다.

민간형 골프장은 기업의 ESG 경영과 연계해 친환경 코스 관리, 지역사회 공헌, 종사자 전문화 프로그램을 운영한다. 회원제 구조는 특권이 아닌 '장기 고객 관계 관리'로 전환한다.

플랫폼형 생태계는 AI 기반 예약·데이터 관리·고객 만족 피드백 시스템을 통합한 '스마트 골프 인프라 플랫폼'을 구축한다. 데이터 분석으로 이용자 유형, 지역 수요, 코스 품질, 사회적 기여도를 평가해 산업 전체의 투명성과 경쟁력을 높인다.

이 3중 구조가 정착되면 골프는 단순 사치 산업이 아닌 국민 건강·치유·지역 경제·환경 복지의 교차 산업으로 자리 잡게 된다.

7) 결론: 비전 부재에서 생태계 혁신으로

한국 골프산업은 거대한 전환점에 서 있다. 이제 '고급 오락'이 아닌 '사회적 복지와 문화 산업의 접점'으로 재정의해야 한다.

비전 없는 산업은 방향을 잃고, 정책 없는 산업은 불균형을 낳는다. 골프산업의 생태계 혁신은 바로 비전 회복에서 시작해야 한다. 그 비전은 "국민 모두가 자연 속에서 회복하고 함께 성장하는 사회"이다. 그때 골프는 단순 스포츠가 아닌, 한국 사회의 심리적·문화적 균형을 회복시키는 문명적 장치가 될 것이다.

4. 골프산업 혁신 비즈니스 모델
― 공공 가치와 시장 효율의 융합 전략

골프산업은 지금까지 부유층 중심의 폐쇄적 구조로 인식되어 왔다. 그러나 21세기 이후 레저의 민주화와 기술 혁신이 가속화되면서 골프는 단순한 운동이 아닌 복지·문화·기술·데이터가 융합된 고도 산업으로 전환되고 있다. 따라서 한국 골프산업은 이제 '공공의 가치'와 '시장의 효율'을 통합하는 새로운 비즈니스 모델을 구축해야 한다.

1) 전환의 배경: 산업적 정체와 사회적 요구의 충돌

한국 골프산업은 빠르게 성장했지만 그 성장은 불균형적이었다. 공급은 늘었으나 공공성은 부족했고, 수익은 커졌으나 사회적 효용은 낮았다. 이로 인해 산업은 '경제적 규모'에 비해 '사회적 정당성'을 확보하지 못했다.

한편 한국 사회는 급속한 고령화, 정신적 피로, 도시 스트레스, 관계 단절이라는 새로운 문제에 직면하고 있다. 이때 골프는 자연 속에서의 운동·소통·회복이라는 요소를 동시에 갖춘 정신·사회 복지형 레저로 다시 주목받고 있다. 즉, 산업이 사회적 문제에 대한 해답을 제공할 수 있는 시점이 도래한 것이다. 따라서 혁신 비즈니스 모델의 핵심은 "시장 중심의 성장"이 아니라 "공공적 목적을 산업 구조 속에 내재화"하는 것이다.

2) 공공 가치 기반 비즈니스 모델: 사회적 효용의 재설계

골프산업의 공공성은 단지 세제 혜택의 근거가 아니라 산업이 국민 삶의 질에 기여하는 사회적 투자의 의미로 재정의되어야 한다. 이를 위해 다음 세 가지 공공 가치 모델을 제안한다.

① **국민 건강형 모델**

골프를 국민 신체 활동 프로그램에 포함시켜 건강보험·복지 서비스와 연계한다. 지방정부·공단이 운영하는 공공 골프장은 '만성질환 예방·치유형 운동 처방 시설'로 기능해야 한다. 의료기관·보험사와 협력해 '헬스 케어+골프' 구독형 서비스를 운영한다.

② **사회통합형 모델**

청소년·고령자·장애인·저소득층의 접근성을 확대하기 위해 사회 기여 그린피 제도를 도입한다. 청년층에게는 '레저 복지 카드' 형태로 월 단위 레저 지원금을 제공하고, 골프·문화·캠핑 시설을 통합 이용할 수 있도록 한다. 지역별 공공 골프장은 단순 체육 시설이 아닌 '지역 공동체 플랫폼'으로 운영되어야 한다.

③ **환경·ESG형 모델**

골프장을 '탄소 흡수·생태 보전'의 거점으로 삼고, 친환경 코스 관리·재활 용수 시스템·에너지 절감 인프라를 의무화한다. 이를 실적화하여 ESG 점수와 연계하면, 기업은 사회 공헌을 통한 세제 인센티브를 받을 수 있다. 이 모델은 '골프장이 환경을 파괴한다'는 기존 인식을 근본적으로 전환시킨다.

3) 시장 효율 기반 비즈니스 모델: 디지털·AI 플랫폼의 융합

공공 가치가 산업의 '왜'를 설명한다면, 시장 효율은 '어떻게'를 실현하는 실천 장치이다. 미래 골프산업은 단순한 오프라인 시설이 아닌 데이터·AI·서비스가 결합된 지능형 생태계로 진화해야 한다.

첫째, AI 기반 수요·예약 관리 시스템을 구축한다. 이용자의 날씨·시간·위치·소득·취향 데이터를 분석해 잔여 타임·임박 할인·패키지 추천을 자동화한다. AI는 부킹 관리뿐 아니라 이용자 피드백을 실시간 분석해 코스 품질·직원 서비스·환경 만족도를 점수화한다. 공공 골프장은 이를 통해 효율적 운영과 투명성을 동시에 확보할 수 있다.

둘째, 플랫폼형 통합 생태계를 구현한다. "부킹+숙박+이동+식음+보험+콘텐츠"를 하나의 플랫폼에서 연결하는 올인원 레저 플랫폼을 구축한다. 이를 통해 이용자는 예약-결제-후기-추천이 자동 순환되는 경험을 얻고, 사업자는 데이터 기반의 CRM(customer relationship management, 고객 관계 관리)을 강화한다.

셋째, 데이터 기반 정책·투자 시스템을 구축한다. 플랫폼에서 수집된 데이터를 국가와 공유하면, 지역별 수요, 이용 패턴, 환경 영향, 고용 창출 효과 등을 분석해 정책의 실증적 근거로 활용할 수 있다. 이러한 데이터는 민간 투자자의 신뢰를 높여 '레저형 사회 인프라 펀드'의 조성으로 이어진다.

4) 융합 모델의 제안: 공공×시장×기술의 3중 결합

이제 한국형 골프산업은 세 가지 축의 결합을 통해 새롭게 설계되어야 한다. 공공 가치는 복지·건강·환경 기여 중심의 사회적 책임 구조로 사회적 정당성을 확보하고 세제 일관성을 강화한다. 시장 효율은 민간 기업의 경영 혁신과 고객 경험 중심 운영으로 산업 경쟁력 및 품질을 제고한다. 기술 혁신은 AI, 데이터, 플랫폼 기반의 지능형 인프라로 투명성, 예측 가능성, 맞춤형 서비스를 실현한다.

이 세 축이 통합될 때 골프산업은 단순한 레저 시설이 아닌 "국가 복지형 산업 생태계"로 발전할 수 있다. 특히 AI는 시장 효율을 높이면서 동시에 공공 데이터를 생산해 정부 정책과 민간 혁신을 연결하는 지능형 중재자로 기능하게 된다.

5) 생태계의 재설계: 지역 중심의 순환 모델

골프산업의 미래는 '지역 기반 순환형 구조'로 나아가야 한다. 각 지역은 공공형 허브(지방정부·공공 기관 운영 '공공 치유 골프장'), 민간형 클러스터(숙박·관광·식음 결합 지역 레저 복합체), 플랫폼형 연계망(데이터 기반 지역 간 협력)을 축으로 자립형 생태계를 구성할 수 있다.

이 구조는 단순히 골프장을 늘리는 것이 아닌, 지역별로 맞춤형 산업·고용·관광·복지를 통합한 '레저 지역 경제 시스템'을 창출한다. 이렇게 되면 골프는 더이상 도시 엘리트의 사치가 아니라 지역 주민 모두가 함께 향유하는 공유형 자산이 된다.

6) "공공 복지의 산업화, 산업 성장의 공공화"

한국 골프산업의 혁신은 한 문장으로 요약된다. "공공 복지를 산업화하고, 산업 성장을 공공화하는 것." 이것이 바로 21세기형 레저 비즈니스의 방향이며, 한국이 세계 골프 생태계에서 차별화될 수 있는 철학적 기반이다.

공공의 가치와 시장의 효율, 기술의 혁신이 하나로 결합될 때, 골프는 단순한 레저가 아닌 국민의 회복력, 지역의 자립, 국가의 창의력을 키우는 지능형 산업 플랫폼으로 거듭날 것이다.

5. 골프산업의 지속 가능성 전략
― ESG·AI·지역 공생 기반의 미래 구조

골프산업의 진정한 혁신은 단기 수익 증대가 아니라 지속 가능한 생태적 균형과 사회적 정당성을 회복하는 데 있다. 이제 골프장은 '자연을 소비하는 시설'이 아니라 '자연을 관리하고 사회를 회복시키는 플랫폼'이 되어야 한다. 그 중심에는 환경적 책임(ESG), 기술적 전환(AI), 지역 공생의 세 축이 위치한다.

1) 환경·사회·지배구조(ESG) 기반의 전환: 환경을 돌보는 산업으로

과거 골프산업은 환경 파괴의 상징으로 비판받았다. 그러나 앞으로의 골프장은 환경 회복력의 실험장이 되어야 한다. 이 변화의 핵심은 '보전에서 창출로'의 전환, 즉 환경을 새로운 가치 창출의 원천으로 삼는 것이다.

환경(E) 측면에서는 자연과 함께 숨 쉬는 골프장을 구현한다. 잔디 대신 자생 초지를 도입하여 물 사용량과 제초제 사용을 50% 이상 절감하는 탄소 흡수 코스 관리를 시행한다. 태양광 카트 충전소, LED 야간 조명, 저전력 펌프 등 재생 에너지 인프라로 에너지 자립률을 높인다. 또한 코스 주변을 지역 생태종의 서식지로 복원하여 골프장이 지역 생태계의 일부로 기능하게 한다.

사회(S) 측면에서는 시민과 함께 운영되는 커뮤니티형 산업으로 전환한다. 골프장을 '지역 생활 문화 공간'으로 개방하여 주민 산책로, 야간 카페, 지역 축제장으로 활용한다. 청소년 교육, 고령자 운동, 장애인 스포츠 등 사회적 포용 프로그램을 정례화하며, 종사자의 직무 교육·복지·성과 기반 인센티브를 강화하여 "사람 중심의 산업"을 실현한다.

지배구조(G) 측면에서는 투명하고 데이터 기반의 경영 시스템을 구축한다. 모든 운영 지표(이용률, 환경 영향, 고용률, 사회 기여도)를 공개하는 ESG 대시보드를 도입한다. 세제 감면은 사회적 기여도에 따라 자동 계산되도록 AI 기반 세제 평가 시스템을 마련하며, 민간 기업·공공 기관·시민단체가 공동 참여하는 ESG 인증 위원회를 설립한다.

이러한 ESG 구조는 단순한 윤리적 장식이 아니라 골프산업의 생존 조건이자 글로벌 경쟁력의 기준이 될 것이다.

2) AI 기반 스마트 생태계: 데이터로 관리되는 지속 가능성

ESG 가치를 실현하려면 측정·예측·관리할 수 있는 기술이 필요하다. AI 기반 생태계 관리 시스템이 바로 그 해답이다.

① AI 코스 관리

토양 수분, 잔디 생육, 온도, 바람, 이용자 패턴을 실시간 분석하여 살수·제초·잔디 관리의 자동화 루틴을 설계한다. 이를 통해 물 사용량을 30%, 관리비를 20% 절감한다. AI 드론을 활용한 코스 모니터링은 인력 소모를 줄이면서 환경보전 데이터를 자동 수집한다.

② AI 운영 예측

부킹, 날씨, 경제지표, 소비 트렌드를 분석하여 시즌별 수요 예측과 가격 탄력성을 자동 산출한다. 이를 통해 과잉 투자나 인력 낭비를 방지하고, 운영 효율을 높이면서 저탄소·고효율 경영 모델을 완성한다.

③ AI 사회 복지 연동

이용자의 연령·건강데이터를 바탕으로 '운동 처방형 레저 프로그램'을 자동 추천한다. 고혈압·우울증 환자에게는 '저강도 걷기형 코스'를, 청년층에게는 '집중력 강화형 트레이닝 코스'를 제안함으로써 AI가 산업 효율을 넘어 국민 정신건강 증진의 파트너가 되게 한다.

3) 지역 공생: 골프가 지역을 살린다

골프산업의 지속 가능성은 지역 경제와 공동체에 대한 기여로 완성된다. 핵심 전략은 단순한 기부가 아니라 골프장을 중심으로 한 지역 순환 경제 구축이다.

지역 고용과 교육 측면에서 골프장은 지역민의 직업 훈련·고용·창업의 장이 되어야 한다. 지역 청년을 위한 '그린 매니지먼트 아카데미'를 운영하고, 여성·고령자에게 서비스 및 데이터 관리 교육을 제공하여 지역의 인적 자본을 강화한다.

지역 농식품·관광 연계에서는 골프장 레스토랑에 지역 농산물과 전통 식재료를 사용하고, 인근 숙박·체험시설을 통합 예약하는 '골프+지역 체류형 패키지'를 운영한다. 이 모델은 단순 레저 소비를 지속 가능한 지역 소비로 전환하며, 골프장이 지역 경제의 순환 허브가 되게 한다.

지역 생태 복원과 공동체 문화 측면에서는 골프장 주변 하천·습지를 지역 주민과 공동 관리하는 공공 생태 프로젝트를 운영한다. 주말에는 코스를 개방해 지역 축제나 가족 피크닉 공간으로 활용함으로써 골프가 공동체의 문화적 중심으로 다시 자리 잡게 한다.

4) 글로벌 ESG 비교: 지속 가능성의 국가 경쟁력

세계 골프 선진국들은 이미 ESG 경영을 산업 표준으로 정립했다. 미국은 PGA, NGF, Audubon Society가 공동으로 Golf & Environment Charter(골프와 환경 헌장)[32]를 제정하여 골프장을 생태 복원·야생조류 보호 구역으로 관리한다. 일본은 PGM, 아코디아 등이 'Zero Chemical Golf Course' 프로젝트[33]를 추진하여 제초제·비료 사용을 70% 이상 감축한다. 유럽은 "Green Golf Europe" 인증 제도[34]를 도입하여 코스 관리와 에너지 소비, 사회적 고용 기준을 법제화한다.

이에 비해 한국은 아직 ESG 기준이 임의적이며 정책·법제·인증 체계가 부재하다. 이 격차를 해소하기 위해 국가 차원의 "Green Golf Korea"

---

[32] Golf & Environment Charter(골프와 환경 헌장)은 1990년대 초 미국 골프협회(PGA of America), 미국골프재단(NGF, National Golf Foundation), 그리고 환경보호단체 오듀본 소사이어티(Audubon Society)가 공동으로 제정한 환경지침으로, 골프 산업이 생태계 보전과 조화를 이루는 지속가능한 관리 기준을 제시한 문서이다. 주요 내용에는 △골프장 부지의 자연서식지 복원 △야생조류 보호 구역 지정 △친환경 잔디 관리 및 수질 보호 △지역사회 환경교육 프로그램 운영 등이 포함되어 있다.

[33] Zero Chemical Golf Course(제로 케미컬 골프장) 프로젝트는 일본의 주요 골프장 운영 기업인 PGM(Pacific Golf Management)과 아코디아(Accordia Golf)가 공동으로 추진하는 친환경 관리 프로그램이다. 이 프로젝트는 화학 비료와 제초제 사용을 '제로(0)' 수준으로 줄이는 것을 목표로, 미생물 기반의 토양 관리, 천연 유기질 비료, 생태 순환형 코스 유지 시스템을 도입하고 있다. 일부 참여 골프장은 실제로 화학 약제 사용량을 70% 이상 감축했으며, 일본골프협회(JGA)와 환경성(Environment Ministry)도 이를 모범사례로 소개하고 있다.

[34] 'GEO Certified'는 전 세계 골프 시설을 대상으로 자연·자원·지역사회·기후행동 등 네 가지 축에서 지속 가능성 기준을 충족할 경우 부여되는 국제 인증 라벨이다. 또한, FEGGA가 중심이 되어 제정한 'Responsible Golf Course Management' 선언문 및 유럽 골프산업 행동 로드맵은 골프장의 토양·물·에너지·화학물질·고용·지역사회 참여 등을 통합 관리해야 한다는 원칙을 담고 있다

인증 제도가 필요하다. 이 제도는 탄소 절감, 생태 보전, 사회 기여도를 종합 평가하여 공공 골프장과 민간 시설 모두에 적용되어야 한다.

5) 자연과 인간이 함께 성장하는 산업

골프산업의 지속 가능성은 기술이나 자본만으로 달성되지 않는다. 이는 철학적 방향의 근본적 전환에서 출발한다. 즉, 골프를 자연을 이용하는 산업에서 자연과 공존하는 산업으로, 이윤 중심의 산업에서 삶의 질 중심의 산업으로 전환하는 것이다.

이러한 변화를 이끄는 세 가지 엔진은 다음과 같다.

① **ESG**: 환경적 책임과 사회적 신뢰를 확보하는 제도적 기반.
② **인공지능(AI)**: 운영 효율과 예측 가능성을 높이는 기술적 기반.
③ **지역 공생**: 경제적 자립과 문화적 회복을 실현하는 공동체 기반.

이 세 축이 조화를 이룰 때 한국의 골프산업은 단순한 여가 산업을 넘어 "인간의 회복과 자연의 재생이 공존하는 생태문명형 산업"으로 진화할 것이다.

골프의 미래는 공존의 문명이다. 자연이 숨 쉬고, 인간이 회복하며, 지역이 함께 성장하는 그 생태가 바로 지속 가능한 산업의 새로운 기준이 된다.

6. 초동 동력의 구축: (가칭)골프레저산업진흥원의 창립 구상

앞서 제시된 골프산업의 비전과 지속 가능성 전략은 이를 실현할 구체적인 주체와 동력 없이는 그림의 떡에 불과하다. 이제 우리에게 필요한 것은 비전을 현실로 옮길 초동 동력(initial driver), 즉 '산업 생태계의 심장' 역할을 하는 조직이다.

한국의 골프레저산업은 아직 그러한 중심 엔진을 갖고 있지 않다. 이에 따라 국가적 차원의 산업 혁신을 주도할 (가칭)골프레저산업진흥원(Korean Institute for Golf & Leisure Development, KIGLD)의 창립이 제안된다. 이 기관은 정책·산업·학문·기술을 연결하는 중추적 허브이자 실행 조직으로 설계된다.

1) 기본 목표: 공공성과 혁신의 통합 거점

(가칭)골프레저산업진흥원의 설립 목적은 세 가지로 요약된다.

① **정책과 산업의 연결**

정부·지방정부·민간 기업 간에 분절되어 있는 정책과 사업을 통합 관리하는 정책-산업 연계 허브로서 기능한다. 산업 구조의 불균형을 해소하고, 명확한 국가 비전을 제시한다.

② **공공 복지와 시장성의 조화**

골프·레저를 국민 복지의 한 축으로 재정의하면서, 동시에 시장의 혁신 동력을 자극한다. 즉, '공공의 가치와 산업의 효율'을 동시 추구하는 모델을 구축한다.

③ **지속 가능한 생태계 조성**

ESG, AI, 지역 공생을 산업 표준으로 정립하고, 미래 세대가 공정하고 건강하게 레저를 향유할 수 있는 지속 가능한 산업 모델(sustainable leisure industry model)을 개발한다. 결국 이 기관의 궁극적 비전은 '골프와 레저를 통해 국민의 회복력과 국가의 혁신 역량을 동시에 키우는 플랫폼'이다.

2) 중점 사업: 정책·기술·산업을 잇는 실천 조직

(가칭)골프레저산업진흥원은 단순한 연구기관이 아니라 실행형 싱크탱크(Think & Do Tank)로 설계되어야 한다. 주요 사업은 다음의 네 개 축으로 구성된다.

① 정책 협력 및 제도화

문화체육관광부, 국민체육진흥공단, 국회 및 지방정부 등과 협력하여 「골프레저산업 진흥 기본계획」을 수립한다. 세제, 인허가, ESG 인증, 공공 골프장 관리 등 정책 과제를 구체화하여 정부-민간 협의 플랫폼을 정례화한다. 법·제도 정비 연구, 산업통계 구축, 규제 합리화 방안 등을 지속적으로 모색한다.

② 산업·플랫폼 개발

AI 기반 예약·데이터 통합 시스템, '국민 레저 플랫폼(K-leisure cloud)'을 구축한다. 공공·민간 골프장의 경영 데이터를 수집·분석하여 산업 표준 지표를 개발하고, ESG 평가·인증 시스템을 운용한다. 지역별 산업 지수, 사회적 기여도 평가, 환경 성과 등을 데이터화하여 정책과 민간 투자 모두에 활용 가능한 산업 지도(industrial map)를 제공한다.

③ 컨설팅 및 교육

기업, 지방정부, 기관을 대상으로 골프레저 복합도시·공공 시설 설계·ESG·스마트 경영 컨설팅을 수행한다. 대학, 직업 훈련 기관과 연계해 레저산업 전문 인력 양성 아카데미(leisure leadership academy)를 운영한다. 종사자 대상의 '고객 경험 디자인', 'AI 데이터 해석', 'ESG 코스 관리' 등 실무 교육을 정례화한다.

④ 연구·국제협력

해외 선진 기관(PGA, NGF, PGM 등)과 협력해 국제 컨퍼런스 및 기술 교류를 추진한다. 「K-Golf & Leisure White Paper」를 매년 발간하여 글로벌 산업 트렌드와 한국형 혁신 사례를 세계 시장에 알린다. 아시아 각국과 협력해 동북아 골프·레저 네트워크(Asia Golf Leisure Alliance)를 창립한다.

3) 법적 구조: 협동과 신뢰의 제도화

이 기관은 정부 주도의 공공 기관이 아니라 공공과 민간이 함께 소유·운영하는 거버넌스형 조직으로 설계되어야 한다. 법적 구조는 세 가지 대안을 검토할 수 있다.

형태	특징	장점	단점
재단법인형	공공·민간 출연금으로 설립, 비영리 목적, 독립 운영	공공성·지속성 높음, 정부 협력 용이	초기 재원 확보 부담
사단법인형	관련 기업·단체의 회원제로 운영	민간 참여 활발, 자율성 높음	정책 연계 공공 사업 수행에 한계
협동조합형	산업 주체(운영자·종사자·지방정부)가 공동 소유	현장 의견 반영, 수익 공유 구조 가능	법적 권한, 정책 연계 약함

종합적으로 볼 때, "재단법인+협동조합의 혼합형 구조"가 가장 적합하다. 즉, 설립은 재단법인 형태로 하되, 운영은 산업 관계자(골프장, 기업, 지방정부, 연구기관, 시민단체 등)가 참여하는 협동 거버넌스 이사회를 둔다. 이를 통해 공공성과 자율성, 정책성과 현장성이 조화를 이룰 수 있다.

4) 단계별 추진 로드맵

K-Leisure 전략의 단계별 추진 로드맵

단계	명칭	주요 추진 내용
1단계	창립기	• 발기인 구성(공공 기관, 민간 기업, 전문가, 시민 대표 등)/ 창립총회 및 비전 선언, 기본계획 수립/ 인가 및 비영리 재단 등록 • 초기 설립 재원은 문화체육관광부 등 공공 부처의 출연금을 기반으로 함 • 이후, 회원 기관 회비, 플랫폼 이용 수수료, 공인된 ESG 컨설팅 및 인증 사업 수익금 등을 통해 점진적으로 자립도 높여감
2단계	기반 구축기	• 사무국 및 4본부(정책·산업·교육·연구) 설립 및 운영 체계 확립 • 산업 통계 및 데이터 플랫폼 구축(K-Leisure Data Hub) • 첫 번째 정책 백서 발간 및 국제 포럼 개최 • 2단계 종료 시, 전국 골프장 데이터 플랫폼 가입률 70% 달성
3단계	확장기	• 지역 본부 설립(영남, 호남, 충청, 수도권 등)을 통한 전국 네트워크 구축 • 지방정부 및 대학 협력 아카데미 운영을 통한 전문 인력 양성 • 해외 기관(PGA, PGM 등)과의 공동 프로젝트 추진 및 모델 교류
4단계	자립· 국제화기	• ESG 인증, 데이터 사업 등 자체 수익 기반 확립 및 운영 자립도 제고 • 국제 컨설팅 및 교육 프로그램 수출을 통한 지식 산업화 • "K-Golf & Leisure Institute" 브랜드로 세계 진출 및 글로벌 표준 제시 • 4단계 종료 시, 글로벌 스탠다드에 부합하는 ESG 인증 골프장 100개소 확보, 연간 해외 컨설팅 계약 10건 달성

5) 결론: 산업 생태계의 두뇌와 심장을 세우는 일

한국 골프산업이 구조적 전환을 이루려면, 이제 '정책의 수혜자'에서 '정책의 생산자'로 나아가야 한다. (가칭)골프레저산업진흥원은 그 전환을 실현할 산업 생태계의 두뇌이자 심장이 될 것이다.

그곳에서 정책이 설계되고, 산업이 진단되며, 기술과 교육이 융합될 때, 한국의 골프산업은 비로소 지속 가능한 레저 문명형 산업으로 자리 잡을 것이다. (가칭)골프레저산업진흥원은 단순한 기관이 아니라 골프와 레저를 미래 사회로 이끄는 국가적 엔진이다.

7. 국가 전략으로서의 골프레저: 3대 비전과 실행 로드맵

지금까지 우리는 골프레저가 지닌 효용, 산업 생태계의 구조적 문제, 그리고 ESG·AI를 통한 지속 가능한 미래 비전을 살펴보았다. 이제 이러한 모든 논의를 종합하여 한국 사회가 직면한 '성숙 사회의 병리'—정신적 피로, 사회적 단절, 고령화—를 해결하고 새로운 국가 경쟁력을 확보하기 위한 구체적인 정책 비전과 실행 계획을 제시한다.

1) 레저는 복지이며, 골프는 회복의 인프라

한국 사회는 산업화의 성공 이후, 정신적 피로·사회적 단절·고령화라는 '성숙 사회의 병리'를 안고 있다. 이제 국정의 패러다임은 단순한 경제 성장에서 삶의 질·심리적 회복·문화적 풍요로 옮겨가야 한다. 이 변화의 중심축은 바로 레저, 그중에서도 골프레저산업이다.

골프는 신체 건강, 정신 안정, 사회 교류, 지역 경제, 환경 복원까지 포괄하는 복합적 공공재(public good)이며, 그 산업 생태계의 정비는 곧 국민 복지의 재설계와 다름없다. 그러나 지금의 한국 정책 체계는 이 거대한 가능성을 담기에는 너무도 협소하다. 따라서 골프레저산업을 단순한 체육 시설 관리의 범주를 넘어, 국가 복지·문화·환경 정책의 핵심 인프라로 재정립해야 한다.

2) 정책 비전: 골프레저 공공 정책 3대 비전
① **비전 1.** 복지형 산업으로의 전환: '모두를 위한 레저 복지국가'
② **비전 2.** 지속 가능 생태계의 구축: '자연과 인간이 공존하는 산업'
③ **비전 3.** 지능형 혁신 산업의 육성: 'AI·데이터 기반의 회복 경제 인프라'

비전 1. 복지형 산업으로의 전환: '모두를 위한 레저 복지국가'

정책 영역 구분	정책 세부 사항
정책 방향	• 골프를 국민 건강증진법상의 공공 복지형 신체 활동으로 재분류 • 복지부·문체부·국민체육진흥공단의 공동 정책으로 추진 • 지방정부 단위 '공공 치유 골프장', '도시형 생활 골프장' 확충
주요 과제	• 저소득층·청년층 대상 레저 복지 카드 제도 도입 • 공공 골프장 이용 시 사회 기여 포인트 적립제 운영 • 병원·직장·학교와 연계한 '건강 연계 레저 프로그램' 법제화
기대 효과	• 국민의 심리적 회복력·사회적 신뢰도 상승 • 의료·복지 비용 절감, 사회적 비용 감소 • 스포츠 복지의 실질적 민주화 실현

비전 2. 지속 가능한 생태계의 구축: '자연과 인간이 공존하는 산업'

정책 영역 구분	정책 세부 사항
정책 방향	• 골프장을 환경 파괴 시설에서 생태 복원 거점(eco-recovery hub)으로 전환 • ESG 기반의 환경 인증, 세제 제도화
주요 과제	• '그린 골프 코리아(Green Golf Korea)' 국가 인증제 도입 • 잔디 관리의 화학물질 제로화, 재생 에너지 인프라 구축 • 지역 생태 복원 프로그램(습지·하천·초지 관리)과 연계
기대 효과	• 탄소중립·생태보전 기여 • 골프장의 환경 가치 재평가→국민 인식 개선 • 지역 환경 일자리 및 관광 자원 창출

비전 3. 지능형 혁신 산업의 육성: 'AI·데이터 기반의 회복 경제 인프라'

정책 영역 구분	정책 세부 사항
정책 방향	• AI·빅데이터를 기반으로 한 스마트 운영 체계 구축 • 산업 데이터를 공공 정책·투자 판단의 근거로 활용
주요 과제	• 국가 차원의 골프레저 데이터 플랫폼(K-Leisure Cloud) 구축 • AI 기반 수요 예측, 환경·운영 효율성 분석 시스템 도입 • '스마트 예약·부킹 통합망', 'AI 고객 경험 지수' 개발
기대 효과	• 산업 투명성 강화 및 부패 감소 • 운영 효율성·서비스 품질 동시 향상 • AI 데이터 산업으로서의 신규 성장 동력 확보

3) 정책 추진 구조: '공공-민간-지역-플랫폼'의 4중 거버넌스

정책 비전의 실행은 '거버넌스 구조'의 재설계 없이는 불가능하다. 이를 위해 다음과 같은 4중 연계 구조가 필요하다.

주체	역할	세부 내용
공공부문(정부·지방정부)	비전·정책·법제화 주도	• (가칭)골프레저산업진흥원 설립 • 공공 데이터 통합 • 세제 합리화
민간 부문(기업·운영사)	기술·서비스 혁신	• ESG·AI 도입 • 고객 만족도 관리 • 지역 상생형 모델 개발
지역 사회(지방정부·주민 조직)	공생·복지 실천	• 공공 코스 개방 • 지역 농식품·관광 연계 • 고용·교육 확대
플랫폼(산업 네트워크)	정보·연결·투명성 확보	• AI 기반 데이터 허브 • 투자·정책 예측 • 국민 접근성 확대

이 구조가 정착되면, 산업의 수직적 위계는 수평적 협력망으로 재편되며, 정책 결정이 중앙집권적 행정이 아니라 데이터 기반의 실시간 협치 구조로 전환된다.

4) 실행 로드맵: 3단계 추진 전략

단계	명칭	주요 추진 내용
1단계 (2025~2027)	기반 구축 및 실증기	• (가칭)골프레저산업진흥원 창립 및 법인 인가 • 골프레저 통합 데이터 플랫폼(K-Leisure Cloud) 구축 • 공공 골프장 표준화 모델 시범 사업(5개 지역)
2단계 (2028~2030)	체계화 및 확산기	• ESG 인증제 법제화 및 세제 기준 통합 • 민간·공공 협력형 '레저 복합 도시' 시범 단지 조성 • AI 기반 산업 통계·수요 예측 시스템 국가 적용
3단계 (2031~)	글로벌 선도기	• K-Leisure 모델 해외 진출(아시아·중동·유럽) • 국제 공동 연구 및 정책 컨설팅 사업 본격화 •「K-Golf & Leisure White Paper」글로벌 발간 정례화

5) 정책 성공의 핵심: 철학의 일관성과 제도의 지속성

골프레저산업은 단기 경기 부양이나 특정 계층의 레저 정책이 아니다. 그것은 국민의 회복력(recovery)과 사회의 공존력(coexistence)을 산업의 언어로 구현한 국가 전략이다. 이 전략이 성공하기 위해서는 정책의 철학이 정권에 따라 흔들리지 않고 산업 주체 간의 신뢰가 제도화되어야 한다.

따라서 정부와 국회는 △(가칭)「골프레저산업 진흥법」 제정, △'국가 레저산업 발전위원회' 설립, △'지속 가능한 레저산업 기금' 조성 등을 국가 장기 계획의 일환으로 추진해야 한다.

6) 레저를 통한 회복, 회복을 통한 혁신

한국의 미래 경쟁력은 기술의 속도보다 국민의 회복 속도에 달려 있다. 골프레저산업은 그 회복을 산업의 형태로 제도화한 문명적 장치이다. 자연 속의 걷기, 타인과의 교감, 데이터 기반의 효율, 이 모든 것이 하나로 결합될 때, 한국은 '지능형 휴식을 선도하는 나라', 즉 회복 그 자체가 혁신이 되는 나라로 도약할 수 있다.

"일하는 사회에서 휴식이 있는 사회로, 소비의 산업에서 회복의 산업으로."

이것이 바로 21세기 대한민국이 나아가야 할 새로운 국가 비전이며, 골프레저산업은 그 비전을 현실로 만드는 첫 번째 교두보가 될 것이다.

참고문헌

강은정, 김성아, 2021, 『직장인 행복도와 복지 제도 효과성 연구』, 한국보건사회연구원.

강준호, 장선주, 2012, 「골프장 이용 만족도 및 재방문 의사에 미치는 영향 요인에 관한 연구: 비용 지각을 중심으로」, 〈관광연구저널〉, 26(4).

김기진 외, 2025, 「노년층 건강인의 유산소운동이 골격근 유전자발현에 미치는 영향」, *Asian Journal of Kinesiology*.

김의영, 김태균, 2015, 「골프장 캐디 서비스 품질이 고객만족, 재이용의도, 추천의도에 미치는 영향」, 〈관광연구저널〉, 29(4).

단국대학교 분쟁해결연구센터. 2023, 「한국의 사회적 갈등 규모 및 추이 분석 연구 보고서」, 단국대학교 분쟁해결연구센터.

대한골프협회, 2024, 「2023 한국골프지표」, 대한골프협회.

로빈 던바 저, 김정희 역, 2018, 『던바의 수』, 아르테.

롭 다이얼 저, 박영준 역, 2025, 『행동은 불안을 이긴다』, 서삼독.

미하이 칙센트미하이 저, 이희재 역, 2007, 『몰입의 즐거움』(개정판), 해냄.

박찬규, 문선호, 2005, 「골프장 이용객이 지각하는 서비스 품질 요인이 고객만족 및 상표충성도에 미치는 영향」, 〈한국체육학회지〉, 44(4).

배리 슈워츠 저, 형선호, 2004, 『역선택의 패러독스』, 웅진닷컴.

보건복지부, 2023, 「2022년 도박문제 실태조사 결과」, 보건복지부.

삼성경제연구소, 2005, 「한국 사회의 갈등 실태와 비용」, 삼성경제연구소.

조슈아 그린 저, 최호영 역, 2017, 『옳고 그름』, 시공사.

조우정, 최종필, 2007, 「골프장 코스 품질이 서비스 품질, 만족 및 충성도에 미치는 영향」, 〈한국스포츠심리학회지〉, 18(4).

최석호, 박찬호, 2013, 「골프장 선택 속성 중요도, 지각된 서비스 품질, 고객만족, 그리고 충성도 간의 구조적 관계」, 〈한국스포츠산업경영학회지〉, 18(4)

최종필, 조우정, 2007, 「골프장 고객 만족도가 고객 충성도, 골프장 이미지, 그리고 재방문에 미치는 영향」, 〈한국사회체육학회지〉, 30(3).

최주원, 정삼권, 이승곤, 2009, 「골프장 선택 속성이 이용객 만족도 및 충성도에 미치는 영향 연구」, 〈호텔관광연구〉, 11(1).

칸델, E. R. 외, 강봉균 외 역, 2014, 『신경과학의 원리』(제5판), 범문에듀케이션.

통계청, 2024, 「2023년 생활시간조사 결과」, 통계청 보도자료.

한국골프연습장협회, 2023, 「2023 한국골프지표」, 한국골프연습장협회.

한국소비자원, 2023, 『사이버소비자분쟁조정동향』, 한국소비자원.

현대경제연구원, 2014, 「사회갈등의 현황과 경제적 비용 추정」, 현대경제연구원.

Audubon International, 2023, *Audubon Cooperative Sanctuary Program for Golf Courses: Guidebook*, Audubon International.

Barton, J., & Pretty, J., 2010, "What is the best dose of nature and green exercise for improving mental health? A systematic review," *Environmental Science & Technology*, 44(10).

Curşeu, P. L., Schruijer, S. G., & Boroş, S., 2015, "Group learning and group-to-individual transfer in a complex problem solving task," *Learning and Individual Differences*, 38.

Fuller, J. B., Raman, M., Johnson, S. M., & Williams, L. S., 2022, *Healthy Outcomes: The Hidden Value of Care Benefits*, Harvard Business School.

GEO Foundation, 2023, *The GEO Certified® Standard for Sustainable Golf: Technical Manual*, GEO Foundation.

Kaplan, S., 1995, "The restorative benefits of nature: Toward an integrative framework," *Journal of Environmental Psychology*, 15(3).

McCambridge, J., Witton, J., & Elbourne, D. R., 2014, "Systematic review of the Hawthorne effect: New concepts are needed to study research participation effects," *Journal of Clinical Epidemiology*, 67(3), https://doi.org/10.1016/j.jclinepi.2013.08.015.

OECD, 2019, *Health in the 21st Century: Putting Data to Work for Health*, OECD Publishing.

_____, 2023a, *Hours worked*(indicator), OECD Publishing, doi: 10.1787/47be1d78-en

_____, 2023b, *Labour productivity*(indicator), OECD Publishing, doi: 10.1787/2417f6c7-en.

Pardo, Y. A., Aven, T. M., Hicken, M. T., & Dowd, J. B., 2023, "State-level desegregation in the U.S. South and mid-life cognitive function among Black and White adults," *Social Science & Medicine*, 317, 115599.

PGM Holdings Co., Ltd., 2023, *Sustainability Report 2023*, PGM Holdings Co., Ltd.

Shils, E. A., & Janowitz, M., 1948, "Cohesion and Disintegration in the Wehrmacht in World War II," *Public Opinion Quarterly*, 12(2).

Ulrich, R. S., 1984, "View through a window may influence recovery from surgery," *Science*, 224(4647).

U.S. Department of Health and Human Services, 2022, *National Strategy on Hunger, Nutrition, and Health*, U.S. Department of Health and Human Services.

KI신서 13942
뇌는 레저를 할 때 어떻게 변할까?
레저-골프의 신경심리학 실무편

1판 1쇄 인쇄 2025년 11월 10일
1판 1쇄 발행 2025년 11월 15일

지은이 재단법인 레저골프진흥원(준)
펴낸이 김영곤
펴낸곳 (주)북이십일 21세기북스

영업팀 정지은 장철용 강경남 황성진 김도연 이민재 한충희 남정한
제작팀 이영민 권경민
진행·디자인 다함미디어

출판등록 2000년 5월 6일 제406-2003-061호
주소 (10881) 경기도 파주시 회동길 201(문발동)
대표전화 031-955-2100 **팩스** 031-955-2151 **이메일** book21@book21.co.kr

© 재단법인 레저골프진흥원(준), 2025

ISBN 979-11-7357-642-3 13320

(주)북이십일 경계를 허무는 콘텐츠 리더

21세기북스 채널에서 도서 정보와 다양한 영상자료, 이벤트를 만나세요!
페이스북 facebook.com/jiinpill21 포스트 post.naver.com/21c_editors
인스타그램 instagram.com/jiinpill21 홈페이지 www.book21.com
유튜브 youtube.com/book21pub

· 책값은 뒤표지에 있습니다.
· 이 책 내용의 일부 또는 전부를 재사용하려면 반드시 (주)북이십일의 동의를 얻어야 합니다.
· 잘못 만들어진 책은 구입하신 서점에서 교환해드립니다.